国際日本学とは何か？

What is International Japanese studies?

内《うち》と外《そと》からのまなざし

From the inside and the outside perspectives

星野　勉 編

三和書籍

はじめに

「日本学」とは何か？　この問いに対しては次のように答えることができる。それは、外国人による日本研究であり、中国研究、韓国研究などと並ぶ「地域研究」の一つである、と。したがって、「日本学」は日本を研究対象とするものであるが、日本を「外からの視点」のもとに「異文化」として研究するという点で、日本人が「内からの視点」のもとに「自文化」として研究するのとは際立った違いがある。

それでは、日本研究を内外で分かつ溝は何であろうか。この溝の根底には、同じ日本を研究対象としながら、「外からの視点」と「内からの視点」がうまく釣り合わないという、両者の非対称性の問題がある。そして、この非対称性は、日本が、ユーラシア大陸の遥か東方の周縁・辺境に位置する島国であって、とりわけ近代以降は、世界の中心にあるヨーロッパから発信される文明をひたすら受信し、ただ発見されるのを待つ受身の対象であったという事情に起因する。この「外から」の「日本学」は、対象である日本の「内なる論理」によってではなく、世界史的な役割を認識することのできる、文明の中心に位置する人々の「内なる論理」によって導かれている。ここには、サイードの「オリエンタリズム」が示唆する、ヨーロッパの知識体系の日本の知識体系に対するイデオロギー的なヘゲモニーの問題が絡んでいる。そして、これが日本研究を内外で分かつ、深刻な溝の一つである。もっとも、本書のなかで示されているように、日本を含む東アジアの世界における位置付けの変化や文化相対主義的な考え方の浸透とともに、日本研究を含む東洋学が周縁・辺境の学から解放されるようになったことを背景として、日本研究を取り巻く状況も変化しつつある。

「異文化」研究としての「日本学」には、また、次のような問題がある。それは、九鬼周造が取り上げている

「いき」のような、ローカルで特殊な文化現象の「共約不可能性」の問題である。すなわち、日本文化に固有で特殊な文化現象を本当に理解できるのは「内からの視点」であって、「外からの視点」ではそれをとらえることができない、というような言い方の根底にある問題である。これに対して、いや「外からの視点」こそ文化現象を偏見にとらわれずに観察することができる、ヨーロッパの日本研究は日本人の「内からの視点」による自文化研究よりも科学的でかつ客観的である、という反論が投げ掛けられうる。ここには、内からの「理解」と外からの「説明」をどう繋げるかという認識論的な問題が絡んでいる。こうして、日本研究を内外で分かつ溝はますます深まるかに見える。

このような、日本研究を内外で分かつ溝は何であるか、という問いに立ち向かい、そして、その溝を架橋することは可能であるか、という難題にあえて挑むというのが、二〇〇五年一二月一日~三日、パリ日本文化会館において開催された、国際シンポジウム「日本学とは何か――ヨーロッパから見た日本研究、日本から見た日本研究――」の狙いであった。このシンポジウムで発表した日本研究の研究者は、国別に見れば、日本九名、フランス三名、ドイツ三名、韓国、米国、イギリス、ベルギー各一名の、計一九名であった。また、その専門分野は、文化人類学、社会学、歴史、美術史、宗教史、哲学、思想史、そして、文学ときわめて多岐に渡っていた。それは、外国の日本研究事情についてのたんなる情報交換を超えて、日本という「内からのまなざし」とヨーロッパという「外からのまなざし」の双方から日本研究を検証し、それを通じて「日本学」とは何かを問い、内外に開かれた「日本学」(=「国際日本学」)の可能性を探るという、文字通り、国際的でかつ学際的なシンポジウムであった。

それは、また、日本、韓国と欧米の研究者による異文化間の対話という性格をあわせもつシンポジウムでもあった。もとより、異文化間対話を導く共通の「枠組み」や異文化間を架橋する一般的な概念があらかじめ用意されているわけではない。したがって、異文化間の対話は生み出されなくてはならない。そして、「日本学とは何か」と題されたこのシンポジウムは、日本研究を内外で分かつ溝を架橋しうる条件を探究するというメタレベルの作業に従事する場でありながら、同時にまた、そのメタレベルの作業によって解明されるはずの条件を現実化し、日本文化に関する内と外との開かれた「学問的な対話」を実践する場でもあった。その意味で、画期的なシンポジウムであったと言ってよい。

本書は、この国際シンポジウム「日本学とは何か――ヨーロッパから見た日本研究、日本から見た日本研究――」の研究成果を取り纏めたものである。

このシンポジウムは、法政大学国際日本学研究センター・国際日本学研究所、フランス国立科学研究院（La FRE 2886, Civilisation japonaise, Centre National de la Recherche Scientifique)、パリ日本文化会館（La Maison de la culture du Japon à Paris）という三者の共催で、国際交流基金（The Japan Foundation）とフランス財団（La Fondation de France）の支援のもとに、開催された。

ところで、少しばかり紙幅を割いて、法政大学国際日本学研究センター・国際日本学研究所について紹介しておきたい。本研究センター・研究所は、文部科学省「21世紀COEプログラム」、「私立大学学術高度化推進事業（学術フロンティア部門）」に採択されたのを機縁として、世界に開かれ、国際的に通用する「日本研究」の拠点として、二〇〇二年度に創設された。現在、本研究センター・研究所は、国際シンポジウム、国際研究集会などを通じて、国籍も学問領域も異にする内外の研究者と共同で、「国際日本学」という、国際的でかつ学際的な、新しい学問領域の創成に向けて研究活動を推進している。

本研究センター・研究所では、「国際日本学」というディシプリンを構築するにあたり、「異文化研究」としての「日本学」という考え方を採用しているが、その狙いは「自文化」をあえて「異文化」視することにある。外国の研究者が日本文化を研究する場合、当然それを「異文化」として取り上げるわけであるが、そうした外国の研究者の「外からの視点」を取り入れることによって、私たち自身の「内からの視点」を相対化し、自文化研究が陥りがちな視野狭窄からの脱却をはかろうというわけである。さらに、私たちは、日本文化という同一対象についての「内から」と「外から」の視点、理解内容を突き合わせ、両者の差異を際立たせつつ、一方で、そこで切り拓かれた新しい視点のもとに日本文化を再発見し、再発掘することを目指している。また、他方で、異なる「枠組み」間での文化理解の可能性を、異文化間での「学問的な対話」を重ねることを通じて追究している。

最後に、シンポジウムの企画からはじまって開催に漕ぎ着けるまで格別のご尽力をいただいた、フランス国立科学研究院（ＣＮＲＳ）のジョセフ・キブルツ教授に心から感謝申し上げる。氏のご尽力がなければ、このようなシンポジウムを開催することも、このような研究成果を生み出すこともなかったであろう。それから、パリ日本文化会館の中川正輝館長、岡（袋井）眞理子副館長にも、いろいろと便宜をはかられ、お力添えいただいたことに深く感謝申し上げる。また、国際交流基金（The Japan Foundation）、フランス・ファウンデーションからも支援を得た。

また、私たちの研究活動を力強くバック・アップしていただいた、法政大学国際日本学研究センター長の堀江拓充常務理事、そして、国際日本学研究センター・研究所の事務スタッフの皆さんにも、ここに記して謝意を申し述べたい。

本書の出版、編集にあたっては、三和書籍社長、高橋考氏、編集部、斉藤由希さんに格別のご配慮とご尽力をいただいた。深く感謝申し上げる。

二〇〇八年二月二〇日
遥かなるパリに想いを馳せながら

星野　勉

国際日本学とは何か？

「内《うち》」と「外《そと》」からのまなざし

Ⅲ　日本文化をひらく

《Japanese studies》Seen from Europe, seen from Japan

——日本学とは何か——

ジョセフ・キブルツ

「日本学」とは何か——その答えはとても簡単であるように思われます。それは、過去と現在の日本の文化・社会の個別的な側面を、学術的に調査し、研究することです。このような研究は、大学や他に公的研究所がそうであるような専門的な枠組みで行われます。「日本学」は、世界の諸文化の内のあれこれのものと地理的位置関係で結びつく「地域研究」の一部をなしています。

さて以上の定義が今なお本質的に真実であるとしても、地域研究の状況は、社会科学や人文科学の他の多くの領域でそうであるように、ここ数年の間に大きく変化しました。東アジア、つまり中国・韓国・日本は、それぞれでも、また同様にこの地域全体としても、国際的な舞台で、三、四の世界的主役のうちの一つ、しかも将来発展する可能性をもっとも秘めていると言われる一つを演じつつあります。今回のシンポジウムでは、日本研究が、ユーラシア大陸の両端に位置する東アジアとヨーロッパという二地域間の会話において果たしている、特殊ではあるが多面的な役割に焦点を絞ろうと思います。

地域研究は、純粋に学術的な背景を超えて、ある国のイメージを、観察される側と同様に観察する側にも作り出すことで重要な役割を果たしますし、これまでにも常に果たしてきました。その「イメージ」は経済的・地政学的な国際競争において決定的な要素であって、イメージの改善は、すべての主要国の戦略上の関心事となっています。国際関係および国際政治の中で、ある国の文化・文学や芸術、科学的知識やノウハウは、その国の他の生産物と同じように扱われ評価されます。この文脈の中で、「日本研究」の領域は、中国研究や韓国研究、東南アジア研究や北東アジア研究と同様に、新しい局面を迎え、新しい仕方で扱われるようになりました。今回のシンポジウムでは、これらの新しい局面や新しい取り扱われ方を、比較文化のパースペクティブに立って、内側からも外側からも検討しようと思います。

パースペクティブ、つまり観点の問題は、《Japanese studies》という用語、あるいはヨーロッパ諸国でそう呼ばれているように《Japanology》という用語そのものの中に現れています。「日本学」という言葉が日本に現れたのは最近のことですが、この言葉は西洋語の名詞の翻訳と考えなければなりません。いずれも、日本の研究、つまり日本の文化と文明の様々な側面の学術的な研究に適用されると言ってもよいでしょうが、西洋語の名詞が、外側からの、非―日本人とは言わないにせよ、外的な観察者、外国人による考え方であるという意味を含意しているのに対して、「日本学」という新語は、外国人が日本を研究する場合と、日本人がそうする場合の両方を指し示すものとして用いられています。したがって、このシンポジウムを共催した日本の研究所は、法政大学「国際日本学研究所」と名づけられています。この新しい文脈では、日本人学者の日本史研究は、伝統的に呼ばれていたように「国史」研究とはもはや呼ばれず、「日本研究」と呼ばれることになります。

内と外という観点の違い以外に、この二つの研究はどこがどのように異なるのでしょうか。きわめてローカルと考えられている事柄、たとえば、「天皇」、「国家」、「神道」、「靖国神社」や、日本人の独自性、日本社会の機能等々が問題となるとき、ネイティブの見方と外部の人間の見方相互の間には埋めがたい根本的な相違が生じるといった議論が、しばしば日本人の側から出されます。このようなローカルな思念や概念をめぐっての最近の諸問題は、外部の人間の側の深刻な「誤解」のせいで生まれてきたのでしょうか。文化相対主義という人類学的仮説が考えるような「通約不可能性」は存在するのでしょうか。外国人は本当のところ日本を「理解」できないという主張に、少しでも妥当性はあるのでしょうか。他方で、科学的な「客観性」を持つとされている西洋人の日本研究は、彼の日本人の同僚が自身の文化を内側から見るような研究より、「客観的」で「科学的」で「真実」であると言えるのでしょうか。今回の発表者の何人かは、認知人類学の光に照らして、とりわけ地域研究における科学的調査の認識論的な問題を、少なくとも部分的に扱うことになるでしょう。

観点の問題には別の側面があります。今度は内在的なものです。世界の国々の多くと同様に、日本は同じ言語を話す単一の等質的な民族から成っているのではありません。少なくとも、アイヌ人、本土の日本人、琉球に生まれた住民の三つの異なった民族を含み、それぞれ固有の言語を持っています。ここでまた問題が生じます。本土の日本人、アイヌ人、沖縄人、いずれにせよ日本人によって日本で行われる、沖縄やアイヌの文化の研究を「日本学」と呼んでよいのかという問題です。

別の発表では、いまだに人気のある日本人の独自性についての理論、隣国の人々とも異なり、カフカス人とはさらに異なる日本人特有の性格についての理論的な問題が取り上げられます。いわゆる日本人論、日本文化論の多くは、科学的とは言えないイデオロギー的な根拠に基づいて構築されてきましたし、今もなおそうです。またこの根拠が国家主義的であることもめずらしくはありません。もちろん、韓国や中国においても、西洋諸国においても、似たような国民のアイデンティティーの探求は、そのような根拠をもって行われています。

シンポジウムはさらに日本人の側に最近現れた立場にも取り組みます。それは、西洋の学術的世界の、他の世界の学術的文化に対する理論的、科学的、イデオロギー的なヘゲモニーについての批判です。このパースペクティブに立つと、「日本学」は西洋のパラダイムとともに作業し、西洋の学問によって支配されているのですから、西洋の概念の構築物として考えられることになります。

日本学のもう一つの側面は、日本学がそれを演じるように作り出され、また実際に演じている役割のことです。この役割は、日本学は現在そして未来の日本がより重要性を増すための道具となるということです。日本文化の学術的な研究は、なによりもマクロ経済的、地政学的な理由から、相互理解を促進し、国際関係に有利に働く基盤を作り出すものと見なされています。以上のことから考えると、日本学は国家全体だけではなく、ある企業が国際舞台での計画を立てるとき、戦略的な役割を演じることになります。この役割に政府も民間財団も少なからぬ予算を割き、この予算は研究所や文化事業への財政援助へと、また奨学金や賞金、様々な研究促進の援助金へと変わっていきます。

これらの側面の多くは、もちろん日本学に固有なものではなく、ヨーロッパやＥＵにも極めて類似した側面が存在しています。とりわけＥＵの場合には類似が顕著です。つまり、自国に関わる地域研究がそれぞれの国で促進されているのです。日本の戦略はヨーロッパのほとんどの国々の、そしてＥＵ全体の戦略とも本質的に変わることはありません。

以上のように、日本学を、地域研究の特殊ではあるが典型的な例として、それが学術・科学的言説の中で演じている多くの役割において、また、それが東アジアとヨーロッパの国際関係の舞台で演じている多くの役割においてそれぞれ研究すること、それが今回のシンポジウムの目的となります。

Ⅰ

日本研究、「内《うち》」と「外《そと》」からのまなざし

知識の生産、内発的vs外発的

ハルミ・ベフ
（翻訳：木島　泰三）

序

日本人論［Nihonjinron］とは、日本、日本文化、日本人の特質に関する一連の言説である。こうした日本人論の創造は、日本内部の日本人研究者と、日本の外の外国人研究者との双方によって日々進行中の、日本研究の知識生産の一部である。日本人によって生産された、すなわち内発的に生産された知識と、外国人によって、外発的に生産された知識は、同じものなのだろうか。この問題は拙著*Hegemony of Homogeneity*の中で提起したが（五六―六〇頁）、その問題をここではさらに展開したい。すなわち、外国人によって、外発的に展開された日本人論（もっと一般的な用語では日本文化論）は、日本人によって、内発的に展開されたそれとは、内容の点でも、それを生産する動機の点でも、異なっているということである。その主張は自明と思われるかもしれないが、メタ日本人論に携わる少なからぬ研究者が、未だにこの区別を自覚していない[1]。もっとも、研究者の研究対象によっては、そのような区別が必要でない場合もありうるので、この区別の欠如が常に問題である、ということではない。

ここで問題にしたいのは、「外国人研究者による日本文化の分析はいかに、またなぜなされるのか」という問いと「日本人研究者による日本文化の分析はいかに、またなぜなされるのか」という問いである。本論では、この問題領域の中でも、外国人研究者がどのように日本を分析し、日本文化と日本人を総括的に性格づけるかを、日本人研究者と対比して問いかけたい。私の問いを別の言い方で表現すれば、「外国人は日本的アイデンティティーに関する知識の生産をいかに成し遂げるか？」という問いに対して「日本人研究者は自分自身の文化的アイデンティティーに関する知識をいかに生産するか？」ということになる。端的に言って、これは比較知識社会学である。ここで論じられている本書の一般的な研究対象に関連させて言えば、私が論じようとしているのは日本人論の生産に関する問題であり、もっと広い意味では、日本研究はいかに行われているのか、ということになる。そしてこの試みで主要な焦点となるのは、その知識の内容よりも、むしろ知識の生産過程である。

この議論は、実に一三年前に、私が *Othernesses of Japan*（Befu and Kreiner eds. 1992）で提起したテーゼの延長線上にある。そこで論じた要点は、創出された日本研究の知識は、研究者の国や地域において普及している学問的理論といった諸要因のみならず、学問外の社会的、政治的、イデオロギー的な諸要因によって、決定されるとまではいかなくても、影響されている。そのため、例えば、北米における日本人論はヨーロッパ、中国、韓国の日本人論とは異なる。私自身が主にアメリカで教育を受け、研究生活をしてきた関係で、今回論じようとしている日本人論の「外国人からの（外発的な）視点」は何よりまずアメリカ、ないし北米[2]の視点になることだろう。ただし、場合によっては他の視点から考慮することもある[3][4]。

1　西洋文明のヘゲモニー

外部者による日本研究の知識の生産には、地政学的、地経（地理経済）学的、国際的な諸要因が最も基本的な影響を与えている。特に西洋文明のヘゲモニーは、グローバルに影響を与え、そして一八五三年以降は間違いなく日本にも影響を与えている。西洋の立場からは、これはオリエンタリズムを意味する。すなわち、日本を女性的で、ひ弱で、道徳的にも、経済的にも、技術的にも、他の点でも、劣等視する見方である。日本は西洋との最初期の接触時代に、自分自身についてのこのような西洋の定義を受け入れるよう強いられた。この定義は屈辱的なものであったが、それにもかかわらず、日本のほとんどの知識人はこの定義の呪縛に取り込まれていった。およそ西洋のものは何であれ優越であり、かつ、真似るべきものであった。伝統的な日本舞踊を舞ったり琴を奏でたりせず、西洋の社交ダンスを踊るというのが、当時の文明開化された社交生活の典型とされ、それが有名な鹿鳴館時代を作りあげたのである。明治維新のわずか六年後には、西周は日本的な書字法を捨て、日本語表記にアルファベットを用いるべしと提案した。そのほんの数年後に、かつて文部大臣であった森有礼は、日本語を完全に廃棄し英語を用いるべし、というさらに極端な提案をした。

かくして、西洋人が日本をオリエンタルなものとする定義をする一方で、日本人は西洋人に従って、自らをおとしめ、オリエンタルなものとする自己定義を自分自身に与えてきた。

西洋によって定義された外発的な日本研究の知識と、日本人によって定義された内発的な日本研究の知識とは、相互に鏡像関係にあると思われている。しかし、それらは完全に裏返しなのである。一方の定義において西洋人が日本人を見下しており、もう一方の定義においては日本人が自分自身を劣等と定義している。前者は日本と呼ばれる客観化された実体の定義であり、後者は主観的で自己に内面化された定義である。一方は文明的優越性の高みから与えられ、他方は日本人による西洋の優越性の内面化——日本が受容するように強いられた階層［ヒエラルキー］的位置関係——の所産であり帰結である。

ほとんど同一と言っていい状況が第二次大戦の余波の中で繰り返された。青木はこの時代を「否定的特殊性の認識」の時代と呼んでいる（青木保、一九九〇年、五三—六三頁）。私もまたこの時代について、*Hegemony of Homogeneity* において同様に論じた（一三五—一三九頁）。厳しく自分を見つめる自己反省と自己批判の時代であり、この内省において、敗戦の原因は連合軍の軍事力にあったというよりもむしろ、日本の過去の社会制度と文化的伝統にあった、とされた。私はこの時代を自己オリエンタリズムの時代と呼んだ。

この時代を外部者の観点から眺めるとき、とりわけ、アメリカ人の観点から眺めるとき、それは日本の伝統を批判する好機となる。日本人も自己批判をしたのだが、それは完全に異なった観点からだった。すなわち、一方は征服された者の視点から自虐的に自己反省し、他方は勝利者の自民族中心主義の観点からである。日本人にとってそれは自分自身の過去の伝統を否定する時代だったが、外部者にとっては、日本をオリエンタルなものとするための絶好の機会だった。

換言すれば、日本とアメリカはコインの両面として表されるような日本人論を展開したのである。これはまさに、両者が互いに敵であったためであり、また戦争がもたらした諸々の結果について終戦直後の日本人論の立場から、反省しなくてはならなかったためである。

2　文化とパーソナリティ学派

日本研究の知識が外発的に産出されたものの、本来産み出されるべき内発的な「鏡像」を帰結しなかった「知識の生産」の過程をアメリカの人類学における「文化とパーソナリティ」と呼ばれる学派による民族のイメージの生産を例にとって、ここで論じたい。つまり、私がここで言及するのは、この学派によれば民族の心理学的気質、つまり「ナショナル・キャラクター（国民性）」と呼ばれるものは、その民族の文化によって様々な影響を受け、場合によってはその文化によって決定づけられる。この学派は精神分析学をその基礎とし、例えばトイレット・トレーニングのような、幼児期の体験がパーソナリティの発達と「国民性」に強い影響を与えるという仮説を唱えた。

この学派は当初「遠隔人類学［distant anthropology］」として出発した。すなわち、日本やソビエト連邦といった、戦争ゆえに直接フィールドワークができない文化を、他の諸方法、すなわち文字資料や映画やその地域からの移民のインタビューで研究しうる、とする立場である。Ruth Benedict（一九四六年）、William Caudill（一九五二年）、George A. DeVos（一九五六年）、Geoffrey Gorer（一九四二年）などがこの学派の立場から日本研究に従事したことで特によく知られている。Caudill はその研究を一九五〇年代まで続け、DeVos は六〇年代になっても続けていた。

アメリカにおいてこのような研究が可能であったのは、精神分析が長い伝統を有していたからである。この学派はその成果を日本で開花させることはなかった。二〇世紀中期の日本では、精神分析はそれほど発展してはいなかったからである。この学派の立場から国民的性格の研究を本格的に進めた人類学者としては祖父江孝男と我妻洋と星野命がいるのみである。祖父江と我妻は実は、アメリカでこの分野の訓練を受けた学者であり、また我妻は研究生活の大半をアメリカで費やしたため、日本でこの学派を伝承した者として残ったのはわずかに祖父江と星野のみだった。

このような日本人のパーソナリティの「文化とパーソナリティ」学派的解釈は、外発的日本人論の中でも最初期のものであり、そこでは、日本文化は日本的パーソナリティに影響を与える、あるいはそれを決定づける一枚岩的な実体であると見なされていた[5]。さらにその解釈は、後の日本人論の土台を与えた。すなわち、対人関係と感情的な紐帯を強調することによって日本人論の一つの特徴として一九六〇年代から一九八〇年代にかけて提起された集団主義の基礎を提供したのである。

このように、アメリカにおいて戦時の緊急的必要性とフロイト派精神分析学の発展のような歴史的要因との独特な結合によって生じた、外発的な日本研究の知識の生産は、それに対応する内発的な知識の生産を見なかった。

3　近代化論

外発的日本研究の知識生産のもう一つの例は、いわゆる「近代化論」である。「近代化論」は一九六〇年代の日本に関する社会科学研究で非常にもてはやされたが、一九七〇年代に「文化とパーソナリティ」学派が沈静化するにつれて同じように急速に沈静化した。この理論は、Max Weber の社会学の中に二つに分岐した根をもつ。一つの根は官僚制に関する、合理性を根拠とする理論であり、もう一つの根は西洋における資本主義の誕生においてプロテスタント倫理に関する、イデオロギー論を根拠とする理論である。合理性は近代性、近代科学、近代的官僚制の基礎をなしている。資本主義の誕生は、西洋の経済システムを支配するこのような合理主義に基づいている。同時に、Weberは、プロテスタント倫理がいかに西洋資本主義の発展に影響を与えたかを示した。

このような近代化論が、一九五〇年代と一九六〇年代のアメリカにおける、日本に関する社会科学を確立した。そして日本学研究者はこの理論をいかにして日本に適用するか、という問題に直面することになった。この問題に最初に取り組んだのはRobert N. Bellahである。Bellahは、若い時代にハイデルベルク大学で研究し、Max Weberの深い影響を受けていたTalcott Parsonsの弟子である。Bellahは、日本においてプロテスタント倫理に相当する価値観を見つけ出すことを自らの使命とした。そして実際にそのような等価物を見いだし、それは*Tokugawa Religion*（一九五七年）に報告されている。

Weberの近代化論におけるもう一つの問い、すなわち「官僚制」に関わる問いは、James Abegglenによって*The Japan Factory*（一九五八年）に展開されることになる。その中でAbegglenは、日本的経営の「三種の神器」を強調している——すなわち、終身雇用、年功序列、企業別組合である。この「三種の神器」は以後繰り返し引用されることになる。このようにして、Bellahが日本の近代化達成のイデオロギー上の問いに対し、プロテスタント倫理に機能的に匹敵する倫理によってなされた、という答えを与えたのと同様に、AbegglenはWeberが提起した制度的、つまり官僚制の問題に答えを与えたのである。

近代化論のこの二つの主要な構成要素には、日本人論の諸概念が染みこんでいる。例えば、集団主義、位階秩序［ヒエラルキー］、忠誠心、恩と義理、などである。一九四〇年代と五〇年代の日本人の「国民性」概念は、ある程度までは近代化論に継承されたのである。

これらの著作が引き金となって、「日本の近代化」に関する研究は日本を研究する社会科学者の間で主要なプロジェクトとなった。それ以来、西洋の学者の多く、それもほとんどはアメリカの学者が、近代化論に一石を投じてきた。一九六〇年代には、学会、研究会、セミナーがフォード財団の助成等によって次々と開かれ、日本の近代化を議論した。これらの討論の記録はプリンストン大学出版局によって、「近代化双書」として出版され広く読まれた。

Edwin Reischauer の *The Japanese*（邦訳『ザ・ジャパニーズ——日本人』）（一九七八年）と Ezra Vogel の *Japan as Number One*（一九七九年）は、近代化の「謎」に対する解答の要約であると見なしてもよかろう。それは日本の近代化への外発的関心の頂点であったが、そうした外発的関心の時代の終焉をしるしづけるものでもあった。一九七〇年代を過ぎると、近代化論との関連で日本を分析することに対するアメリカの日本研究者の関心は急速に薄れていった。

4 オリエンタリズム

ここでしばし立ち止まり、日本の近代化という問題設定の中におけるオリエンタリズムについて考察したい。このような問題設定は内発的には生じる見込みはほとんどないのである。日本へのオリエンタリスト的熱い視線は、一九六〇年代、日本の近代化に関心をもつ西洋の観察者たちがしばしば提起してきた、一見好意的な命題に現れている。その命題とはすなわち、一九五〇——六〇年代では日本は近代化／産業化を達成した「唯一の非西洋国」であり、それゆえにこの特異な現象は探求する必要がある、というものである[6]。ほとんどの日本人がこのような考察を素朴に賞賛や栄誉として受け入れ、その薄いベールの下にオリエンタリストの真意が隠されているかもしれない、という勘ぐりを入れなかったのは、極めて興味深い。

問題は、非西洋の国家が近代化を達成するということが、なぜそれほど並はずれた出来事であるべきだとされているのか、である。すなわち、なぜ近代化というものが西洋諸国では正常な発展の上での出来事だと見なされるべきなのか、そしてなぜ、そうした正常な発展の上での出来事としての近代化は西洋諸国のみに与えられる特権だとされているのか。オリエンタリストは、いかなる西洋国家も「本来の」性質ゆえに近代化をなしうる特性を備えている、と仮定する。それは日本語の表現を使えば当たり前のことだとされている。しかし非西洋国家が近代化を行うとき、注目に値するものとなる。さらに、注目に値するのみならず、賞賛に値するものともなる、つまりその、本来ある筈のない「この偉業を達成した唯一の非西洋国」という賞賛に値するものとなるのだ。なぜ、それを達成したことがそれほどまでに並はずれたことであるのか？　これはまるで次のように言っているかの如くである。つまり、西洋には近代化のための神秘的な力が天性のものとして与えられていて、それゆえにヨーロッパは必然的に近代化したのであり、取りたてて言及する必要はない。しかし、いかなる非西洋国家にもそのような天性は与えられていないのであるから、近代化を果たした非西洋国家が、この「例外的な」達成をいかにして果たしたかを詳しく調査する必要がある、と。このような西洋と非西洋の明確なる区別は、あからさまなオリエンタリズムである。

こうしたオリエンタリズムは、もう一つ方法論上の誤謬を犯している。それは、すべての西洋国家は近代化されている、と想定しているのである。しかし実際には、もしGNPを産業化の尺度として用いるなら、一九七〇年までには、日本はアメリカ、イギリス、フランス、西ドイツに次ぐ近代化を果たしていた。それ以外のいわゆる西洋諸国、それゆえ近代化されたと想定された諸国は、すべて日本に後れを取っていたのである。だが、ただそれらの諸国が西洋の一部であるというだけの理由によって、それら諸国は近代化されたと見なされた。あるいは少なくとも、そのような想定に何らの疑問も差し挟まれなかったのである。すなわち、もし日本が近代化され得た唯一の非西洋国であるために研究される必要があるのだとしたら、ベルギー、スペイン、デンマークなどの近代化において日本に後れを取っている西洋諸国もまた、謎として調査をされてしかるべきである。ところが、オリエンタリストの想定はこのような際だった理論的問題を取り除いてしまったのである。

私が指摘したいのは、近代化に関連してアメリカ人の学者が提起してきた日本人論は、一つのオリエンタリストの想定によって動機づけられていた、という点である。そのような日本の近代化という問題設定は、日本人の学者によって提起されなかった。実際、当時の日本の社会科学ではWeberとParsonsが突出していたにもかかわらず、アメリカでの近代化研究は日本にそれと対応する研究課題を作り出さなかった。近代化論はアメリカの研究課題のままだったのである。たしかに、何人かの日本人学者が、アメリカ人をスポンサーとする近代化に関するシンポジウムや研究会［ワークショップ］に参加するために招かれるということはあった。しかし、日本の中でそれが世論を賑わせ、関心を広げていくことはなかったのである。もしあったとしても、それは「外発」の研究テーマに触発されたもので、「内発」ではなかった。

5 比較

比較研究法は人類学では深く根づいている。手法の違いはあれ、それはほとんどすべての人類学の講座で教えられている。それは、いわゆる「参与観察」法と共に、この専門分野を特徴づける方法となっている。後者がデータ収集の方法であるのに対し、前者は分析の方法である。

日本が何と比較されているのか、という点が日本研究の知識の生産に何らかの差異をもたらすことは明らかだ。日本を十の国と比較したとき、少なくとも十の異なった日本のイメージが、つまり十の異なった日本人論が、出てくるのはそのためである。とは言え、それらのイメージまたは日本人論の内容が、どれほどより広く普及するかは、比較の対象となった国がどれほどの力をもっているか、あるいはどれほど影響力があるか、という点にかなり依存している。例えば、Embree（一九六九年）による日本とタイの比較は、日本を「ゆるく構造化された」タイと比較して「緊密に構造化された」社会として特徴づけるものであったが、この特徴づけはそれほど多くの人に影響を与えなかった。つまり、日本人は「集団的気質を備えている」という見解は個人主義的なアメリカと比較する中で創られた見解でアメリカという強国と対称であるということで広く支持者を得たのである。

ところで、ここで言う比較研究法には、明示的なものも、非明示的なものもありうる。二つあるいはそれ以上の文化的単位が分析のために並べ置かれるような場合、それは明示的な方法であるが、一つの文化が唯一の単位として記述されたり分析されたりする場合、それは非明示的な方法である。ほとんどの西洋の学者が日本を取り扱う際に採用するのは、この後者の形態である。

Clyde Kluckhohn は *Mirror for Man*（一九四九年）で、我々が比較分析に携わるのは、他者を学ぶという過程の中で、我々自身を学ぶためである、と論じた。このゆえに、他文化の民族誌が不可避的に、自文化に関する批評を産み出すような比較［比較論］となるのは避けることはできない。日本について著述するアメリカの人類学者にも、このことは間違いなく当てはまる。Ruth Benedict 著『菊と刀』は、しばしばこの関連で取り上げられている。この点は桑山が *Native Anthropology*（二〇〇四年、五章）でも指摘している。青木（一九九〇年）もまた『菊と刀』を、Benedict による日本についての叙述の中にはアメリカ文化が描写されている例としてあげている。

青木も桑山もこの例を一つの例外と見なしているのであるが、私としては、これが一般的に成り立つことなのだと論じたい。アメリカの学者が日本について書く場合、第一に、すべてが英語で書かれるであろうし、読者層はおおむねネイティブのアメリカ人であろう。また、読者層は日本の文化や歴史に十分通じている人々に限られるわけでもない。それゆえ、著者は読者が日本についてほとんど、あるいは全く知らない、と想定せざるを得ない。第二に、読者が比較分析の方法論的素養をもっているとか、自民族中心主義的解釈の落とし穴を熟知しているとかを、想定することはできない。読者はありとあらゆる文化的な前提をもって、また、多分に自民族中心主義的な偏見をもって、それを読むのである。要するに、著者は二つの文化を少なくとも心の中で比較せねばならず、その比較を自動的に行うのである。そして、著者は、読者の理解を期待するためには、読者のもつ、ありとあらゆる文化的な前提をもって、また、多分に共通の自民族中心主義的な偏りを理解して、著述を行わねばならない。実態に即したものでありうるような、文化の差異もしくは類似性を読者が容易に理解できるようにするためには、日本と比較されるアメリカの文化に訴えなくてはならない。

また、日本語独特の言語表現に本来備わっている特殊な文化的意味を伝達しようとしても、その試みは部分的にしか成功しない。Benedict は義理、義務、恩の意味を、完全に成功しているとは言えないにしても、なんとかつまびらかにしようと試みている。だがそれらを除けば、Benedict は、他の無数の日本文化の意味合いを含む用語を手つかずのままにしている。例えば親、子、姉、妹のようなありふれた血縁関係の用語や、ちゃぶ台、お風呂、玄関のような家財道具を指す用語などは、文化的な意味や含みをもっているのである。これらの用語やその他の日本語の用語の元来の意味や含みを忠実に説明すべきだということになれば、著者は完全に「言葉を失ってしまう」だろう。それゆえ、民族誌の記述においては、十分な翻訳と詳しい解説を期待できる少数の鍵となる用語を除くと、他のすべての日本語の用語は、不都合なことに、単に近似的な翻訳としておおまかな意味を伝える英語の用語でうわべを繕われることになってしまう。日本の民族誌を読むアメリカ人は英語のスクリーン越しの理解——と言っても、不正確な理解——をせねばならないことになる。要するに、このように生産された知識は不可避的に英語による知識となるのであり、その知識は言語的ニュアンスの点でフランス語、ドイツ語、中国語、あるいはスワヒリ語による日本研究の知識とは異なるのであり、そのことによって、いずれの言語も異なった日本のイメージを生産するのである。

6 道徳的に偏った比較

このように、不十分な比較によって理解しようとする場合、不正確な言語的偏りが生じるのは避けられない。それに加えて、オリエンタリズム的な偏りから生じる自民族中心主義を考慮に入れねばならない。どんな日本研究者でも、そのような誤謬を犯さない程度の分別はもちあわせていて欲しいものである。しかし、頻繁に参照され引用される、日本人についての日本人論的性格づけ、例えば、日本人は集団指向的である、という日本人観を考えて頂きたい。この日本人観は、アメリカ人にとっては、アメリカ人自身の個人主義という社会的価値との比較で、道徳的な意味をもつのである。そこには、薄いベールに覆われたアメリカ人の自民族中心主義が存在する。アメリカ人にとって個人主義とは、アメリカ文化の価値の序列の中でも頂点かその近くに位置づけられる、冒すべからざるイデオロギーである。アメリカ人にとって集団主義は、個人主義に対する明確かつ絶対的な否定、自己の自律の否定であり、個人の権利と個々の人格の利害関心を窒息させる集団的規範への盲目的服従の表れである。アメリカ人自身の個人主義と日本人の集団主義を対比することによって、アメリカ人は、自分たちは日本人よりも優れている、という結論をごく自然に引き出す。

より最近は、カルチュラル・スタディーズにおいて信奉されている「普遍的（または絶対的）価値」を支持し、文化相対主義を放棄することで、彼らはこの優越感を強めている。それらの価値の中でも最も重要なのは平等主義であり、それはアメリカ人にとって個人主義と同等に重要な価値である[7]。こうして文化相対主義を放棄することによって、アメリカ人の人類学者は、もはや集団主義を個人主義と対等のものとして見なす必要がなくなった。このような相対主義の放棄はまた、アメリカの学者に、日本社会の性差別に対する批判（例えば Allison 1994）や、外国人に対する差別の批判（例えば Douglas and Roberts eds. 2000）を認めることになる。

7　日本人による本格的な比較日本人論

日本人が日本を特徴づける場合、他文化との意識的比較によることは少ない、ないしは、偶然であったりする場合が多い。日本人は、意識して比較をしなくても、日本人が何者であるか、また日本人を性格づけるにはどうすればよいかを、直感的に認知している。アメリカ人の場合も自分たちは何者であり自分自身を性格づけるにはどうすればよいかを認知しているのと同様である。日本人による日本人論のほとんどは、他文化との組織的比較に訴えることなく生産されている。これは、内発的日本人論の中に比較が全く欠如しているという意味ではない。しかし、ほとんどの場合に比較は外国への短い旅行、外国人との偶発的な会話などの異文化とのつかの間の遭遇に基礎を置いている。日本人の日本人論著者は、本格的な比較を欠き、我田引水的解釈に基づいて、自文化と自己の特異性を結論づける傾向がある。しかもそのような比較が提示するのは、ただ最初から準備されていた結論を例証するだけのことである。

日本人が自分を他者と比較する場合、大部分のケースで、そこで言う「他者」とは、ほとんど常に「西洋人」や「ヨーロッパ人」や「アメリカ人」であり、これは要するに一枚岩的な他者である。中国人や韓国人などのアジア人と日本人を比較することはまれである。それゆえ、日本人の性格づけは、「西洋人」との対比で成り立つ特徴に重点を置いたものになる。これらの性格づけに人気があるのは、他でもない、日本を含む世界は西洋文明のヘゲモニーの下にある、という理由による。

8　日本人にとっての集団主義

日本人もまた、外国人と同様に自分自身を集団指向的と性格づけている。しかし、集団主義というものについての定義は全く異なっている。日本人の考える集団指向性は、合意形成により成り立つ調和のとれた、秩序正しい日本社会のモデルの重要な部分として描かれるのであり、アメリカの個人主義に劣るものとして描かれることはない。これは日本文化についてできるだけ好印象を与えようとしているのである。集団主義はしばしば、一九六〇年代と一九七〇年代の日本の高度経済成長の理由の一つとして引き合いに出される。

平等主義と個人主義が西洋を導くイデオロギー的原理であるとすると同様に、集団主義と位階秩序［ヒエラルキー］は、中根千枝（一九七〇年）が雄弁に論じたように、日本の社会構造を表すキーワードである。自己反省的（reflexive）人類学が提案する日本人論は、個人主義や平等性との対比において道徳的劣等性を含まない、社会的互助義務を中心とした対人関係の核に、縦社会への指向と緊密な人間関係を備えた集団モデルである。このような集団モデルは、オリエンタリストの言う、個人の権利が窒息させられ、メンバーが集団の規範と目標に盲目的に従わせられる「日本的集団」とは全く相違したものである。一見したところ同じ「集団主義」という性格づけが、外発的日本人論と内発的日本人論とで、異なった意味をもっていることが明らかになるだろう。

9　普遍主義

平等主義、個人主義、人権、その他一連の価値は普遍的な価値なのであって、単にアメリカ的あるいは西洋的な価値ではない、と論じるものが多い。この点で私は意見を異にする。これらの概念は、西洋の社会科学と人文学で用いられているが、特に宗教改革以降のキリスト教と密接に結びついたヨーロッパ文明に由来している。近年では、それらの概念は一九四八年の国連人権宣言に正式に記載されている。つまりそこでは、個人主義と平等主義を含む一連の「普遍的人権」が承認されているのである。しかし国連宣言とは、西洋文明と西洋の政治的覇権が、その権力と影響力を全世界へ及ぼそうとする努力に他ならない。つまり、人権宣言もまた、西洋的価値を世界中へ表明し強要するために創造されたのである。

ここで適用されている「普遍主義」それ自体が西洋的概念であるばかりか、（こちらのほうがもっと重要なのだが）この「普遍主義」には二つの意味があり、普遍主義に関する議論の中ではそれらの意味が混同されていることに注目すべきである。その一つは、西洋で一般に想定されているもので、つまり、どこで適用されようとも、また歴史を通じても、真であり妥当する一定の諸価値が存在する、という意味である。この時空を超越した真理が存在するという思想は、キリスト教に由来する[8]。ただし、そのような価値が事実上存在するかどうかは証明されておらず、ただイデオロギーとして所在しているだけである。

普遍主義の第二の意味は、上記の普遍主義の第一の意味は単に普遍的であると信じられているに過ぎない、という自覚に由来する。西洋では一般的に時空を超越する価値が存在すると信じているのであり、西洋人の心にこのような思想に帰着する合意が存在する限り、これらの価値が、西洋において成り立っていると仮定することができる。しかし、西洋以外でも成り立つとは限らない。

アメリカ人が、想定するのみで証明はない、「平等」という「超越的普遍的真理」を自分自身に課す場合には何の諍いも存在しない。しかし西洋人が、個人主義の優越性を超越的真理と見なし、それゆえに集団主義の劣性を押しつけてくるとすれば、これは文化的帝国主義およびオリエンタリズムを実践していることになる。

かくして、外発的立場から日本人を集団主義的として性格づける場合、そこには三つの要因が組み合わさっていることになる。第一の要因は比較方法論の適用であり、そこでアメリカが日本と比較される。第二の要因は、暗黙裏に西洋の道徳的規範を支持する、未証明の超越的な「普遍的」諸原理を動員して、相対主義的原理を放棄することである。第三の要因は、集団主義よりも個人主義を上に置くという、オリエンタリズム的な価値判断の適用である。

10 日本人論を書く動機

日本人とヨーロッパ人とが、日本および日本人について同じイメージを創造しているように見えることがあるかもしれない。しかし、ここに重要な差異を、考慮すべきである。著者すなわち「日本」というイメージの生産者が日本人で、「自画像」である日本人論のイメージに日本人であるがゆえの「日本的」感情を重ねることになる。ところがそのように構成された「日本」のイメージが他民族のものである場合、外国人である著者は「日本的」感情を重ねることができない。問題は、構成された「日本」のイメージが感情的に身についた自分自身の自己同一性を構成するかどうか、という点にある。

日本人にとって、日本人論を論じる動機は、明らかに自分自身のアイデンティーを確立することであるが、アメリカ人にとっての動機はその時々で変わるものである。太平洋戦争のさ中において、日本を研究し日本人を性格づける目的は、日本という国の効果的な占領および統治を準備する作業であり、「汝の敵を知れ」という常識に訴えるものだった。Gorer、Benedict、Embree（一九四五年）などが取りかかった、戦時中のプロジェクトはこのようなものであった。また、勝利後、日本を占領する準備の中で、日本という国の概要を知るという補足的な動機もあった。アメリカ政府はこのプロジェクトに資金援助し、日本人および日本文化の性格づけを国家的、政治的な課題とした。これと同じ「汝の敵を知れ」という動機が、戦時中の日本政府には存在しなかったことは明白である。

一九七〇年代から一九八〇年代にかけて、日本経済が急成長し、新たな日本人論が発展し始めた。日本人と外国人のいずれの日本人論者も、日本の急速な経済成長を解明するのに余念がなかった。集団主義の概念は定式化され、高度経済成長の解明に利用された。多数の経営学権威が提案した「日本的経営」モデルのほとんどは、総じて日本社会の原型としての集団モデルに基づいていた。日本人によって生産されたこれらのモデルは、経済的成功がもたらした日本人の自信を示していた。日本人の自尊心と自己満足はこのモデルにあふれていた。日本人の、これらのモデルへの自己賞賛は、沈滞していたアメリカ経済に対する傲慢さと言ってもよいものがあった。Reischauer や Vogel のような知日派アメリカ人は、前例のない成長をもたらした日本の経済的成功において、日本の文化が果たした役割を認めた。この時期には、アメリカやヨーロッパの経営学権威や企業の経営陣が日本企業に学ぶために大挙して来日したり、さらに日本の経済的成功の究極の秘密を明らかにするために宮本武蔵の『五輪の書』を買い求めさえしたりした。ここにも、内発的日本人論と外発的日本人論との相違が見られる。

11　日本人論とアイデンティティー

日本人にとって、日本人論とは自分自身ないし自分自身の文化を性格づけることである。日本人の日本人論者は、自己の性格づけに主観的に感情移入せずにはいられない。つまり日本人の場合は、自分を主観的に満足させるように書く。別の言い方をすれば、内心の満足が、日本人論を書く際の導きとなる。このように創造されたアイデンティティーは、著者に直感レベルでの主観的満足を与える。日本人読者の立場から言えば、読者にとっての日本人論者の日本のイメージがどこまで読者を主観的に満足させるか、という点が一つの最優先の問いになる。

他方、外国人にとって、日本人論とは他者を性格づけることである。彼らが日本像を描く原理は、主観的アイデンティティーよりもむしろ知的理解と論証の論理性である。

日本人にとって、主観性はまた別の表現をする。すなわち、日本人にとっての日本人論は、真の意味での、Bourdieu の言う「ハビトゥス」(一九八四年)を提供する。簡潔に言えば、日本人がその文化的アイデンティティーを問題に付されるとき、日本人論はその状況に対応するための指向を提供する。例えば、ある日本人が外国人に会ったとする。日本人論は外国人に対する反応に影響を与えることになる。私が「同質性のハビトゥス」と呼ぶ、日本人論の諸教義から引き出されたものがある。それは「日本人」が外国人といかに対照的であるかを如実に描きだす。

例えば、日本人が何らかの理由で外国人を拒絶するのは、典型的な反応である。賃貸住宅を探している外国人に対して、大家は即座に「駄目です。外国人には貸しません」と告げる場合がある。求人に応募してきた外国人には外国人であるがゆえに応募者を拒絶することがある。これはいずれも「同質性のハビトゥス」の働きである。

この同質性のハビトゥスは難民申請の認定手続きにおいても明らかに見出される。この手続きは非常に厳しいため、難民認定法とは、実は難民認定を拒否するための、日本の周辺にめぐらした塀である、という印象を与えるほどである。少なくとも、日本政府は、難民受け入れに積極的ではない、と言うことはできる。政府が難民認定法を採択したのはただ、「国際共同体」――つまり西洋諸国と西洋文明の顕現である国際連合――の強い圧力に屈しなければならず、すなわち、日本が西洋のヘゲモニーの下で活動せねばならないがゆえなのである。日本政府のこの不本意さは、文化および政府の官僚制に染みついた同質性のハビトゥスによる異質民族・文化排除の原理に由来しているのである。

外国の日本人論の作者とその読者がそのようなハビトゥスに染まっていないことは明白である。彼らにとって、日本人論はただ外国文化の性格づけに過ぎない。それを把握したからと言って彼らの中に同質性のハビトゥスが誘発されるわけではない。それは単なる他者の記述であり続けるのである。

12 相互の影響

日本人はいかに自文化を記述するか、それに対して外国人はいかに日本を性格づけるか、という問いに対し二者間の差異について論じてきたが、終わりに重要な断り書きをしておきたい。現今の世界は西洋文明のヘゲモニーの下にある。つまり、西洋的価値が広く輸出され、程度こそ違え西洋の外部で受容されている。日本もその例外ではない。日本は個人主義や平等といった西洋的価値に深い影響を受けている。

この事実は、内発的日本人論と外発的日本人論との間の内容上の強い差異について語ることを困難にする。すなわち、日本人による内発的日本人論は外発的日本人論の影響を受けていることが十分ありうるのだ。実際、相互の影響はよく知られており、日本人の日本人論者と西洋の日本人論者は、お互いに学問の仲間として知り合っている。それゆえ、私の論じてきたような内発的日本人論と外発的日本人論というのは、理念型として解される必要がある。現実には、日本人の中には、日本人論を書くにあたって西洋的な「普遍的」価値を受容している論者もいる。同様に、外国人の著者の中には、日本人による日本人論を受容している人がいる。もっとも、すでに論じたように、その根底にある動機は異なったものであることには違いないのだ。

注

[1] 例えば、読売新聞調査研究本部編『新日本人論――世界の中の日本人』読売新聞社、一九八六年。青木保『日本文化論の変容――戦後日本の文化とアイデンティティ』中央公論社、一九九〇年。Peter Dale, *The Myth of Japanese Uniqueness*. *London*: St. Martin's Press. 1986. Ross Mouer and Yoshio Sugimoto, *Images of Japanese Society*. London: Kegan Paul International, 1986.

[2] 「北米」とは、アメリカとカナダが類似した特徴や傾向を示すときに用いられる包括的な呼び名である。

[3] 本論文を書くにあたって私が多少の修正を加えつつ援用しているのはCole & Cole, *Social Stratification in Science*（一九七三年、第1章）である。その中で両氏は知識生産に対する影響の諸類型を同定分類している。

[4] Cole & Cole の図式の日本への適用については新堀（一九八四年）を参照。

[5] ただし西洋と日本の接触の最初期からのオリエンタリズム的な印象論的特徴づけの日本論はあった。

[6] このような文脈において近代化論者はほとんど常に「近代化」と、ＧＮＰないしＧＤＰで測られる「産業化」とを同義としている。

[7] 人類学における文化相対主義の放棄についてはKideckel（一九八八年）を参照。

[8] キリスト教以外の宗教が普遍的真理について同様の概念をもたない、ということではないが、ここでは、キリスト教を含む西洋文明のヘゲモニーに由来する普遍的真理についての議論なのである。

文献

［ローマ字表記の日本語文献は日本語で表記しその後に原表記を補った。また、英語文献の日本語訳または英訳版の日本語原著のある場合には原文の後にそれを補った］（訳者）

・Abbeglen, James C.（1958）：*The Japanese factory: Aspects of its social organization.* Glencoe, IL: Free Press.［J・アベグレン著、山岡洋一訳、『日本の経営（新訳版）』日本経済新聞社、二〇〇四年］

・Allison, Anne.（1994）：*Nightwork: sexuality, pleasure, and corporate masculinity in a Tokyo hostess club.* University of Chicago Press.

・青木保、（1990）『日本文化論の変容――戦後日本の文化とアイデンティティ』中央公論社：［Aoki, Tamotsu. 1990. *Nihon Bunkaron no Hen'yo: Sengo Nihon no Bunka to Aidentiti.* Tokyo: Chuo Koronsha.］

・Befu, Harumi.（1992）："Introduction: Frame of Analysis." In Harumi Befu and Josef Kreiner eds., *Othernesses of Japan: Historical and Cultural Influences on Japanese Studies in Ten Countries.* Munich: Iudicium. pp.15-35.

・Befu, Harumi.（2001）：*Hegemony of Homogeneity: An Anthropological Analysis of Nihonjinron.* Melbourne: Trans Pacific Press.

・Befu, Harumi and Josef Kreiner eds.（1992）：*Othernesses of Japan: Historical and Cultural Influences on Japanese Studies in Ten Countries.* Munich: Iudicium.

・Bellha, Robert N.（1957）：*Tokugawa Religion: The values of Pre-Industrial Japan.* Glencoe, IL: Free Press.［R・N・ベラー著、池田昭訳『徳川時代の宗教』一九九六年、岩波文庫、岩波書店］

・Benedict, Ruth.（1946）：*The Chrysanthemum and the Sword: Patterns of Japanese Culture.* Boston: Houghton Mifflin.［ルース・ベネディクト著、長谷川松治訳、二〇〇五年、『菊と刀』講談社学術文庫、講談社］

・Bourdieu, Pierre.（1984）：*Distinction: A Social Critique of the Judgement of Taste.* Cambridge: Harvard University Press.［ピエール・ブルデュー著、石井洋二郎訳、一九九〇年『ディスタンクシオン――社会的判断力批判［1, 2］』藤原書店］

・Buckley, Sandra.（1997）：*Broken Silence: Voices of Japanese feminism.* Berkeley: University of California Press.

・Caudill, William.（1952）：*Japanese-American personality and acculturation.* Provincetown, Mass.: Journal Press.

・Cole, Jonathan R. and Stephen Cole.（1973）：*Social Stratification in Science.* Chicago: University of Chicago Press.

・Dale, Peter.（1986）：*The Myth of Japanese Uniqueness.* London: St. Martin's Press.

・De Vos, George A.（1956）：*Achievement orientation, social self-identity and Japanese economic growth.* Berkeley, Calif.: Center for Japanese and Korean

Studies, Institute of International Studies, University of California.

・Douglass, Mike and Glenda S. Roberts.（2000）：*Japan and global migration : foreign workers and the advent of a multicultural society.* London; New York: Routledge.

・Embree, John F.（1945）：*The Japanese nation.* New York: Editions for the Armed Services, Inc.

・Embree, John F. [and others]（1969）：*Loosely structured social systems;* Thailand in comparative perspective. Hans-Dieter Evers, editor. New Haven: Yale University Southeast Asia Studies. [distributor: The Cellar Book Shop, Detroit]

・Gorer, Geoffrey.（1942）：*Japanese character structure.* New York: Institute for Intercultural Studies.

・川島武宜（1948）：『日本社会の家族的構成』学生書房（再版：二〇〇〇年、岩波現代文庫、岩波書店）[Kawashima, Takeyoshi. 1948. *Nihon shakai no kazokuteki kosei.* Tokyo: Gakusei Shobo.]

・Kideckel, David A.（1988）：*"Cultural relativism, American society, and American anthropology: Life, death, and re-birth of a concept."* Paper presented at the 12th Congress of the International Union of Anthropological and Ethnological Sciences, Zagreb, Yugoslavia.

・Kluckhohn, Clyde.（1949）：*Mirror for man; the relation of anthropology to modern life.* New York: Whittlesey.

・桑山敬已（2004）：*Native Anthropology.* Melbourne: Trans Pacific Press.

・Lie, John.（2001）：*Multiethnic Japan.* Harvard University Press.

・Mouer, Ross and Yoshio Sugimoto.（1986）：*Images of Japanese Society.* London: Kegan Paul International.

・中根千枝（1970）：*Japanese Society.* Berkeley: University of California Press.［中根千枝著、一九六八年『タテ社会の人間関係』講談社現代新書、講談社、の英訳］

・Reischauer, Edwin O.（1978）：*The Japanese.* Cambridge, Mass Belknap Press.［エドウィン・O・ライシャワー著、國弘正雄訳『ザ・ジャパニーズ――日本人』文藝春秋、一九七九年］

・新堀通也（1984）：『学問の社会学』東信堂、一九八四年 [Shinbori, Michiya. 1984. *Gakumon no Shakaigaku.* Tokyo: Tokyo Toshindo.]

・Vogel, Ezra F.（1979）：*Japan as number one: lessons for America.* Cambridge, Mass.: Harvard University Press.［エズラ・F・ヴォーゲル著、広中和歌子、木本彰子訳『ジャパン・アズ・ナンバーワン（新版）』阪急コミュニケーションズ、二〇〇四年］

・読売新聞調査研究本部編『新日本人論――世界の中の日本人』読売新聞社 [Yomiuri Shinbun Chosa Kenkyu Honbu ed. 1986. *Shin Nihonjin ron: sekai no naka no Nihonjin,* Tokyo: Yomiuri Shinbunsha.]

境界を越えて
――文化人類学的日本研究の場合――

桑山　敬己
（翻訳：千田　啓之）

日本研究には多くの境界がある。私がこの小論で論じるのは、（一）日本の学界と海外の学界の境界、（二）日本国内で実践されている学問領域の境界、の二つである。私の専門はヨーロッパ大陸で「民族学」とも呼ばれる文化人類学であるから、焦点を当てるのは主にこの領域にかかわる問題となる。しかし私は、自分の主張が日本研究一般にも適用できるものであることを示したいと思う。

1　日本と西洋との境界

拙著 *Native Anthropology*（二〇〇四年）において、私は、西洋の人類学者が日本人を研究の主体というよりは、研究の対象とみなしてきたことを主張した。一九世紀の半ばに日本が開国して以来、日本人は多くの西洋人によって観察され、記述され、分析されてきた。日本には尊重すべき学問的伝統があったにもかかわらず、日本人は「未開」社会のネイティヴと同様に、自らを分析する能力が十分にない人間とみなされる傾向があった。その結果、日本人による日本についての研究は、西洋人の間で評価が低かった。ただし個人差は多々ある。日本語の文献を自在に読みこなし、日本人の学者からも敬意を払われている西洋人の学者もいることは、付け加えておかなければならないだろう。

細かい議論に移る前に、ここでアメリカにおける私の個人的な経験を述べておこう。一九八二年にフルブライト奨学金を受けた私は、カリフォルニア大学ロサンゼルス校（ＵＣＬＡ）で人類学を学び始めた。そこで参加した大学院のゼミで、私はしばしば、後にそれぞれの分野を代表する研究者となった学生の言動に戸惑わされることになった。日本の文化を論じるとき、彼らは日本のネイティヴである私に対して、ろくに注意を払おうともしなかったのである。「どうして彼らは私の反応を気にも留めずに、私の国について語ることができるのだろう。私にも発言させてほしい」、というのが私の最初の感想だった。その頃、私の英語力はゼミの議論に参加できるほどのものではなかった。特に際立っていたのは、日本語と日本文化に関心があるという一人の学生だった。彼はしょっちゅう日本語の例をあげていたが、よく単純な語彙上の間違いを犯していた。そうした間違いは、彼が事前に私に相談していれば容易に正されていたようなものだった。初めのうちは、私はそれを彼の個人的な問題として捉えていた。しかし後になって、私はプロフェッショナルな人類学者たちの間にも、同様の問題があることを見出すことになったのである。

たとえば、アメリカ人類学会（American Anthropological Association）の年会で、多数開かれる日本に関するセッションでは、発表者は自らの議論を自信に満ちて主張し、あたかも演劇の舞台上にあるかのようなパフォーマンスを演じてみせる。しかし、納得できない日本人の聴衆が質問をしたり、批判的なコメントを寄せたりすると、彼らは往々にして真面目な対応を示さず、ときには無視さえする。この反応には二つの主な理由がある。一つ目の理由は明らかで、日本人とアメリカ人との話し方の違いを含めた言語の壁である。二つ目の理由はより複雑で、われわれの文脈においてより重要である。日本人の批判者が依拠する学問は、たいていの場合アメリカ人には馴染みのないものであり、両者は対話の枠組みを共有していないのだ。さらに、日本の学問に対して、アメリカ人の学者が敬意を払っていないことが、このコミュニケーションの欠如をより悪化させている。学会で慣習的に行われる夕刻の社交的な集まりでは、指導的なアメリカ人学者が日本人の研究をけなしているのを聞くことは稀ではない。

私はUCLAの学生として、自分が日本に関するゼミの議論で無視されるという経験をした。また、プロフェッショナルな学者の集まりでは、日本人による研究が軽く扱われる多くの例を目にしてきた。どちらの場合においても、問題は日本人の声が無視されていることであった。アメリカで研究しているときは、このことについてさほど強い関心を払っていなかったが、一九九三年に日本に帰国してから、私は自分が見てきたことをどう説明するかについて考えるようになった。そして、二つの概念を中心として、私の考えは徐々に形をなしていったのである。その二つとは、*Native Anthropology* で提示した「民族誌の三者構造」(ethnographic triad) と、「知の世界システム」(academic world system) である。以下、いくつかの新しい事例を基に、これらの概念について論じていくことにしよう。

2 民族誌の三者構造

民族誌の三者構造を構成するのは、「描写する者」(writer)、「描写される者」(the described)、「描写を読む者」(reader) という三者である。この構造を理解するには、博物館研究との比較が有効だ。博物館研究においては、民族学博物館は従来考えられていたような異文化のモノが鎮座している「寺院」ではなく、むしろ、展示する者、展示される者、展示を見る者、という三者の「対話のフォーラム」であるという認識が、近年になって拡がっている(吉田、一九九九年)。この認識は第二次世界大戦後、宗主国の博物館とかつての属国との間に、しばしば生じた苦い対立からもたらされたものである。かつての植民地の人びとは、博物館に展示されている工芸品の多くが、植民者によって押収され、ときには盗まれたものであると主張し、その返還を要求した。この主張は、世界中の先住民の間に、類似の抗議を引き起こすことになった。また彼らは、自らの文化と歴史に関して、不正確または不公平と彼らが考える表象に対しても異議を唱え、しばしば街頭での抗議運動を行いもした。

こういった多くの対立を経て、博物館の専門家は、展示される人びととの対話こそが、博物館展示を成功させるための鍵であることに気づいたのである。文字による文化表象である民族誌についても、同じことが言える。しかし、私の知る限り、この三者の関係はいまだ十分には検討されていない。

民族誌の三者構造において、描写する者とはフィールドワークを行い、研究結果を民族誌として「書き上げる」人類学者のことである。ギアーツ（Clifford Geertz）は民族誌を「ホームメード」（homemade）と呼んだが（Geertz 1988:145）、それは、一般に民族誌が書かれるのは、遠く離れた場所で行われたフィールドワークを終えて、人類学者が「ホーム」へ帰還した後だからなのである。民族誌の三者構造を構成する第二の項はネイティヴである。「ネイティヴ」という言葉は、ここでは非常に広い意味で使われており、「未開」であろうと「文明化」されていようと、人類学者によって研究され記述される人びとのことを指している。民族誌の三者構造を構成する第三の項は読者である。私は民族誌の読者を、次の四つのカテゴリーに分類したい。（一）著者と同じ言語文化共同体に属する読み手。ほとんどの民族誌は彼らを読者として想定している。（二）ネイティヴ。かつて、彼らは表象の対象としてのみ認知されたが、ポストコロニアル国家における教育の向上により、いまや彼らは自分について書かれたものを読むことができる。（三）ネイティヴの人類学者。ベネディクト（Ruth Benedict）の『菊と刀』（一九四六年）に対して、日本の学者から寄せられた多くの批判が示すとおり、彼らは外国人学者によって書かれた民族誌のもっとも辛らつな批判者である。（四）描写する者でも描写される者でもない読者。第三国の人類学者はここに含まれる。

既に述べたＵＣＬＡでの私の経験は、民族誌の三者構造からその第二項、すなわちネイティヴが排除されたものとして説明できる。人類学の歴史を見れば、それが読み書きのできない「未開」の学として発展してきたことがわかる。それゆえ、人類学者は彼らを潜在的な読み手とみなす必要がなかった。換言すれば、ネイティヴあるいは記述される人びとは、長いこと彼ら自身の文化をめぐる言説の外側に置かれてきたのだ。このため、人類学はネイティヴと対話するという伝統を欠いている。私がＵＣＬＡのゼミで無視されたのも、少なくとも部分的には、この歴史からくるものだったのだ。

この点についてより詳細に論じるため、私がここで批判的に取り上げるのは、一九八〇年代の半ばから多くの関心を呼んできたポストモダンの民族誌批判である。この批判は、いまや経典的著作となった『文化を書く』（一九八六年）の編者、クリフォード（James Clifford）とマーカス（George Marcus）によって代表されているが、ネイティヴという観点から見たとき、二つの重要な論点が見落とされている。第一に、本のタイトルが象徴的に示すように、彼らの関心は「書く」ことと「読む」こととに集中しており、「書かれる」ということが書かれた対象にとってどういう意味を持つか、という問題に考慮がない。民族誌の三者構造における第二項（ネイティヴ）は、事実上無視されているのである。第二に、彼らの想定する読者は、上述の四つのカテゴリーの第一のもの（著者と同じ言語文化共同体に属する読み手）にほぼ限定されている。描かれた者と「対話」するために、現地の言葉で民族誌を書こうという試みがないことが、そのことを明確に示している。

さらに、英語圏以外の人びととのコミュニケーションについても、ほとんど言及されていない。マーカスは、フィッシャー（Michael Fischer）との共著で出版した『文化批判としての人類学』（一九八六年）において、異文化体験を伝えるのに適した「実験的」な民族誌の書き方を提唱した。彼らによれば、ナラティヴのような新しい民族誌のスタイルは、異文化に関する読者の想像をかきたてるのに有効だという。しかし、「実験的民族誌」で使われている言葉や表現には、文化的負荷（特定の文化に根ざしたもの）が多く、文化的背景の異なる外国の読者には意味がすぐに分からない。「実験的民族誌」の手法は、すべての読者にとって等しく有効であるとは限らないのである。

一例として、ナラティヴの手法を用いて日本を描き、アメリカではポストモダンの民族誌を代表する書物であるとみなされているコンドー（Dorinne Kondo）の *Crafting Selves*（一九九〇年）をあげてみよう。確かにコンドーは、若いアメリカ人の女性が東京の下町で暮らすことが、どのような意味を持つのかということを、生き生きと描き出すことに成功している。しかし、日本人の読者から見れば、彼女の物語は「世間話」の域を越えるものではない。紙幅の関係で、具体例については拙稿（桑山、一九九七年）をご覧いただきたいが、実験的民族誌は、同一の言語文化共同体の内部では有効であるものの、それがそのような共同体を越えて有効性を発揮できるかどうかは、まったく別の問題である。

私の主張が日本研究一般に適用できるものであることを示すために、アメリカでの私のもう一つの体験を紹介しよう。民族誌の三者構造における三つの項のうち、読者、もしくはより一般的に言えばオーディエンス（audience）は、もっとも無視されてきた。同一の文化的対象について論じるときでさえ、異なるオーディエンスに対しては、異なる話し方をしなければ意味をなさない以上、これは不幸なことであると言える。日本の味噌汁についての以下の挿話が、そのことを明らかにしてくれる。

ＵＣＬＡを卒業した後、私はヴァージニア州リッチモンド市にあるヴァージニア・コモンウェルス大学（Virginia Commonwealth University）で四年間教鞭をとった。日本文化の講義を受け持ったとき、私は一度日本のポピュラー・カルチャーについてのビデオを学生に見せたことがある。そのときの私の意図は、今日の日本人がさまざまなジャンルの音楽を聴いていることを示すことにあり、ビデオは学生の理解を確かに促進してくれた。しかし、そこで私はまったく予想もしていなかった問題に出くわすことになったのである。音楽に関する部分が終わったあと、ビデオは引き続いて調理教室の情景を映し出し、私は学生の要望を受け入れてそれを見せた。そして、料理人が味噌汁の作り方を実演して見せているとき、一人の学生が味噌を指差して、「あの茶色の塊は何ですか」と尋ねてきたのだ。私は「味噌だよ」と答えたが、学生はさらに「味噌とは何ですか」と訊いてくる。そこで私は返答に詰まってしまった。何せ味噌というものを、あまりにも当たり前のものとみなしていたからだ。多くの日本食レストランのあるロサンゼルスでは、そのような質問はありえなかっただろう。しかし、リッチモンドにはアジア系の人口が非常に少なく、私は日本食について何も知らない人に数多く出会った。「そうだね、味噌汁というのは日本の伝統的な食べ物で、味噌を野菜と一緒に沸騰したお湯に入れて作るんだ」、私はそう答えてその場を乗り切った。

だが、私は自分自身の答えに満足していなかった。それは結局のところ、化学的な説明でしかなく、味噌汁の持つ文化的な意味合いを伝えていなかったからだ。そこで私は、次回の授業で、味噌汁を一度も食べたことのないアメリカ人にも分かるような説明を求めて、学生と話し合うことにした。その席上、私を驚かせたのは、長いわりには要領を得ない私の説明を聞いていた一人の学生の発言である。「味噌汁というのはアップルパイのようなものだ、と言うのはどうでしょう」、というのがその発言であった。味噌汁は液体であり、アップルパイは固体である。私は両者が異なる食物のカテゴリーに含まれると考えていたため、この発言には意表を突かれた。しかし、彼の説明を聞くにつれて、私にも彼の言わんとすることがつかめてきた。彼によれば、アメリカではアップルパイは「母親の手料理」を連想させるという。そして、そのレシピは母親から娘へと伝えられるというのだ。つまり、アップルパイは家族の象徴なのである。味噌汁もまた「おふくろの味」や「家風」を象徴するものであり、両者はよく似ている。さらに、「アップルパイのようにアメリカ的」(as American as apple pie) という表現が示すように、アップルパイは典型的なアメリカのものとみなされており、同じことが日本の味噌汁にも言えるだろう。興味深い一致は他にもある。多くのアメリカ人は、なんと朝食にアップルパイを食べるのであり、実際、アメリカのマクドナルドには、早朝からアップルパイが用意されている。日本人もまた、朝食に味噌汁を好んで飲む。これらすべてに鑑みれば、日本人にとっての味噌汁とは、アメリカ人にとってのアップルパイのようなものだと言ってよいだろう。

しかし問題は、「このような説明は誰にとって意味を持つのか」ということである。答えは明らかに「アメリカ人にとって」だろう。アメリカ人以外にとっては、この説明は意味を為さないし、ときにはかえって彼らを混乱させてしまいかねない。それゆえ、文化の表象は文化的に規定されたものであり、それが意味を為すか否かは、想定されたオーディエンスによって左右されるのである。それならば、私たちはどうやって日本を、あるいは他のどこかの国を、表象すればよいのだろうか。文化的な境界を越える記述ができない以上、普遍的な概念を追求することをやめ、限定された知識を得ることで満足すべきだという主張もあるかもしれない。しかし、文化の研究とは、それだけのことなのだろうか。私には確信のある答えは出せない。恐らく他の誰にも無理だろう。

3　知の世界システム

「知の世界システム」についての私の最初の着想は、人類学という学問の内部における異なる国家的伝統の存在について論じた二人のスウェーデン人学者、ゲルホルム (Tomas Gerholm) とハナーツ (Ulf Hannerz) の議論に負うところが大きい。

彼らによれば、世界経済と同様、人類学も世界システムを構成しており、そこではアメリカ、イギリス、そしてこの両者には劣るもののフランスが、「中心／中核」の地位を占めているという。その力（power）は強大であり、ヨーロッパの他の国ぐにを含めて、その他すべての国は「周辺／周縁」に追いやられている。ゲルホルムとハナーツ（一九八二年）はさらに、「中心と周辺」という関係は本土と離島のそれにたとえられると述べている。本土の人間は離島の出来事に無関心でも生活できるが、離島の人間は生活上の基本的欲求を満たすために、本土に依存しなければならない。同様に、「中心」の学者は「周辺」の研究に目配りする必要はないが、「周辺」の学者は常に「中心」の研究動向に敏感でなければならない。彼らの言葉を借りれば、「もし国際的な人類学というものが、ほぼアメリカ＋イギリス＋フランスの人類学と等しいのであれば、……彼らの国の人類学が外部から受ける影響は、ごく限られたものでしかないだろう」（Gerholm and Hannerz 1982:6）ということになる。

私が最初に人類学の世界システムについて論じたのは、一九九七年に発表した日本語の論文においてであった（桑山、一九九七年）。いまは故人となったオランダの人類学者ファン・ブレーメン（Jan van Bremen）がこれを読み、日本研究の学会であるＪＡＷＳ（Japan Anthropology Workshop）の英文の会報に批評を寄せてくれた。それ以来、私の問題関心は国際的に知られるようになり、多くの有益なコメントや示唆を受けることができた。そのなかにあったのが、日本の人類学は本当に私が主張したように「周辺」なのか、という問いである。たとえば、ファン・ブレーメン（一九九七年）は、東南アジア研究では、日本は植民地時代以来、中心的な地位にあると主張し、馬淵東一や田辺繁治による研究の影響力の大きさを指摘した。また彼以外にも、日本は「中心」に対しては「周辺」であるが、「周辺」の内部では「中心」的な位置にあるのだから、「半周辺」と呼ぶべきであるという人もいた。さらに、アメリカ、イギリス、フランスの内部でも、ほとんどの学者は何らかの形で学問的な権力の中枢から外れており、彼らは恐らく周辺国の中心的な学者より周縁化されている、と主張した人もいた。

こうした批判は理にかなったものだが、それでもなお、私には日本を「周辺」とみなすいくつかの理由がある。第一に、国際的に名の知られた日本の学者の多くは、「中心」の国で高度の学問的訓練を受けた人びとであり、それらの国における学問に精通しているということがあげられる。端的な例は、日本に関するもっともよく知られた著作の一つである『タテ社会の人間関係』（一九六七年）を著した中根千枝だろう。日本の大学を卒業した後、ロンドン大学に留学した中根は、イギリスの学問的伝統に親しみ、名高い構造機能主義の理論をもって日本社会を分析した。さらに、彼女は和辻哲郎の古典的著作『風土』を英訳したボーナス（Geoffrey Bownas）の助力を得て、その著作を英語で出版した（*Japanese Society*, 一九七〇年）。中根の国際的な名声は、彼女の生まれ育った日本ではなく、彼女を受け入れたイギリスの地位によるところが大きいと言ってよいだろう。

この点で、中根は国立民族学博物館の初代館長であった梅棹忠夫と好対照をなしている。梅棹は多くの人びとによって、近代日本におけるもっとも独創的な思想家の一人として認められている人物である。実際、彼はただ一人、民族学者として文化勲章を受けている（人類学者としての唯一の受章者は中根である）。梅棹は外国の学問に依存することを拒み、日本についての独創的な思想を生み出して、それをほぼ日本語でのみ書き続けてきた。にもかかわらず、というよりは恐らくそのために、梅棹の影響力はおおむね日本国内にとどまっている。たとえば、一九五七年の彼の伝説的な論文（「文明の生態史観序説」）に基づいて出版された『文明の生態史観』（一九六七年）は、二〇〇三年に至るまで英訳されなかった。残念なことに、英語版（*An Ecological View of History*）は、さほど高い評価を受けてはいないようだ。中根と梅棹との対比は、知の世界システムにおける「中心」との距離が、いかに学者の国際的な地位に影響するかを示している。

このシステムが一枚岩的なものであるという印象を与えてはいけないので、ここで「中心」の内部における差異について手短に言及しておこう。人類学に関する限り、一般にアメリカよりイギリスのほうが外部の学問に対する関心が高い。またフランスの学者は、明らかに英語圏の学者とは異なっている。実際、彼らは梅棹の思想に大きな関心を示したのだ。たとえば、一九八四年にはコレージュ・ド・フランスが梅棹を招き、彼はそこで文明の生態史論について一連の講義を行っている。訪仏の少し前には、*Le Japon à l'ère planétaire*（一九八三年）と題した書物が出版され、『文明の生態史観』から四つの章が収録された。

知の世界システムにおける日本の地位に話を戻し、私が日本を「周辺」として定義するもう一つの理由を述べよう。それは戦略的なものだ。純粋に数字上の物言いをすれば、日本の人類学は無視してよいものでも無力なものでもない。一九三四年の創立以来、日本文化人類学会（旧・日本民族学会）は二〇〇〇人以上の会員を数え、アメリカに次いで世界第二の規模の人類学会となっている。また、研究・教育の点では、日本はアジア諸国、特に中国と韓国に対して一定の影響力を持っており、それらの国からは日本による植民地支配が行われていた頃から、多くの留学生がやってきている。これらの事実に鑑みるならば、日本は「半周辺」であると定義したほうが適切だろう。しかしこの定義は、アパルトヘイトにおいて、日本がその経済力により「名誉白人」とされていたことを連想させる。それは日本と「中心」の西洋諸国との間にある不平等を見過ごさせるだけではなく、知の世界システムにおける力（power）の次元をも隠蔽しているのだ。文芸批評家のミヨシ（Masao Miyoshi）は、その著書『オフ・センター』（一九九六年）で、ヨーロッパ人やアメリカ人が知的事業に着手する際、日本のことを考えることは滅多にないと指摘した。それゆえ、ミヨシによれば、日本人は怪しげな「名誉白人」の地位を享受するよりも、第三世界の知識人と連携して、辺境から発言したほうが戦略的にはより有効だという。私はミヨシの主張を支持したいと思う。

4　日本の存在感を高めるための具体的方策

では、日本の学問の存在感を高めるために、私たちはどうすればよいのだろうか。近年、日本政府は思い切った措置を打ち出し、「21世紀ＣＯＥプログラム」（現・グローバルＣＯＥプログラム、略称ＣＯＥ）という新たな研究助成金のシステムを樹立した。ＣＯＥにおいては、多額の助成金が競争原理に基づいて、選別された大学に交付されることになっている。この制度は、むろん全体として日本の研究の質を向上させるだろうが、こと人文・社会科学の領域に関しては、それほど劇的でも多額の費用を要するわけでもない措置で十分だ。研究助成金を増やすのと同様に、あるいはそれ以上に重要なのは、日本人の考えを世界に発信するためのルートを作ることであると私は提言したい。特に、知の世界システムの「中心」にあり、世界規模の流通ネットワークを持つ大手出版社と協力することを検討するべきである。書籍やモノグラフのシリーズを創設し、日本人と外国人のスタッフによる共同編集を行うのは、きわめて有効だろう。

この提言は、国立民族学博物館から出版されている *Senri Ethnological Studies*（ＳＥＳ）の「失敗」から学んだものである。ＳＥＳは不定期刊行の英文論文集で、第一集は一九七八年に出版された。それ以来、このシリーズは七〇巻近くを数えているが、その存在感は日本以外でははなはだ薄い。たとえば、一九九二年に私がオックスフォード大学の社会文化人類学研究所を訪れた際、このシリーズは読書室の片隅にきれいに並べられていたが、誰かが手を触れた形跡はなかった。それと対照的に、ＳＥＳの第一一集、"Religion and the Family in East Asia"は、後にカリフォルニア大学出版局から再出版され（DeVos and Sofue 1986）、広範な読者を獲得した。この事実は、単に英語で書くというだけでは不十分だということを示している。流通こそが思考を外部に発信するための鍵なのだ。これは余談になるが、ひそかに伝え聞くところによれば、ＳＥＳの創刊前にも西洋の出版社との提携の計画はあったが、複雑な事情により結局頓挫してしまったという。

だが、先に述べた私の提言を、既に実践している人びともいる。たとえば、山下晋司（東京大学）は、最近Berghahn Booksから"Asian Anthropologies"というシリーズを立ち上げた（Anthropologiesと複数形になっているのは、世界にはさまざまな人類学の伝統があることを示すためである）。山下とともに編者を務めているのは、日本で長いこと教鞭をとっているイギリスの人類学者イーズ（J. S. Eades）である。このプロジェクトに限らず、イーズは日本の人類学を世界に紹介するための「仲介者」としての役割を多く担ってきた。またこれとは別の、やはり新しいシリーズがＪＡＷＳによって企画され、ヘンドリー（Joy Hendry）の編集のもと、イギリスの代表的出版社であるRoutledgeから発刊されている。編集委員会のメンバーには、日本の中牧弘允、イスラエルのベン＝アリ（Eyal Ben-Ari）、その他いくつかの国の人類学者が名を連ねている。さらにRoutledgeからは、"Anthropology of Asia"という別のシリーズも出版されている。これらはみな、辺境の声を拾い上げる効果を期待できる、新たな試みの一歩と言えよう。そして、これらのなかでももっとも野心的な試みなのが、オーストラリアに帰化した杉本良夫によるTrans Pacific Pressの創設である。ここから出版されている"Japanese Society Series"は、梅棹に加え、上野千鶴子、小熊英二、島薗進といった、日本の代表的な学者の著作の英訳を目玉としている。興味深いことに、これらの試みはすべて、アメリカ以外の英語圏の国で行われている。

日本はまた、人類学の国際的な組織活動にも、より積極的に関わっていかなければならない。もちろん、これは言うほど簡単なことではない。特に、失敗を恐れて積極的な行動を起こせないという日本人の性格が、大きな壁となっている。私がこの問題をはっきりと認識したのは、日本文化人類学会の英文による学会誌の編集に携わっていたときだった。編集委員の誰もが問題があることに気づいているのに、私の提案した新しい方策に対する編集長の答えは、「失敗したら誰が責任を取るのか」というものだったのだ。やってみる前から結果がわかる者などいないというのに！

しかし、状況は好転しつつあるようだ。たとえば、小泉潤二（大阪大学）は、新しい国際組織であるWorld Council of Anthropological Associations（ＷＣＡＡ）のもっとも重要なポストに就任した。この組織は二〇〇四年の六月に創設されたが、それを主導したのは、西洋の一国もしくは僅かな数の国が、人類学において圧倒的な影響力を持っていることを憂慮したブラジル人学者ヒベイロ（Gustavo Ribeiro）であった。彼の懸念は広く共有されているようで、そのことはＷＣＡＡの創設理念である「世界の人類学者が情報を共有し、協力関係を発展させていくため」というくだりに示されている。意義深いのは、ＷＣＡＡの構成単位は個人ではなく、国やそれに類する組織であるということだ。二〇〇八年二月の時点では一九の組織が加盟しており、それらはほぼ世界の全域を代表している（アフリカ、アメリカ合衆国、イギリス、インド、オーストラリア、カナダ、スペイン、日本、ブラジル、フランス、ポルトガル、南アフリカ、ヨーロッパ、ラテンアメリカ、ロシア、メキシコ、ニュージーランド、そしてイタリア。これにInternational Union of Anthropological and Ethnological Sciencesが加わる）。人類学においては、国家や地域の間の境界は崩壊し始めているのだ。

5 日本国内における学問の境界

最後に、日本国内における学問の境界について、手短に言及しておこう。人類学に隣接する学問領域のうち、歴史的にも内容的にも、もっとも近いのは民俗学である。日本民俗学は一九三〇年代に、近代日本の知的巨人である柳田国男によって創設された。「民俗学」という用語を採用する以前、柳田はこれを「民間伝承」の研究と呼んでいたが、それはフランス語の traditions populaires の翻訳であった。

柳田は国際的な感覚を備えた人物であった。一九一九年、四五歳にして政府官僚としてのキャリアに別れを告げ、民間伝承の研究に没頭した柳田は、程なくして国際連盟の日本代表の一人として、ヨーロッパに派遣されることになった。彼はこの機会を利用して、ヨーロッパの大学の講義を聴講し、またフレーザー（James Frazer）をはじめとするヨーロッパの主要な学者の著作を読みふけった。柳田自身の回想によれば、彼が民俗学と民族学の違いを初めて知ったのは、ドイツからアメリカに移住し、後にアメリカ人類学の創始者と呼ばれたボアズ（Franz Boas）を通じてであったという。ベルリンの古本屋で柳田が本を物色していたところ、偶然出会ったボアズに、「君の分野はドイツ語では Volkskunde（民俗学）といい、Völkerkunde（民族学）とは区別されている」と言われたのである。今日、柳田の蔵書は東京の成城大学に保管されているが、その目録は彼が西洋の学問に精通していたことを証明している。

にもかかわらず、その大部の著作において、柳田は自身が参照したヨーロッパの学問についてほとんど言及していない。恐らく意図的に言及を避けたのだろう。柳田には二つの確信があった。一つは民俗学という学問は、古いものと新しいものとが共存する日本のような国でこそ発展するということであり、もう一つは、西洋の学者も遅かれ早かれ日本人の研究を参照して、自身の学問を再検討せざるを得なくなるということであった。柳田は世界の民俗学の創設者ではないにしても、指導者になることを望んでいたのであり、指導者には他人の研究の引用はふさわしくないと考えたのだろう。日本の学者が国際的な場において積極的な役割を果たそうとしないことを考えると、彼の野心は特異なものだったと言えよう。しかし、柳田が日本の民俗学を創始するにあたり、どのような知的伝統に依拠したかを明記しておかなかったことは、彼の後継者に不幸な帰結をもたらした。なぜなら、柳田の業績を国際的な文脈において評価することが困難になり、その結果、知の世界システムの「中心」を占める西洋の学問から、日本民俗学は隔離されてしまったからである。

さらに、日本民俗学はあまりに「日本的」な学問になってしまい、西洋の学問から深い影響を受けている人類学とは徐々に疎遠になりつつある。二つの理由から、この分裂は望ましいものではない。第一に、歴史的に言って、日本における民俗学と人類学は、双子の学問として発展してきた。これは日本の近代化が比較的遅かったことの結果で、西洋の学者が「未開」社会に見出した「奇妙な」習慣を、日本の学者は自国の農村部に見出したのである。そのため、日本においては、主に異文化を研究する人類学と、主に自文化を研究する民俗学の間に、関心の収斂（convergence）が起きた。私見によれば、今日でもこの収斂は有益である。

第二に、日本についての人類学的研究には、民俗学から学ぶべきところが多い。人類学は異文化を対象とするので、自己と離れた他者を研究する「遠心的」傾向がある。そのため、自文化に対して十分な関心を払ってこなかった。しかし、再帰性（reflexivity）にまつわる近年の議論が示すように、他者の研究は必然的に自己の研究であらざるを得ない。つまり、人類学と民俗学は相互補完的な関係にあるのだ。実際、人類学がもっとも魅力を発するのは、異文化との比較を通じて自文化の隠された側面が明らかになったときである。残念ながら、二つの学問領域の間の溝は深まるばかりで、橋渡しをしようとする努力はほとんど行われていないのが現状である。

6　共通の目標へ向けての共同作業

本論を終えるにあたり、近代以降の世界で、西洋科学の影響を何らかの形で受けていない土着の知の体系は、ほとんどないということを想起したい。この事実をもっともよく表しているのが柳田である。西洋の学問の影響下に生み出された彼の民俗学は、既に述べたような理由から、後継者によって日本に固有の学問であると誤解されてしまった。西洋の影響を認めることは、非西洋の学者にとってはプライドを傷つけられることだろうが、起源というのはもっとも重要なことではない。結局のところ、長い目で見れば、偉大な思想は民族や国家といった境界を越えて拡がってゆくものであり、特定の集団や国家の枠によって規定されるようなものではないのだ。

この事実を直視するならば、現実的でかつ実り豊かなアプローチとは、知の世界システムの「中心」が達成したものを、世界のすべての人びとにとっての共通財産とみなすことだと私は考える。そして、私たち「周辺」諸国の研究者は、その財産を西洋産だからという理由で教条的に拒絶するのではなく、その上に何を築きあげてゆくことができるのか、ということについて考えてゆくべきだ。もちろん、「中心」の学者は過去の業績の上にあぐらをかいていればいい、などと言っているのではない。何よりもまず、彼らこそが自らの特権的な立場に思いを致し、辺境の声に耳を傾けるべきなのだ。

この論文の基になったのは、二〇〇五年一二月にパリで開かれた国際会議に私が招かれた際に口頭発表した原稿である。このことは、「周辺」で学問を営む私の声が、たとえどんなにかすかにであろうと、聞き届けられたことを示唆している。次に行うべきは、共通の目標、すなわち人間の文化をよりよく理解するためのよりよい理論の構築へ向けて、ともに手を取り合って進んでゆくことである。

参考文献

・Benedict, Ruth.（1946）：*The Chrysanthemum and the Sword: Patterns of Japanese Culture.* Boston: Houghton and Mifflin.（長谷川松治訳『菊と刀――日本文化の型』社会思想社、一九七二年）

・Clifford, James, and George Marcus, eds.（1986）：*Writing Culture: The Poetics and Politics of Ethnography.* Berkeley: University of California Press.（春日直樹ほか『文化を書く』紀伊國屋書店、一九九六年）

・DeVos, George, and Takao Sofue.（1986）：*Religion and the Family in East Asia.* Berkeley: University of California Press.

・Geertz, Clifford.（1988）：*Works and Lives: The Anthropologist as Author.* Stanford: Stanford University Press.（森泉弘次訳『文化の読み方／書き方』岩波書店、一九九六年）

・Gerholm, Tomas, and Ulf Hannerz.（1982）："Introduction: the shaping of national anthropologies." *Ethnos* 47 (I-II), pp. 5-35.

・Kondo, Dorinne.（1990）：*Crafting Selves: Power, Gender, and Discourses in a Japanese Workplace.* Chicago: University of Chicago Press.

・桑山敬己（1997）：「『現地』の人類学者――内外の日本研究を中心に」『民族学研究』61(4): 517-542.

――――（2004）：*Native Anthropology: The Japanese Challenge to Western Academic Hegemony.* Melbourne: Trans Pacific Press.

・Marcus, George, and Michael Fischer（1986）：*Anthropology as Cultural Critique: An Experimental Moment in the Human Sciences.* Chicago: University of Chicago Press.（永渕康之訳『文化批判としての人類学――人間科学における実験的試み』紀伊國屋書店、一九八九年）

・Miyoshi, Masao.（1991）：*Off Center: Power and Culture Relations between Japan and the United States.* Massachusetts: Harvard University Press.（佐復秀樹訳『オフ・センター――日米摩擦の権力・文化構造』平凡社、一九九六年）

・中根千枝（1967）：『タテ社会の人間関係――単一社会の論理』講談社。

――――（1970）：*Japanese Society.* Berkeley: University of California Press.

・梅棹忠雄（1967）：『文明の生態史観』中央公論社。

――――（1983）：*Le Japon à l'ère planétaire.* Paris: Publications orientalistes de France.

――――（2003）：*An Ecological View of History: Japanese Civilization in the World Context* (translated by Beth Cary). Melbourne: Trans Pacific Press.

・Van Bremen, Jan.（1997）："Prompters who do not appear on the stage: Japanese anthropology and Japanese studies in American and European anthropology." *Japan Anthropology Workshop Newsletter* 26/27: 57-65.

・和辻哲郎（1935）：『風土――人間学的考察』岩波書店。

――――（1971）：*Climate and Culture: A Philosophical Study* (translated by Geoffrey Bownas), revised edition. Tokyo: Hokuseido Press.

・吉田憲司（1999）：『文化の「発見」――驚異の部屋からヴァーチャル・ミュージアムまで』岩波書店。

人類学者たちとその地域
――ヨーロッパ／日本的アプローチに関する諸考察――

ジョイ・ヘンドリー
（翻訳：木島　泰三）

人類学者たちは一般に、人類に関わる幅広い主題に関心をもっている。例えば、人々はいかにして社会的グループを形成し維持するか、いかにして相互のコミュニケーションをとるか、世界の中での場所が異なるのに応じて、いかに異なった仕方で行動するのか、などである。人類学者の一部はまた、人類の起源や、人間的差異の生物学的側面と文化的側面に関心をもつ。しかし本論文は主に、専門分野としては一八、一九世紀のヨーロッパ思想の中から成長してきた、社会人類学者たちの研究に焦点を合わせる。思想上の学派間の地域的な差異というものはもちろん存在するとはいえ、この学問分野は、ドイツ、フランス、イギリスの、カント、コント、スペンサー、デュルケム、モースといった思想家たちの著作から生まれてきた学問分野の一つとして把握されてきた。それゆえ、その誕生はまた、これらのヨーロッパ諸国が世界の至るところでその領土をめざましく拡大させた時代、またイギリスの場合には広大で繁栄した帝国への併合の時代と一致している。

多くの主要な大学にこの学科が設置され、社会人類学の研究者がその帝国の辺境（植民地）に居住する人々の研究をするために世界中を旅行するようになった一八、一九世紀以来、世界秩序には多くの変化が生じてきた。原住民［native populations］について一番よく知っている人類学者の著作が、それに意識的に加担しているかいないかにかかわらず、植民地統治者により利用されるのは避けがたいことであり、現在では、何らかの怨恨がこれらの同じ原住民族に属する多くの人々から表明されている。世界の至る所で、民族［people］は、他者によって記述され陳列されるのではなく、むしろ自分自身を表現したいという欲求を表明している。そして、しばしば彼らは、我々人類学者が彼らを「原始的」と分類し、また、彼らの「伝統的な」思考を前近代的思考であり、我々が啓蒙と呼ぶ時代に生まれた「科学的」思考の「合理性」に反する思考であると分類することを理由に、人類学者を拒絶する。

もちろんその同じ時代を通じて、ヨーロッパにも大きな変化があった。また初期の研究の対象となった民族［the people］に属する人々の多くが、今や前述の科学的、啓蒙的な思考様式に類似したものの中で教育を受けており、その結果ある種のぎごちない妥協が生じつつある。このことは、ネイティブ人類学者の役割の中に見いだされうる。ネイティブ人類学者とは、研究の対象として彼または彼女自身の属する民族［people］を選択する、場合によっては、彼または彼女自身の国内の他の民族を選択する、人類学者である。そのことが彼らに与える大きな利点は地域特有の知識に通じているということであり、これに対して、外部の人類学者が初期に失敗を犯したのはそれに通じていなかったからである。彼らは自分が研究する民族と第一言語を共有している。しかし、彼らがその社会に特殊である特徴の重要な側面を自明視しているかもしれない、という危惧もまた存在する。とはいえ、外国で鍛えられたことは、そのような「比較の視点［comparative perspective］」の欠如を克服する助けになりうるし、また多くのネイティブ人類学者は彼らにとって異国の大学でポストに就いており、そこでは特別な特権と尊敬を受ける地位を与えられている。

他方、中には、自分たちは、自分が活動している国で生まれ育ったメンバーではないがゆえに中心から外され、拒絶されていると感じる者がいるし、あるいはことによると、自分たち自身のネイティブな思考が、たとえ自分にとってはまさに妥当で合理的なものであるとしても、ヨーロッパの啓蒙主義的な思考ではないがゆえに、周縁に置かれているのだ、と感じる者がいる（例えば、ツヒワイ・スミス［一九九九年］参照）。場合によっては、その民族に属する人々がこういった感情を感じるためには外国へ出向く必要すらない。なぜなら、ヨーロッパ人たちが、それらの民族を同化政策に服させ、ヨーロッパで記された歴史に基礎を置く学派に加わるよう要求することによって、それらの民族の土地を植民地化し、ヨーロッパ人の思考様式をそれらの民族に押しつけたからである。自分たち自身を提示し、自分たち自身のアイデンティティの復権を要求するために「文化的中心地」を立ち上げつつある民族に属する人々と行った私の最近の調査では、「我々は今なおここに居る」という表現を何度も聞いた。彼らの宣言によれば、たとえ、しばしば「近代的」の名で呼ばれる最先端のテクノロジーを採り入れ、利用しているとしても、彼らは今なお独自の思考様式を有しているのである。また、彼らは今なお別個の民族として存在できるし、しかも完全に「文明化」されていると見なされるべきなのだ、ともいう。「土着化した近代性」という表現が、このような状況を記述するために用いられてきた（サーリンズ、一九九九年）。

ここで、このような関連において日本に考察の目を向けると、一つの興味深い状況が示される。第一に、日本人は明らかに今なおそこに居る。そして、一民族、あるいはこの場合には、一国民として、日本的アイデンティティを創造し維持して今に至っている。日本はまた、ありとあらゆる種類のテクノロジーを採用し、適用し、改造しながらも、社会的および文化的差異、そしてこれもまた様々だが、ヨーロッパのそれとは別種であるような合理的思考様式を保持し、そのことによって、徹底的に土着化した近代性を有している。そして、日本人が文明化されていない、と論ずる人は（この語の意味をどのように解するのであれ）ほとんどいない。しかしながら、すぐ後で証明するように、私の論によれば、日本人を、この国の経済的成功のゆえに、人類学者の研究の対象となるような民族から除外するのは誤りなのである。

日本はまた、数多くの人類学者を擁している。そして山下晋司（二〇〇六年）の最近の論証によれば、この学会の設立は多くの場合、外部者との遭遇に対する反作用の中でなされたのである。例えば一九世紀後半、アメリカの研究者エドワード・モースが、東京の貝塚の遺骨は古代日本の人肉食の証拠である、という説を提起したとき、若い日本人学者のグループは、日本文化の起源は日本人自らの手で探求されねばならないという立場から学会［society］を設立した。坪井正五郎という彼らのリーダーは、東京帝国大学の初代人類学教授に就任するが、しかしそれは彼がイギリスでこの学問分野の研究に三年を費やして後にようやく実現したのであった（ibid.）。

二〇世紀前半、日本の人類学者たちは、民俗学者の名で知られるようになる、自分たち日本民族の起源に関心を集中させた同僚たちと別れ、韓国、台湾、シベリア、満州および太平洋の諸島のような、日本が領土を占領した各国の諸民族を研究するために現地に出掛けるようになった。これは、ゴードン・マシューズ（二〇〇四年）が示すように「イギリスの人類学者が大英帝国の支配下にあるアフリカやその他の部族集団を研究した」のと同じ研究様式をとるという点で、ヨーロッパのモデルに従ったものであった。日本国内であっても、アイヌや琉球・沖縄人のような原住民集団がやはり分類・同定され、彼らについての研究も行われた。彼らはまた同化政策に服せしめられたのであり、それはまさに、ヨーロッパ人によって発見されたアフリカ、アメリカ、オセアニアの「土着民」や「原住民」と同様であった。そして、現在では、彼らもまた、自分たち自身を外部の世界に向けて提示しようと努めつつある。

第二次大戦後の経済統制の間、日本では、人類学者が、特に大学院生として訓練を受けている期間、国内で日本社会の地域的多様性を研究するという時期があった。そして、多くの日本人人類学者が、自分たち自身の文化によく精通するようになった（例えば、長島・友枝編、一九八四年を見よ）。これによって、日本に研究に来た海外の人類学者は、各地域における専門的で貴重な助言および指示を得られるようになった。そして我々は、フィールドワークをする傍ら、日本の大学に、学生ないし客員研究員として登録することを期待された。このような状況が、内在的視点と外在的視点の双方を結合する新たな種類の共同研究が誕生する最初の基礎を据えた。そして、この種の共同研究は、近年では人類学者が世界中で研究をするための方法として政治的にもより受容可能なものとなっている。

さらに、日本の経済状況が徐々に改善されていくにつれ、政府は人類学者とその研究に投資を始めた。例えば、大阪、千里公園のエキスポ70［大阪万博］の準備中、梅棹忠夫や大貫良夫のような人類学者は、展示物を選ぶために世界中を旅することができた。また、それらの展示物は後に国立コレクションの基礎となった。万博会場跡地には、美しい建造物が、日本民族学博物館を収容するために建設され、それが擁する才能溢れる人類学のスタッフは、世界中を旅して、彼らが研究に出向いた社会の諸側面を説明するのにふさわしい出品物の製作を依頼した（写真1：このマオリ族の穀物倉庫は、実物の半分の大きさで、日本の大阪にある国立民族学博物館のために委託製作された）。彼らはまた、その民族の人々がその地域でそれらの出品物を実際に用いる様子を撮影できるように、カメラと技術的補助装備を用意していた。そうして、世界初のビデオ技術が開発されたのである。

この新たな博物館がとりわけ興味深いのは、それを立ち上げた人々が、彼ら自身の日本的な展示と説明の手法を行使できたという点にあった。その手法は、初期の人類学の実践を特徴づけてきた西洋的モデルとは微妙に異なるものであった。世界の様々な地域に新たな出品物の製作を依頼するということは、ヨーロッパに出品物の雑多なコレクションが旅行者や植民地統治者によってもち帰られ、今になってその民族の子孫から、それらの出品物は不当に獲得されたものであるという復権要求がなされる、といった事例と対照的である（写真２：オックスフォードのピット・リヴァース博物館で展示されているこれらの頭蓋骨などの人類の遺骨は、現在、彼らを祖先とする民族に属する人々から実に大きな恨みを買っている）。それに付随する知識と説明もまた、日本の場合の方がしばしばよく記録されている。というのも、それは直接に収集されたからである。他方、少なくともオックスフォードのピット・リヴァース博物館の場合、未だに展示物をもち帰ったコレクターについての情報の方が作品の製作者についての情報よりも高く評価されている。

日本の博物館には、世界の別の地域の博物館に認められる、重要な工芸品のコピーを作ることにつきまとうためらいはないし、また、許可を得ているから、オリジナルを返還してほしいという要求がその民族から出される場合に生じる問題を回避している（写真３：日本の国立民族学博物館で展示されているアステカの暦は、メキシコシティの人類学博物館にあるものの模造品である）。展示物の品質、および、それがもつ文化的多様性を証明する能力の方

写真１

写真２

が、その展示物の骨董的価値や、それがかつて地域特有の用途に用いられていたという事実以上に、ここでは高く評価されている。もう一つ多くのヨーロッパの博物館と違うところは、そこに展示されている国と文化の幅広さである。ヨーロッパでは、展示物がヨーロッパ以外の地に由来するという出自が語るのは、世界探検旅行など、それを展示する国の側の歴史でしかないが、日本の展示物は、特定のテーマや、世界の特定の地域に特徴的な工芸品などを例示するために入手されたものなのである。また、日本の展示物もそれ以外の展示物と並べて展示されるが、ヨーロッパの民族学博物館の展示物は通常「他者」に限られている。

写真３

万博後に大貫良夫によって設置された犬山の野外民族博物館（「リトル・ワールド」）では、すべての家屋が異なった文化に属する諸民族の慣習に従って建築されている。そこには、南アフリカのンディビレ風家屋、インドネシアのトバ・バタック・ハウスと同じように、フランスのアルザス風家屋、ドイツのバヴァリア風家屋もまた含まれる。各々の家屋が、その地域の人々に委託され、その地域の専門家によって、通常はその地域で研究をしている日本人人類学者の助言を得ながら、建造される（写真４：ンディビレ風家屋は犬山の「リトル・ワールド」の注文で建設中である）。来館者は同じ地域で収集された民族衣装をまとってその場で写真を撮ってもらうことができるところもある。また、祭りの日に特別の催しが開かれるところもあれば、特有の食事が供されるところもある。一つの興味深い歴史的な特徴として、トバ・バタック・ハウスには、日本人がかつてのオランダの植民地を侵略しているところを地元の人々が描いた絵画がかかっている。全般的に見て、どれもみな、異文化間の差異の理解を助けようという純粋な意図が存在するし、また、地域特有の雰囲気を最大限表現するよう展示物を魅力的な仕方で展示する手法を創り出すために、国立民族学博物館ではデザイナーを雇っている（写真５：ウズベク風台所のデザインは、大阪の国立民族学博物館で創作された）。この二つの展示場が利用できる空間の広さは、多くのそれより古い博物館、とりわけヨーロッパの博物館に見られるように、展示品相互が狭い間隔で密集しているのとは対照的である。またもやピット・リヴァース博物館を引き合いに出すと、この博物館が多くの展示物を窮屈に並べて展示している様子は、前記の展示場とは好対照である（写真６：オックスフォードのピット・リヴァース博物館で展示されているこれらの楽器はこの博物館の空間の相対的な狭さを示している）。

外国文化の展示の他にも、日本の経済的繁栄は、人類学の領域内でのいくつかの発展を可能にした。第一に、日本人人類学者の数が増加し、日本の人類学関係の学術団体（学会）の会員数は今やアメリカに次いで第二位にまでなっている。年が経つにつれ、外国の研究者を日本に招待することが可能になり、多くの学術会議が催され、全世界から理論の進捗状況を聴き取り、異なった見解を交換し議論し、様々な領域でその集成が出版されるようになった。国立民族学博物館によって刊行された「千里シリーズ」はそのよい例である（中牧、二〇〇六年）。そして、同博物館は、そのシリーズが出版されるたびに、無料で世界中の大学図書館に送付することができた。多くの場合日本政府と企業の基金によって可能となった共同研究事業は、上述の人類学における共同研究の実を示した。そしてこれらはまた、重要な出版物を成果として産み出した（例えば、ファン・ブレ

写真４

写真５

写真６

ーメンと清水、一九九九年、中牧とセジウィック、二〇〇三年、山下とボスコとイーズ、二〇〇四年)。

一九八四年にオックスフォードにおいて設立された「日本人類学ワークショップ」という国際的学術団体もまた、定期的に、日本を研究している人類学者と日本人人類学者とが一堂に会して会議を行い、またその成果を出版していく機会を設けてきた。その名誉会長である吉田禎吾教授は、一九八七年までになされてきた日本についての内からの見解と外からの見解を一緒にまとめる営みの実り多さについてコメントしている(吉田、一九八七年)。そして、編集チームは紙面に日本側の貢献を必ずしも反映させてはいないが、多くの優れた研究がこれらの研究集会から産み出されてきたのである(例えば、ヘンドリー(一九八六年、一九九八年)、ベン・アリとモランとヴァレンタイン(一九九〇年)、グッドマンとレフシング(一九九二年)、ファン・ブレーメンとマーティネス(一九九五年)、アスキスとカランド(一九九七年)、ベフとグイチャード・アンギス(二〇〇一年)、アシュケナージとクラマー(二〇〇〇年)、ヘンドリーとラヴェリ(二〇〇二年)、マシューズとホワイト(二〇〇四年)、エーデスとグッドマンと秦(二〇〇五年)を見よ)。

それにもかかわらず、日本の人類学者の中には、依然として世界の主流から外されていると感じ、アメリカ、イギリス、そして「ある程度において」フランスの人類学者によって独占されているヘゲモニーに不満を訴えている者がいる(桑山、二〇〇四年)。例えば、桑山は、自分自身が他の「ネイティブ人類学者」と類似の立場にあることに気づいた、と主張している。一方で各地域特有の論点を理解するための準備がより十分にできているのに、他方で国際的な研究集会や国際的な学術誌が内容を選定する際には外される、というものである(同上)。しかし、この同じ立場が他の日本人人類学者によって肯定的なものと見なされてきた。例えば、山下晋司(二〇〇六年)は、彼ら日本の人類学者が自分自身の置かれている「中間的」立場はまた、彼らにある種の力を与えもするのだと論じている。山下が引き合いに出すのは、フランスで訓練を受け、西アフリカでフィールドワークを行った、日本人人類学者の研究である。山下はそこに三角形の参照枠を確認している。それによれば、その人類学者は一つの地点に立つとき、同時に他の二つの地点との比較を行っており、それによってその位置は常に他の二つの地点の中間にある、ということになる。ジャン・ファン・ブレーメン(一九九七年)はまた、周縁的な立場は改善をもたらすためのよい地点である、としてその利点を指摘している。

桑山が自ら立てた問題への解答として提起するのは、人類学的知識の構造は、記述者と記述対象とが一つの対等な基盤の上で相互に出会うように再組織されるべきだ、というものである。そして、この示唆に関して桑山は、様々な背景をもつ、多様な支持者を得た。桑山の構想は、例えば、ジャン・ファン・ブレーメンによって提起された、グローバルな規模での、学者間のコミュニケーション、交流、共同作業のための構想と符合している（ファン・ブレーメン、一九九七年）。それは、山下（一九九七年）の「様々な人類学者が対等な立場に立って共に出会うような……開かれたフォーラム」を通じての「相互作用的人類学」の構想とも一致する。ゴードン・マシューズによる人類学の進歩の道筋に関するヴィジョンは、以前の不均衡にもかかわらず、一連の社会が他の一連の社会を研究する、真の意味で「科学的」なアプローチが存在する、というものであって、人類学という専門分野と、我々がそれを通じてこの専門分野を産み出し、かつ再生産するところの実践とを、豊かなものとするであろう（マシューズ、二〇〇六年）。これが実現すれば多分、ベン＝アリ（二〇〇六年）が示唆しているような多くの議論を産み出し読者に対して払うべき注意のあり方に関心を向けている（中野、二〇〇六年）。最後に、中野は、人間の経験に共通なものを引き合いに出すことによって人間生活を説明する際に、我々がとするであろう。

理論レベルでのこうした提案は、人類学者と人類学者が研究対象としている民族に属する人々との間の相互作用の「現場で」これらの進歩がいかになされうるかに関する、ヨーロッパ側の示唆から支持を得ることができる。例えば、「根本的経験論」に関する論文で、ボーマンは、我々の研究対象を主体化させる、という自分自身の考えの由来をモースとフロイドにまでさかのぼらせている。研究対象である民族に属する人々は、その各々が「社会の外部から浸透され、形成され、方向付けられる」ことによって、それ自身の権利をもった「主体」として、研究空間に参入する、というのである（ボーマン、一九九八年）。そして、その相互探求の協同事業は、桑山や右で論じた他の論者の見解と類似している。ブルデューは、少々異なった角度から、観察者の客観視を提案している。ブルデューが（モースに従って）示唆するところによれば、観察者は、「人類学者と彼女（または彼）が携わっている人類学との両方を作り上げた社会的世界を」吟味する必要があり（ブルデュー、二〇〇三年）、その種の自己理解を再び、かつての階層的区別を相殺しうるような分析にかける、とされる。

つまるところ、人類学者は相互理解のためのある種の媒介者（調停者）、もしくは触媒となっている。これは、長い間媒介（調停）というものに高い価値を与えてきた国である日本から生まれた、まったく適切な役割である。「中間的」ないし境界的な立場はまた、久しく人類学の内部で幾分危険だが、しかし強力なものであると認められてきた（ファン・ジェネップ、一九六〇年、ダグラス、一九六六年、レヴィ・ストロース、一九六三年）。それゆえ、その潜在的重要性に対する、今日の反対意見と、しかし同時に曖昧な承認とは、実際問題として当然予測されうるものである。同じく日本人人類学者である青木保は、何年か前、日本に関する単純すぎる説明を求める「皮相な修正主義者の議論」を補正するためには、人類学者の声が必要だ、と論じた。日本社会を注視する内部者と外部者を共に含むアメリカ的表現である「ジャパン・アンソロポロジー」は、元来ヨーロッパ的な教育スタイルだったものを現在はより広範な用途に向けて――この場合は日本的な研究方法に範を取って――修正したものを通じて、今や、先のような批判に抵抗し、あの媒介的立場のもつ力を活用する、という道をうまく進んでいるように思われる。

文献

［ローマ字表記の日本語文献は日本語で表記し、その後に原表記を補った。英語文献の日本語訳または英訳版の日本語原著のある場合には、原文の後にそれを補った。また、論文名を示す〝〟が（いくつかの例外を除いて）原文にはないので補った］（訳者）

・青木保（1994）：*"Anthropology and Japan: Attempts at Writing Culture"*, The Japan Foundation Newsletter XXII (3), 1-6.
・Ashkenazy M. and J. Clammer. (eds.)（2000）：*Consumption and Material Culture in Contemporary Japan,* London: Kegan Paul International.
・Asquith, P. and A. Kalland.（1997）：*Japanese Images of Nature: Cultural Perspectives,* Richmond: Curzon Press.
・Befu, H. and Sylvie Guichard-Anguis.（2001）：*Globalizing Japan: Ethnography of the Japanese Presence in America, Asia and Europe,* London: Routledge.

- Ben-Ari, E.（2006）：*"Japanese Anthropological Scholarship: An Alternative Model?"* In Hendry and Wong 2006.
- Ben-Ari, E., B. Moeran and J. Valentine. (eds.)（1990）：*Unwrapping Japan,* Manchester University Press.
- Bourdieu, P.（2003）：*"Participant Objectivation"*, Journal of the Royal Anthropological Institute (NS) 9, 281-294.
- Bowman, Glenn（1998）：*"Radical Empiricism: Anthropological Fieldwork after Psychoanalysis and the Année Sociologique"*, Anthropological Journal on European Cultures VI (2): 79-107.
- Douglas, M.（1966）：*Purity and Danger*, Harmondsworth: Penguin.
- Eades, J., R. Goodman and Y. Hada［秦由美子］(eds.).（2005）：*The 'Big Bang' in Japanese Higher Education:* the 2004 Reforms and the Dynamics of Change Melbourne: Transpacific Press.
- Ge(r)holm T. and U. Hannerz.（1982）：*"Introduction: The Shaping of National Anthropologies"*, Ethnos 47: 6-33.
- Goodman R. and K. Refsing. (eds.)（1992）：*Ideology and Practice in Modern Japan,* London: Routledge.
- Hendry, J. (1st edition, 1986, edited with Jonathan Webber) *Interpreting Japanese Society: Anthropological Approaches,* Oxford: Journal of the Anthropological Society of Oxford Occasional Publication No.5, second edition, London: Routledge, 1998.
- Hendry, J. and M. Raveri.（2002）：*Japan at Play,* London: Routledge.
- Hendry, J. and D. Wong.（2006）：*Dismantling the East-West Dichotomy: Essays in Honour of Jan van Bremen,* London: Routledge Curzon (JAWS series).
- 桑山敬己（1997）：「「現地」の人類学者――内外の日本研究を中心に――」、『民族学研究』61(4): 517-542 [Kuwayama, T. (1997a) *Genchi no jinruigakusha: naigai no nippon kenkyu wo chushin ni [Native Anthropologists: With Special Reference to Japanese Studies inside and outside Japan],* Minzokugaku Kenkyu [The Japanese Journal of Ethnology], 1997, Volume 61, No. 4: 517-542].

――――（1997）：*"Native Anthropologists: With Special Reference to Japanese Studies inside and outside Japan"*, Japan Anthropology Workshop Newsletter 26-27: 52-56.

――――（2004）：*Native Anthropology: The Japanese Challenge to Western Academic Hegemony,* Melbourne: Trans Pacific Press.

- Lévi -Strauss, C.（1963）：*Structural Anthropology,* Harmondsworth: Penguin Books.
- 中牧弘允（2006）：*Joint Research Projects as a Tradition in Japanese Anthropology*: A Focus on the "Civilization Studies" of the Taniguchi Symposia. In Hendry and Wong.
- Mathews, G.（2004）：*"On the Tension between Japanese and American Anthropological Depictions of Japan."* In Yamashita, Bosco, and Eades.

――――（2006）：*"If Anthropology is a Science, then the East-West Dichotomy is Irrelevant: Moving Towards a Global Anthropology."* In Hendry and Wong.

- Mathews G. and B. White.（2004）：*Japan's Changing Generations: Are Young People creating a new Society?* London and New York: RoutledgeCurzon.

・Nagashima N.［長島信弘］and H. Tomoeda［友枝啓泰］（eds.）（1984）：*Regional differences in Japanese rural culture,* Osaka: Senri Ethnological Series no. 14, National Museum of Ethnology.

・中牧弘允、ミッチェル・セジウィック編（二〇〇三年）『日本の組織――社縁文化とインフォーマル活動』東方出版 :[Nakamaki, H. and M. Sedgwick (2003)：*Nihon no soshiki: Shaen bunka to infuo(-)maru katsudo (The Anthropology of Japanese Organisations),* To(-)ho(-)shuppan].

・Nakano, L.（2006）：*"Writing for Common Ground: Rethinking Audience and Purpose in Japan Anthropology."* In Hendry and Wong.

・Narayan, K.（1993）：*"How Native is a `Native' Anthropologist?"* American Anthropologist 95: 671-686.

・Restrepo, E. and A. Escobar (in press) *"Other Anthropologies and Anthropology Otherwise: Steps to a World Anthropologies Framework,"* Critique of Anthropology.

・Sahlins, M.（1999）：*"What is Anthropological Enlightenment? Some Lessons of the Twentieth Century"*, Annual Review of Anthropology 28, 1, xxiii.

・Tuhiwai-Smith, L.（1999）：*Decolonizing Methodologies: Research and Indigenous Peoples,* New York: Zed Books Ltd..

・Van Bremen, J. and D.P. Martinez (eds.)（1995）：*Ceremony and Ritual in Japan*, London: Routledge.

・Van Bremen, J. (1997) *"Prompters who do not appear on the stage: Japanese Anthropology and Japanese Studies in American and European Anthropology."* Japan Anthropology Workshop Newsletter 26-27: 57-65.

・Van Bremen, J. and A. Shimizu［清水昭俊］(eds.)（1999）：*Anthropology and Colonialism in Asia and Oceania*, London: Curzon Press.

・Van Gennep, A.（1960）：*Rites of Passage,* London: Routledge and Kegan Paul.

・山下晋司（2006）：*"Reshaping anthropology: A View from Japan."* In G. L. Ribeiro and A. Escobar (eds.) World Anthropologies: Disciplinary Transformations in the Systems of Power. Oxford: Berg.

―――（2006）：*"Somewhere in between: Towards an Interactive Anthropology in a World Anthropologies Project."* In Dismantling the East-West Dichotomy: Essays in Honour of Jan van Bremen (Hendry, J. and D. Wong eds.).

・Yamashita, S.［山下晋司］, J. Bosco and J.S. Eades (eds.).（2004）：*The Making of Anthropologies in East and Southeast Asia.* New York and Oxford: Berghahn Books.

・吉田禎吾（1987）：*"Is Japan a Secular Society? — A Report on the Third Japan Anthropology Workshop Conferene."* Japan Foundation Newsletter XV, 1:21-3.

「古き佳きヨーロッパ」像の呪縛

——日本学・地域研究の知的生産とその脱オリエンタリズム化の困難——

シュテフィ・リヒター
（翻訳：鈴村　裕輔）

ジョセフ・キブルツはシンポジウム「日本学とは何か——ヨーロッパから見た日本研究、日本から見た日本研究」を通して議論される中心的な論題のひとつとして「視点（パースペクティブ）」の問題を提起している。本稿では、私自身の文脈という観点から、同時代の（特殊的には「東アジア学」の一部であり、一般的には「地域研究」の一部である）「日本学」について考察したい。すなわち、第一に、ヨーロッパ統合という進行中の過程において劇的に変化しているドイツの大学制度の一翼を担う一研究者として、そして、第二に、カルチュラル・スタディーズに定位する[1]、現代日本の研究方法に関心をもつ一研究者として、これを考察したい。自分自身の観点を強調することによって、私はこのシンポジウムの論題を私の個人的な状況へと狭めようとしているのではない。むしろ、こうした強調は、視点の問題、すなわち「根本的な文脈依存性」の問題を、カルチュラル・スタディーズのもっとも重要な本質的特徴として真剣に受け止めることを意味する。研究の主題と研究者自身が属するある特定の文脈は、「単なる背景ではなく、まさにあるものの可能性の条件である」[2]。最初に、本稿が基づいている（さらに一般化すれば、日本学という知的生産物についての私の理解が基づいている）、ふたつの方法論的前提を説明したい。

1．社会の形態と知識の形態との間には、相同性（ホモロジー）がある。近代社会は国民国家として組織されているが、近代の人文科学も同様に国家機関（大学、博物館など）という枠組みの中で学問分野として打ち立てられてきた。そして、この枠組みの中で人文科学は、国家の自己同一性を実在するものとして構築する過程に掛かり合ってきたし、現在も掛かり合っている。しかし、一九六〇年代後半以降、大学など国家機関に属する研究者は自らの学問上の境界と、その根底にある「方法論的ナショナリズム」とに対して徐々に疑問をもつようになってきた。こう言うからといって、初期段階から科学者共同体間に国際的・学際的な交流やコミュニケーションがあったことを否定するつもりではない。逆に、そうした交流やコミュニケーションは、近代の科学、すなわち一国の科学の形成にとって重要な要素でもあった。しかし、今では国家の枠や学問分野の枠を越えた取り組み方、ポストコロニアル時代に相応しい別の取り組み方が求められている。

2．第二の前提は、象徴的な秩序としての国民文化と国民のアイデンティティは、たえざる構造的な分節化のプロセスにおいて構築され、再構築されるという前提である。学者たちはこのプロセスへの重要な関与者であり、自らの活動を反省する能力（そして、その必要性）によって特徴付けられる。とりわけ日本学研究者にとって、このことは、「日本」という概念を与えられた主題と受け止めて、知識を増やせば増やすほどそれだけよく理解することができるというように考えることはできない、ということを意味する。むしろ、私たち研究者は、自らの研究の過程で、「日本と西洋・ドイツ」、「東アジアにおける日本」、「審美的存在としての日本」、あるいは「ヨーロッパから見た日本・日本学、日本から見た日本・日本学」というような問題設定を用いて、この主題を分節化するのである。

このように日本学をまなざすことは、当然のこととされているわけでも、可能な唯一の仕方だと見なされているわけでもない。しかし、この視点は、いわゆるポストモダン社会における日常生活の、（a）強いられたグローバル化、（b）メディア化、（c）ポップ・カルチャー化という、不可分に織り合わされた少なくとも三つの過程によって引き起こされた、社会・文化内、もしくは社会・文化間の諸問題に取り組む専門家たちによって、受け入れられるようになりつつある。特に、ポップ・カルチャー化は、日本のイメージとそれについての認識の重要な変化を伴っている。今日、「日本文化」は、エリート主義的な高級文化として、あるいは審美的な伝統としてあるだけでも、そうしたあり方が主たるあり方であるわけでもない。マンガ、アニメ、スシ、フトン、そして、他の商業的な文化生産物というかたちをとった、いわゆる「J―カルチャー」として、日本文化は、若者の間のみならず年配の世代の間でも、日常生活の一部となってきた。アジアと西洋諸国で、私たちは「日本」を「アメリカ式の生活様式」よりもはるかに「かっこいい（coolness）」とする支持者たちに出会う。「かっこよく（cool）」、グローバル化された日本は、新しい流行に開かれ、自国の枠内に閉塞している本質主義的な日本に取ってかわるのだろうか。残念ながら、事態はより込み入っているようである。なぜなら、「西洋」においても、アジア諸国においても、そして日本自身においてさえも、「ポップ・カルチャー」や「クール・ジャパン」を、新しい形の異国趣味や排他性を作り出すための手段として利用することが可能であるからだ。（ひとつだけその事例を挙げておこう。マンガがもつ「韓国らしさ」についての韓国内での刺激的な議論が、マンガのもつ「日本らしさ」についての討論に強く影響するのである）。

こうしたことを背景として、私は、文化を越え、国家を越え、学問分野を越えて、日本学・地域研究に取り組むことが、どうしてこれほど難しいかという問題を探求したい。

私は、以下の三つの段階を踏もうと考えている。すなわち、第一に、非常に手短に、「外的な」要因（つまり、主題となる事柄それ自体にとって「外的な」要因）から帰結する、日本学の脱オリエンタリズム化の過程における二つの困難に触れる。第二に、「西洋」（より正確には、ドイツ）におけるカルチュラル・スタディーズや日本学に関わる若干の「内的な」困難について議論したい。そして、第三に、「東アジアにおける歴史の見直し」という現在進行中の研究プロジェクトにも触れるが、それは、こうした困難にもかかわらず、たとえ（日本・東アジアという）本来の場所で行われるのではない日本学にとってさえも、ポストコロニアル時代に相応しい研究方法に従い、アジアにおける同僚たちも関心を示すような成果を挙げることは、有意味であり、しかも可能であるということを示すためである。

1 「外的な」困難

「外的な」困難とは、依田富子が「一方には国家的秩序の後退があり、他方には国家主義的感情の広範な噴出があるという逆説的な関係」(Yoda [2000]：630) と呼ぶものに関係しており、それは、イデオロギーのレベルでは「新自由主義」と「新国家主義」の間の「不自然な協調」によって表される。日本において、そして他のポストモダン社会において、グローバルな市場に対して新自由主義が行う賛美は、しばしば (特殊な) 国益をねらったレトリックにほかならない。具体的な主題や言説[3]は異なっているが、これらの一九九〇年代のナショナリズムは、かなりの程度大衆を惹きつける力があったという点で類似しているだけではない。一九九〇年代のナショナリズムは、「真正の内側・内部」(国民国家) と「たえず変化する外部」との間の「古い」区別を再生産する論理をもっていたという点でもまた共通している。それはたとえば、日本は「グローバルな市場原理」を受け容れなくてはならない、「国力」(Yoda [2000]：637) を養い、維持するためには、規制の緩和、自由化、そして合理化という苦い薬を飲まなければならない、といった言い回しに見てとることができる。

大衆を煽動する国家主義者の運動は、多くの人々が「規範の崩壊状態の社会的な累積、アイデンティティについての内面的葛藤の社会的な蓄積」に遭遇して経験する広範囲に及ぶ恐怖と不確実性を、真の原因にまで遡らず、その代わりにすべて「外国の」せいにしてしまう。そうすることによって、人々は新しい集合的なアイデンティティと、それに伴うより増大した安定性を求めるのである。差異の欠如より、むしろ (いわゆる「マルチ・カルチュア」という) 豊富な差異こそがこの種の自己同一性を生み出すのであるが、その肯定的な定義は不明なままである。私は、この (大衆一般においても政治的な場においても) ますます強くなるポピュリズムを、それが、(自己同一性に欠かすことのできない付随物としての)「差異」が文化に関する公的な言説の基準となるのに資するような知的実践を確立する場合には、過小評価されてはならない「外的な」困難と見てはいるのだが。

私たちは、自由市場とグローバル化を賛美する新自由主義の問題を、同様にまた大学組織と結び付けねばならない。すなわち、いわゆる「ボローニャ・プロセス」（知的生産の分野におけるグローバル化の表現としての国立大学の「ヨーロッパ化」）は、私たち自身の学問領域（アジア研究ないし地域研究の部分としての日本学）にとって何を意味しうるであろうか、そして、何を意味すべきであろうか。私自身の所属するライプツィヒ大学で進行中の劇的な変化を考えるとき、新しいスタイルの「オリエンタリズム」、あるいは「新自由主義的（ポストモダニズム的）なオリエンタリズム」とでも言うべきものが形成されつつあるという、漠然とした危惧を感じずにはいられない。それにしても、私は何を言わんとしているのだろうか。

ライプツィヒにおける日本学は、中国学を含む「東アジア研究所」に属している。（しかし、このふたつの学問間には教育・研究上の協力はない）。研究所は「歴史、芸術、東洋研究」という名の学部の一部であるが、このような名称は古いと同時に新しいものである。そして、「名は体を表す」。すなわち、この名称は、近代資本主義の植民地時代の古いスタイルのオリエンタリズムを支持するばかりでなく、たった今述べたような新しいスタイルのオリエンタリズムを支持しているとも見なされうるのである。ライプツィヒにおける古いスタイルの東洋研究は、かつてのハンザ同盟都市であるハンブルク、そしてドイツ帝国の新しい首都であるベルリンにおいてと同時に、すなわち一九世紀末に制度化された。ある意味で（歴史的、体系的方法を含む）固有の手段を用いつつ、基本的には政治、商業、そして芸術が行っていたのと同じことを「東洋」に対して行ったのである。つまり、「東洋」を「統制し」、そして「オリエンタル化した」のである。これこそ、実質的にも、知的にも、「西洋」（「西側」諸国）が自らの存在を肯定し、定義する方法にほかならなかったのである。

一九八九年、ベルリンの壁崩壊とともに、かつての東ドイツにあったライプツィヒ大学は、西ドイツのモデルに基づいて再構築され、その結果、上述の学部ができたのだが、そこには、インド学、チベット学、中国学、アフリカ研究、アラブ研究、エジプト学、そして（約五〇年の中断を経て）一九九六年以降はさらに日本学からなる「東洋学」が包括されている。この古い構造を維持することは、それらの学科がライプツィヒ大学で常に得てきた評価に基づいて正当化された。このことは、たんに時が流れないままであったということを意味したのだろうか。必ずしもそうとは限らない。文化は島々のように互いに論ぜられ、比べられる。したがって、（「彼（女）ら」と「私たち」という）二分化を行い、そして、「外的な」ものと差異化し、「内的な」ものを均質化するという方法論的な帰結ともども、「古い」オリエンタリズムが過去に追いやられることはない、というのは本当である。言い換えるならば、日本とアジアに関する学問的言説は、たいていの場合、未だに、次のような研究方法によっている。それは、特定の学問分野に由来する問題の類似点と相違点を明確にするために、アジア地域全体、あるいはアジア地域の特定の国のひとつをドイツ、ヨーロッパ、ないしは「西洋」と比較するという研究方法である。

しかしながら、この「古いオリエンタリズム」さえも徐々に修正されつつある。ここでは、ひとつの理由にしか言及できないが、文献学あるいは人文学に基づく研究は、この数十年で今や社会科学に基づく研究によって補完されるようになったためである。

しかも、従来はもっぱら国家によって資金が提供されてきた大学を、ますます市場の原理に従属させようという新自由主義のもたらす帰結として、さらなる変化が生じている。人材の配置という点で、（私自身の領域のように）小さな地域研究に対する最近の傾向は、永続的により大きな資金提供をほとんど当てにできないため、一層の資金の枯渇を運命付けられるか、「応用的な学問分野」という形で生き残るかなのである。こうして、地域研究は、一方では、経済的、政治的関心によって、資金が提供されたり、動機が与えられたりするが、他方では、「ポストモダンのイヴェントカルチャー」、すなわち「ポストモダンのオリエンタリズム」の一部でもある。政治的出来事（例えば、九・一一、あるいは日本の教科書における歴史見直しに対する韓国と中国の大衆の抗議運動）、スポーツの出来事（日本と韓国で開催されたサッカー・ワールドカップ）、あるいは（ポップ）カルチャーの出来事（フランクフルト書籍見本市での韓国や日本の文芸作品、ライプツィヒ書籍見本市でのマンガなど）は、「非西洋」の文化と社会についての公衆の関心を喚起しうる。しかし、ますます寿命が短くなり、息が続かず、それゆえに新しくて気の利いた決まり文句やステレオタイプ、そして今や、しばしば、「J―カルチャー」のように「空虚」で本質を失ったまやかしものを産み出しがちな、マス・メディアの市場（書籍市場、博物館展示の市場も含む）に対して、いかにして反応できるのだろうか。いかにして、「ナショナル・アイデンティティ」の新旧のかたちから、断片化したアイデンティティ創造のかたち、すなわち、「国家のサブカルチャー化」（Yoda［2000］: 661）のかたちを区別するのだろうか。あるいは、いかにして、一方から他方へ移行する際の転換点を見つけるのだろうか。

こうした問題をドイツにおける日本学の研究集団に定着させることは並々ならぬ挑戦であり、「外的な」だけではなく「内的な」困難、すなわち、私がこれから議論しようとしている困難にも出会う挑戦なのである。

2 「内的な」困難

とりわけふたつの「内的な」困難、すなわち認識論的な困難が目に入る。紙幅の関係もあってこれ以上は踏み込めないが、第一の困難は、カルチュラル・スタディーズにおける時間と空間の新しい概念と、この概念の方法論的、分析的要求とに関わっている。もし、様々な文化を地域的に固定されたものとしてではなく、むしろ、メディアによって広められる情報伝達の過程ととらえ、そこで人々が常に意義や意味を（ヒエラルキーや権力関係とともに）再生産すると考えるならば、そのとき、日本学の伝統的な手続きが問題となるのみならず、（日本の）歴史研究の伝統的な手続きもまた、問題となる。問題は、日本学も歴史研究も、国民国家が現実にいかにして発展してきたかに関する分析であるために、繁栄する文化国家ないし国民文化において頂点を極める進歩の過程として「文化」を構成するのに決定的な役割を果たした、ということである。しかし、そうした研究を脱構築することは、カルチュラル・スタディーズの非歴史性を意味するわけでもなければ、その徹底的な脱地域性からの脱却を意味しているわけでもない。それでは、カルチュラル・スタディーズは、探求している現象についての歴史的、地理的次元をどのように扱うのであろうか。テッサ・モリス＝スズキは、「そこでの目的は、国家社会や文明化がグローバルな発展と合い携える、その共通の軌道を示すことではない。そうではなく、できるかぎり離れている多様な地点から、グローバルな趨勢を観察することである」（モリス＝スズキ［1998］：53）と提案しているが、このような「反—地域研究」は、どのように物事を見るのだろうか。

第二の難点は、カルチュラル・スタディーズの最も重要な特徴のひとつである「文脈特有の理論」の主張と密接に関わっている。一方で、このことは、特有の場所、すなわちこの場合はドイツの大学制度に日本学が繋留されていることを考慮に入れるということを意味する。他方、カルチュラル・スタディーズの特徴と見なされているのは、それが問題を学問的問題からではなく、人々の日常生活から引き出すということである（Grossberg［1997］：264）。他の大衆文化研究（例えば批判理論）の「上から下へ」の手続きと異なり、カルチュラル・スタディーズは、同時代の社会分析において「下から上へ」の技術、そして「内側から」の技術（Lindner［2000］：61）を用いる。カルチュラル・スタディーズとポップ・カルチャーあるいは消費者文化といったグローバルな現象との間には緊密な相同性（ホモロジー）があるが、その結果、問題となっている議論の対象と主体との間に明確な区別を設けることはもはや不可能である（Lindner［2000］：59/64）。言い換えれば、カルチュラル・スタディーズは、分析者が内側と外側のふたつの観点を用いることを明確に想定している。分析者は、研究者であり、かつ探究されている集団の一員でもあり、その知識は経験と学問的な観察とに由来する。すなわち、分析者の経歴は自らの研究の対象と結びついているのである。

しかし、このことはいかにしてドイツで研究する、日本的な文脈という日常生活に関与していない日本学者によって達成されうるのであろうか。第一に、この種の二重の視点は、それまで広く行われていた方法論的欠陥を、すなわち、「現地人になる」（「日本人」になるよう努力する）か、あるいは「現地人」・「元来の日本人」によってもたらされた情報に「西洋的普遍主義」を押しつけるか、のどちらかであったものを、乗り越える可能性を示唆している。しかし、どのようにしてであろうか？

流動性、すなわち、インターネットへの接続、仮想的な同時性、あるいは「ユビキタス・プレゼンス」にもかかわらず、私たちは、地域の言葉と物理的な近接によって定義される、それぞれ異なった場所と共同体に縛り付けられたままである。世界的ネットワークの成長にもかかわらず、そして、非地域的なネットワークの重要性の増大にもかかわらず、経験（そして、それに伴う知識）は未だに「今とここ」を引き合いに出す。私たちはいまだに、相異なる内部者であり続け、それゆえに、「外部」に対する視点を異にしているのである。

しかしながら、このことは今や制限としてのみ見られるべきではなく、日本学にとって有利な条件と見られるべきである。分析の手続きとして、これは、政治と経済、文化とメディアにおける密接に絡み合ったグローバル化の過程に相応しい手続きである。したがって、ドイツ、あるいはヨーロッパにおける日本学は、他の地域の日本学と連係して、この内と外との二重の視点を生かしうるし、また、生かさなければならない。ここでは、少なくとも二つの効果が期待できる。第一は、異なっているように見える、あるいは独立していると認知されている、この「たえず縮小している」世界における諸過程の間の構造的な類似性は、この方法によって概念化することができる、という効果である。あるいは、逆に、グローバルに認知されている類似性、現象、あるいはイメージは、ある特定の社会共同体もしくは地域の内部でのそれぞれの異なる文化的、歴史的な影響や意義との関連において、すなわち、それらの「地域性」との関連において、探求されうる（既に言及したように、今ここで私が考えているのは、多くのポストモダンの国々で見られるような、政治と社会におけるポピュリズムのナショナリズムの問題である。すなわち、例えば、ルペンやハイダー、ベルルスコーニ、あるいは石原慎太郎といった、メディアによって過度に宣伝された人々を比較することの意味は何であろうか。私はまた、「クール・ジャパン」のイメージと、その異なる意味、例えば、かつての植民地であった韓国や、アメリカ、さらにまたドイツでのその異なった意味についても考えている）。

第二の効果は、特に教えるという私の役割において重要であると考える。すなわち、この種の比較研究は、（私の学生のような）受け手の視点を、自らの社会的現実性と歴史へと強制的に立ち戻らせる。私の考えでは、日本学ないしアジア研究の使命は、当該の異文化に関する知識を伝達するだけのことではない。多様な視点から自らの社会的環境を眺める姿勢・能力をも促進するべきである。

3　歴史見直し論の比較

これまで述べてきた事柄を、ひとつの研究プロジェクトによって簡潔に例証してみようと思うが、それは、間文化性、間メディア性を要求する、「他者の認知——一九八〇年代以降の東アジアにおけるアイデンティティの再定義と歴史の見直し」というプロジェクトである。

このプロジェクトは、ドイツの大学で中国研究、日本研究、韓国研究に従事する専門家と歴史家、それから中国、台湾、日本、韓国の研究者の協力によって成り立っている。これは、他の東アジア諸国にまで広まった日本における最近の教科書問題の議論に刺激されて始まったものである。私たちは、二〇世紀終焉以降の世界規模での抜本的な変化がどのようにして東アジアにおける旧態依然としたアイデンティティに異を唱えたのか、どのようにして歴史の見直しによってアイデンティティが新しく作り直されうるのか、また、どのようにしてアイデンティティは歴史的な正当性を与えられうるのかという問題を、国家という観点から、同様にまた、地域という観点（「故郷」・地域文化）、ならびに、国家を越える観点（「東アジア」・周辺地域）から、探求できればと考えている。ドイツ語圏のアジア研究者という観点からすると、この研究プロジェクトは方法と内容上、二つの革新によって特徴付けられる。第一に、この計画は、日本、中国、韓国、そして台湾という東アジア諸国を、各国の相互依存という観点から論ずるという、間文化性の理解に基づいている。このことは、東アジアという文脈の中で研究作業に従事する専門家たちにとっては自明のことと思われるかもしれない。しかし、私たちにとっては、一方に「西洋・ヨーロッパ」を置き、もう一方に「東洋・極東」（あるいは上述の諸国のうちのいずれか一国）を置いて、両者を対比するという、これまで普通に行われてきたような種類の比較に比して、これは革新的である。そして、探求の対象は空間的にも東アジアそのものであり、それによって、「西洋」は、単にこの地域における自己同一化の過程を投影する地域としてのみ機能する。私たちは、具体的な文脈においてある様々な集合主体が、絶えざる相互作用の中で、それぞれの文化を超えていくあり方に興味がある。いずれの場合も、これらの具体的な集合主体の「自己」は「他者・外国」に直面することによって構成され、分節化されうる（そして、その逆もまた同様なのである）。様々な集合主体の自己同一性は、非対称的に進展し、したがって同時に力の関係性を表現するプロセスであるところの、区別立てと差異の創造によってのみ可能なのである。

第二に、私たちにとっての中心となる方法論的な手続きは、複数メディアの同時使用という間メディア性である。日本、中国、韓国、台湾における歴史見直し現象は、（a）専門的な歴史書（歴史学方法論的議論）の文脈において、（b）教科書という媒体の内部において、あるいは、（c）映画・テレヴィジョン、インターネット、マンガ、その他の大衆的な媒体といった大衆的なメディアにおいて検証される。ここでもまた、中心的な問題は次のようなものとなる。すなわち、これらの多様なレベルと媒体はどのようにして相互に結びついているのであろうか。メディア革命の時代においてもなお、学問的な歴史書と教科書が果たすことができ、また果たすべき役目とは何であろうか。そして、最後に、新しいメディア、新国家主義的な歴史見直しとそのような見直しの広範な受容という現象との間に、世代間を超えると同時にある特定の世代に特有であるようなどのような特別の結びつきがあるのであろうか。

一定の視点から語り直される、あるいは単純に「忘れられた」、歴史的な話題を探求することだけが研究の目的であるわけではない。語り（ナレーション）の様式、提示と議論の方法、そして、大衆化の技術における類似点と相違点もまた問題とされている。こうした性質の大陸間にまたがる研究プロジェクトによって達成されうる成果は、たしかに、文化史という歴史に関わる諸科学、歴史意識、歴史に関係する政治学の複合体として理解されている分野における、グローバルな発展と地域的な発展に興味を持つあらゆる同学の研究者にとって重要なものである。こうした研究の重要さに対する感受性はヨーロッパとドイツ語圏の地域研究の分野で徐々に育っているというのが私の印象である。

しかし、私たちは、（二〇〇六年終了予定の）現在進行中のプロジェクトの中で直面してきた、もうひとつの困難に注目しなければならない。すなわち、プロジェクトの参加者は少なくとも東アジア二カ国の言語と文化に習熟していなければならない。しかしながら、そのような専門家をとりわけ若手の研究者の中から見つけることはきわめて難しい。一九六〇年代から一九七〇年代までの、「旧式の」東洋学の枠組みの中では、中国学者が日本語の知識を持っていることはごく当たり前のことであった。その理由のひとつは、（一九四五年までの）近代日本が植民地支配を行ってきたという事実のみにではなく、数世紀に及ぶ日中両国間の文化交流にもよる、日本における中国学の先進性にある。特に、日中両国間の文化交流こそ、日本学研究者が「東アジアのラテン語」である古典中国語の知識を持たねばならない理由であった。

実に皮肉なことだが、この種の教育は、植民地時代の終わりと「旧式の」東洋学の衰退によって、ほとんど見られなくなった（ついでながら、植民地時代には独立の韓国学がほとんど存在しなかったが、その状況が日本語と韓国語、中国語と韓国語ができる専門家を見つけることをより困難にした）。以前とは文脈が根本的に異なっているとはいえ、ポストコロニアル時代のアジア学という枠組みの中で、少なくとも東アジア二カ国の言語と文化に習熟していることが、再び求められている。主題と方法の観点ばかりでなく、研究遂行の観点からも、アジア学は相互文化的あるいは文化横断的なのである。しかし、現在進められているドイツの大学の改革に思いを致すとき、こうした専門家の養成を許すような新しい仕組みが形成されるという点に関して悲観的にならざるを得ない。もっとも、別の道がないわけではない。ヨーロッパ人には、東アジアに行き、アジアの大学で適切な教育を受け、能力を養うという、新しい道が開かれているのである。最近、青木保が「中央公論」で指摘しているように（青木［2005］：26/27）、東アジアの中には、大部分のドイツの大学とは異なり、世界の上位五〇傑に位置する大学もあるわけである。

註

[1] イングランド、あるいは、より正確にいうなら、バーミンガムがカルチュラル・スタディーズの故郷である。最初に英語圏で地歩を固めた後、他の言語圏にも急速に広まりグローバル化を遂げたが、それは新しい学問分野としてではなく、むしろ新しい言説的実践、知的態度としてである。しかしながら、ドイツ語圏の学界では、根を下ろすのは比較的遅かった。最初は少数の孤立した研究者がそれに関心をもっただけで、一九九三年にウィーンのカルチュ

ラル・スタディーズ国際研究センタ（International Research Center for Cultural Studies）が設立されて初めて、制度的な足がかりを得たのだった。同様に、ドイツの大学でカルチュラル・スタディーズの教育や研究に携わる教授職ができたのは、やっと一九九〇年代以来のことで、例えば、「英国文化研究」が、英語を勉強する学生のための履修科目のひとつとして、あるいは、ジェンダー研究課程の一部、ないし、（一般的な民族学や民俗学に対する）ヨーロッパ民族学の一部として存在したに過ぎない。カルチュラル・スタディーズの目的は新しい学問分野になることではない。むしろ、言説的実践、知的な習慣、「文脈と知識と権力との間の関係を特定する」（Grossberg［1997］：253）ための試みなのである。これは、経験や日常生活と不可分に結びついている「文化」の概念と関わっている。「文化」は、意義・意味とアイデンティティを生み出す過程として、社会的実践の象徴的な次元として理解されており、常に、権力的な、したがって政治的な側面を含んでいる。人類は文化の中に生きているというよりは、文化的に生きているのである（Hörning［1999］：84）。

[2] Grossberg, Lawrence: *Bringing It All Back Home. Essays on Cultural Studies.* Duke University Press, 1997.

[3] 例えば、ヨーロッパ諸国の場合、国家主義的議論はいわゆる「キリスト教的西洋の価値観」に基づく国家を越えた「ヨーロッパの同一性」の問題と織り合わされている。日本では、一九九〇年代以降の新国家主義者による歴史見直し論は、景気の後退と、東アジアにおける冷戦後の経済的、政治的、そして文化的環境の変化への反発として存在してきた。

引用文献

・青木保、（二〇〇五年）：「日本の大学」、『中央公論』一一月号、二六、二七頁。
・Grossberg, Lawrence.（1997）：*Bringing It All Back Home. Essays on Cultural Studies.* Duke University Press.
・Hörning, Karl H./Winter, Rainer. (ed.)（1999）：*Widerspenstige Kulturen. Cultural Studies als Herausforderung.* Frankfurt am Main: Suhrkamp.
・Lindner, Rolf.（2000）：*Die Stunde der Cultural Studies.* Wien: Edition Parabasen, WUV.
・モリス＝スズキ、テッサ、（一九九八年）：「グローバルな記憶、ナショナルな記述」、『思想』八月号、三五―五六頁。
・Yoda, Tomiko.（2000）：A Roadmap to Millennial Japan. In: T. Yoda and H. Harootunian (eds.)：*Millennial Japan. Rethinking the Nation in the Age of Recession.* The South Atlantic Quartely, vol. 99/no.4, Duke University Press, pp. 629-668.

文化比較と翻訳
――文化社会学的考察――

島田　信吾
（翻訳：大橋　基）

1　導入――出発点としての他者性

長らく西欧社会における日本研究と日本における日本研究との間には亀裂があった。確かに、ここでは言葉の壁が障害となっているであろう。しかし、この亀裂ができた理由は、純粋な言語のレヴェルよりも深いところにあると思われる。一方で、日本における日本の社会や文化についてのたいていの議論は、依然として、日本人学者たちの閉鎖的なサークルのなかで行われていることが多い。他方で、ヨーロッパにおける日本に関する議論には、日本人研究者たちはほとんど加わってこなかった。そこには明らかに日本研究についての見解の相違だけでなく、また、日本の社会や文化についての学問のコンセプトの違いもある。だが今日、こうした状況は変わりつつあるように思われる。こうした文化的差異がその意義を失い始めているとみる研究者たちが増えてきたからである。この展開はおそらく、昨今の文化論争と密接なつながりをもっている。一九九〇年代における文化的差異をめぐる論争では、様々な論者が「はざま（間）(the space in-between)」について語り始めた（cf. Bachmann-Medick 1994 ; Bhabha 1994 ; Fuchs 1997 ; Shimada 1994）。この概念は、複数の文化の「はざま」に現存する、ある流動的な現象を記述する試みであると思われる。それは、文化と社会についての新たな理論的な概念、つまり世界秩序における急激な変化に対応する概念の必要性を示している。

「はざま（in-between）」という表現はまた、私の個人的かつ学問的な立場を表してもいる。私は日本で生まれ育ったのだが、今は三〇年以上ドイツに住み、この二つの文化の「はざま」に生きている。職業面では、ドイツで社会学を学び、社会人類学研究所で働き、現在はデュッセルドルフ大学で日本研究を教えている。その結果、私の学問的著作はいってみれば社会学と社会人類学のインタースペースにある。こうした理由で、私は二つの学問分野間の共通の基盤と差異の両方を探究することに向き合わねばならない状況にある。この論文は、まさに「はざま」にある私の立場の理論的な諸帰結を、日本研究の文脈において査定する試みである。

昨今、われわれは日常生活のなかで文化的差異の複雑さを経験することが多くなっている。メディアによってイメージや出来事が世界の遠方から伝えられ、カリブ海やバリ島のような土地への旅行について近隣の人たちや友達と語り合うことも、珍しいことではないし、世界の離れた場所への旅は、われわれの日常生活の一部になっている。また（デッセルドルフでの）通勤バスのなかで、自分たちには理解できない多くの異なった言語にさらされる。この点において、文化的な他者はどこにでもいるように思われるが、これはしかし矛盾である。ゲオルク・ジンメルが彼の古典的な研究で指摘したような、他者がまだ「今日訪れて明日留まることを決断するような漂泊者（wanderer）」であった時代は、過ぎ去っているといえよう（Simmel 1983: 509）。

というのも他者のイメージがより複雑でより動態的になってきているからである。ホスト社会（すなわち、より一般的にいえば、他者と向き合う「われわれ」）は、もはや他者を自分自身の視点からだけでは定義することができない。「よそ者たち（strangers）」が自分たちの声をみいだし、自分たちの要求を明らかにしようとしているからである。その結果、他者という意味は次第に、そこで自己と他者の相互連結や互酬関係がますます可視的となるような、多様な視点が交差する関係性の領域にしか表れてこないことになる。とはいえ、現在の他者への視点は、過去に他者を自分とは別の文化の構成員として投影してきたということの結果である。しかも、そのような投影をわれわれは明らかに捨て難いと思っている。実際、われわれの他の文化についての理解は、現実にそれと遭遇するずっと以前から固まっているのである。事情がさらに複雑になるのは、自他の相互関係による投影を、他の文化が自分自身を表現し、アイデンティティを確立するために採用してしまう場合である。日本はこのような事実の好例である。こうした事情から、地球上の多くの所で、もともとは西欧の知識人による文化相対主義的観点であった文化論が受け入れられ、それに基づく、自己（＝自国）に関する文化論的で自己主張的な議論が盛んになってきた。その結果として、文化が政治的争点になったのである[1]。

ここでごく簡単に、日本研究の文脈における他者の視点からの文化的差異という事項についての私のアプローチの立場を示しておきたい。問題は、日本の文化や社会がヨーロッパの観点からはいつも「根本的な他者（radical other）」とみなされてきた、ということである。

私は、この見方とは対比的に、他者を「関係的な構築物（relational construct）」であると考える。ここで必要となるのは、コミュニケーションの現実的な状況によって定義されるところの他者の意味論である。コミュニケーションが成立し、それに関与する当事者たちがある合理的なレヴェルで自分たちの関係を取り決めるその瞬時に、彼らは親密さ（intimacy）あるいは他者性（alterity）のいずれかを確認するのである。そしてこのプロセスは、その後再確認されるか、それとも、修正されるかするはずである。したがって私は、文化的差異に対してそれを存在論化するアプローチには反対する。むしろ、私の興味をそそるのは、他者をその現実的な相互関係のなかで表示する、実生活のなかの現実的な諸契機である。

2　他者の両義性

異文化というテーマは、現在の社会学と社会人類学の両方にとって危機的な問題となりつつある。近代西洋社会において異文化の文化的意義が近代化によって漸次軽減していくであろう、と予想していた社会学者たちは間違っていたことが明らかになった。「他の」諸文化がこれまで以上に西欧社会に影響を与えて、またその部分となっていることが明らかになってきている。この展開は「多文化社会」についての進行中の論争のなかに明らかに反映されており[2]、もはや社会学によっても見過ごしえぬものになってきている。他方で、ヨーロッパの外の伝統的な部族社会、つまり社会人類学の対象は、徐々に消滅しつつある。つまり、異文化を否定してきた社会学と、異文化だけを対象化してきた社会人類学はどちらも、現在、社会的な他者性の変化によって引き起こされた事態に直面して、危機に瀕しているのである。自分たちの学問的な正統性を異文化の研究から引き出していることは、社会人類学にとっては自明であると思われる。しかし、近代社会の科学としての社会学も実は他者性についての問いから発生したことを忘れるべきではないであろう。

この問いに答えるために重要なのは、二人の古典的社会学者、ゲオルク・ジンメルとアルフレッド・シュッツがはっきりと他者の問題に取り組み、他者についての言説を確立したことを想起することである。ジンメルは、他者についてのホスト社会の視点を詳述するにあたり、空間性の一般的な問題に焦点を合わせる。彼は異なる世界の間を仲介する商人という古典的ユダヤ人像を引き合いに出した。シュッツは、この問題に移民者の主観的視点からアプローチし、他者理解に関する諸問題への重要な洞察をもたらした。しかし他者性を扱うこれら初期の試みは、特殊な研究領域を拓きはしたが、やがて社会科学のより広い文脈に埋没してしまい、それによって他者を中心的テーマとして立てることは社会学の一般的な問いからは乖離していくことになった。その結果、たとえば、移民研究ないし開発社会学の文脈内で自文化の内なるよそ者として他者が取り扱われることはあったが、これらの研究領域は諸々の社会理論の一般的視点には結びつけられてこなかった。それゆえに、現状としての社会内の異文化という問題に対し理論的な対応ができないという事態となったのである。

思い返せば社会学理論の初期、近代社会の問題はもっぱら他者との関連において考察された。近代化の過程において、共同体の親密な人間関係はその重要性を失い、その結果、社会性はよそ者たち同士の関係として解釈されるようになった。この線に沿って、別の古典的な社会学者、フェルディナンド・テンニエスは近代社会を、「共同社会」と対置して、よそ者たち同士によって形成される社会と呼ぶ（Tönnies 1979）。換言すれば、機能的な差異化が万人をよそ者に転じたのである。アロイス・ハーンはこのような文脈において「他者性の一般化」について語っており、社会の構成員たちは「諸機能の担い手として分業に基づく異なる諸システムへと統合される」のである（Hahn 1994, p.162）。ハーンは他者を近代社会の一般的な問題として提起した。近代社会の主要なカテゴリーのひとつである「個人」というものは、この定義に従って他者性によってしか特徴づけられえない。このような定義が与えられる場合、他者はもはや特殊な状況ではなく、むしろ、近代的人間の一般的特徴となる。もちろん、それによって他者という特別な意味が完全に消失するわけではない。というのも、近代社会と伝統的社会の間は明瞭に画されており、その結果、異文化の人々が他者として分類され、近代社会はよそ者たちによって形成されるにもかかわらず、その社会を自己社会として認めることが可能となる。このことは、他者という意味のアンビヴァレンスな重層性を証明するものである。

他者は、その両義性において、様々な点で近代的意識を構成してきたし、構成し続けている。社会化の近代的過程は他者性（otherness）に気づくことによって特徴づけられているにもかかわらず、近代化過程はまた外側の他者たちを構成し、内在する他者性に対してわれわれを盲目にする。さらに、近代社会は普遍主義的な社会理論を打ち立てることによって、他者の絶滅を要求しさえもする。この点で、他者の三カテゴリーが区別されうる。

（a）近代社会の内側での他者性に関係する、内なる他者たち。これについては、次のように区分されうる。
　——市場や公共空間を介して結びついている社会の通常の構成員（よそもの）
　——犯罪者、狂人、あるいは病人のような[3]、市民社会から隔離されている人々
（b）国民国家に根ざす自分たちの社会という文脈の外側の人々、西洋内（intra-western）の他者たち（ジンメルやシュッツの著作におけるよそ者たちは、おおよそ、このカテゴリーに属する）。
（c）近代西洋文明に属さない、外側の他者たち（異文化）。

ジンメルとシュッツは、特定の人々（商人ならび移民）という表現で他者たちの意味を確立し、注意の焦点を意図的に第二カテゴリーの他者に制限することによって、こうした錯綜した曖昧さを回避した。視野を絞り込んで、二人の著者は、遠くの異文化を考察からはずし、その代わりに身近なよそ者たちに焦点を合わせる。ジンメルは範型をユダヤ人に求め、シュッツは近代西洋の社会間での移住という問題に集中する。この点で彼らは、社会学と社会人類学の間で分かたれる課題の割り当てに照らして、真に社会学的な視点を共有している。この点でより深刻なのは、二人の著者が、他者の置かれた状況が大変特殊なものであるという意味で他者を定義しているという問題である。両義性によって、他者たちは日常性からはみ出す例外的事例を集約的に提示し、ホスト社会の既存の準拠枠に揺さぶりをかける。著者たちの理論的関心に基づけば、この問題設定（constellation）は容易に理解できるものである。しかし、それはひとつの問題を引き起こす。なぜなら、この問題設定は、他者性がホスト社会の内部にもすでに現存するという事実を無視するからである。そうすると、あたかも相互理解（understanding）という問題がホスト社会それ自身の内部には発生しないかのように、考えられるようになる。この意味において、シュッツは、社会の全構成員によって内面化され共有されている、疑う余地のない意味コード（意味世界）に言及するのである。この点が特別に注意されなければならないのは、まさにこの誤りが異文化間コミュニケーション論においての昨今の言説のうちで再三繰り返されているからである。われわれは、ひとつの文化内部では理解は難なく遂行されるが、異文化間の相互作用は不可避的に困難に陥る、と信じ込まされている。これは異文化論の陥るイデオロギー的落とし穴であり、そこで考えられる差異関係は現実に比べあまりにも二元的である。にもかかわらず、こうした文化主義的イデオロギーが省みられることはあまりにも少ないといえるであろう。これから発せられるべき「国際日本学」というものがコンセプト化されるとき、この事実は深く考慮されるべきではないだろうか。

文化研究の文脈での、グローバリゼーション、ポストコロニアリズム、表徴の危機に関する最近の言説は、他者のそのようなステレオタイプ化や定義が以前にもましてどれほど疑わしくなってきているか、ということを示している。批判的考察は、われわれ自身の学問が、覇権的な権力に奉仕するところの他者を他者化する過程に深く巻き込まれていることを露わにする。この種の批判に対して社会人類学者たちは確かに特に敏感である。こうした文化的差異の定義こそが、元来、社会学と社会人類学を二つの異なった学問領域への区分へと導いたものであるが、この区分が逆に、研究を通じてまたその現状（status quo）つまり西洋対非西洋という差異を強化することにもなった。

社会人類学と社会学の初期段階における他者性の取り扱いをより詳しくみるならば、われわれは他者性に対する両義的な二重の関係をみいだすことになる。一方で、近代化の過程は疎外の具体化として捉えられるが、疎外はわれわれに対していかにして社会そのものが可能でありうるか考えさせる。しかし、一九世紀に共通の視点からみれば、近代化の過程は西洋に限られて考えられた。つまり、近代という概念を軸に西と東、西洋と非西洋との間に壁を築き、結果的に、社会学と社会人類学という相異なる学問分野を生み出したのである。近代ヨーロッパが、「共同体」の親密さを捨て、新しく展開された他者性に基づいて近代社会を作りあげようとしたという事実のうちに他者性の両義性が表現されている。そして西洋人は、西洋以外の地域に自分が後にしてきた状況を発見したと考えた。そして、一般的には、そういう意味での非近代的他者が近代化の過程のなかで徐々に消失すると主張している。この文脈において、日本の文化と社会は両義的な役割を演じてきた。長い間、日本の文化と社会は（日本学という観点からは）たいてい伝統文化という意味においてみられてきた。その一方で、日本の文化と社会が明らかにある近代性をも表しているがゆえに、それらを理論的にどう把握するべきかという問いがきわめて重要になってきたのである。

社会人類学における自己批判は、実は社会人類学的な研究によっては本当に「異なった（alien）」文化を捉えることができないのではないか、というものである。すなわち、社会人類学はその理論的な本性からして他者を把握することができない。確かにこの学問にはユスティン・シュターゲルがいうように他に類をみないほど多種多様な文化現象を集めてきたという功績があるかも知れない。しかし、この学問の根底に横たわる理論的立場は大変疑わしいものであるといわねばならない（Stagl 1985）。少なくとも、社会人類学的な研究は、社会学との分業という理由から、近代ヨーロッパ社会と日本を含むすべての他の非ヨーロッパ文化的伝統との間に明確な境界線を引いた。つまり近代における他者性の定義は、他のどの文化における他のどの定義ともまったく異なっているのである。同時に、この他者概念は、他のすべての社会と対照をなすところの、想像上の同質的な近代社会を創り出しもする。近代社会は、よそ者たちによって設立され維持されていながら、もっぱらこの内的な文化的同質化の力によってひとつにまとめられている。この近代性の視点は、民主主義や人権のような、社会秩序にとって普遍的価値を示唆することによって、社会内部でのあらゆる垂直的な縦の差異を否定するのである。

ヨーロッパ内部の近代的な他者性は、集合的アイデンティティの構造によって、二重に補われている。一方で、西洋的アイデンティティは近代性と等価なものであるということが信じられるようになった。他方で、国民国家（ネーション）の概念が集合的な同一化の基盤となった。国民国家に基礎を置く社会におけるメンバーシップが構成員間の他者性を埋め合わせるのである。これは、国民国家に基礎を置くすべての社会がすべての構成員の共有する意味枠を提供する独自の文化を備えている、という考えと密接に結びついている。国民国家の統一とはそういう意味で共有の意味枠を意味するのである。そのさい、国家を統一するのがドイツのように民族文化であるか、それともフランスのように政治的かつ価値指向的文化であるかにかかわらず、共有されている文化が統一の媒体となった。いずれの場合でも、国民的同一化は、今日に至るまで外部の他者（つまり外国人）という意義を設定してきた。この意味での他者は近代西洋社会の理念によって初めて理解されうるようになったのである。そして、日本の場合、まさしく国家と文化という、もともと西洋ヨーロッパで発生した観念を用いて自分たちの集合的アイデンティティを構築したのである。

3　相互理解の問題

相互理解の問題は、近代的な社会において他者性が一般化されるとき初めて生じる。それゆえ、理解の概念と他者の概念の間には密接な結びつきがあるのである。このことが意味するのは、理解という行為にはいつも他者性の要素がいくばくか含まれているということである。つまり近代的社会がよそ者同士で造られるとされた時点で、相互理解は可能か、という問いが発生するのである。たとえ、この他者性がある特定の状況において、たとえば友情のような主として情緒的な構成要素によって糊塗されていようとも相互理解の問題が消え去ることはない。ここでわれわれは、文字通りの意味での理解といったものが存在しないことを想起しなければならない。われわれが他人を理解していると信じることは、つねに単なる仮定にすぎない。他人を理解しているという相互的な仮定がコミュニケーションを可能にすることはいうまでもない。こうした文脈で、シュッツは「われわれの目的のためには、相手もまた意識をもっているということ、それが安定的であって、その経験の流れが私のものと同じ原型によってかたどられていることを仮定するだけで十分である」と指摘している（Schütz 1994, p.145)。コミュニケーションは、逆説的ながら、相手の考えを完全には知ることができないという事実によって支えられている。われわれは、たとえコミュニケーションの相手が実際に考えていることを完全には確信することができない場合であっても、理解そのものは可能であることを当然であると考えている（Hahn 1994, p145)。この意味において、理解という概念は欺瞞的である。それは完全なる相互理解という理想を引き合いに出して、われわれの目を理解行為の脆い土台から背けさせる。換言すれば、相互理解という幻想はその起源を無理解のうちにもっているのである。その一方で、われわれは日常生活においては、いつも理解が可能だという相互的な仮定を基に、うまくコミュニケーションを行っている。自分の目的を達成し、計画を遂行するために、われわれは経験的なレヴェルに依拠するしか方法をもたない。つまりこの文脈において、他者性の対義語としての親密さとは、それを実現することのないまま、特定のコミュニケーション状況で理解が実現可能であると決めてかかるということしか意味していない。シュッツによれば、この意味での親密さは、ともに過ごした時間に由来し、社会的な親密さの土台としての記憶の共有をともなうのである（cf. Sommer 1990, p.140)。しかし記憶の共有はいかに可能なのであろうか。それさえも危い土台に立った仮定にすぎないのではないだろうか。

ここで強調されるべきことは、理解のいかなる行為も、自分自身の視点を他者へと投影するという要素を含むことである。どれほどよくコミュニケーションの相手を知っていようとも、われわれはつねに彼らについての自分自身のイメージを抱いており、それがコミュニケーションを通じていつも試される。真のコミュニケーションは、そのコミュニケーション過程を通して、相手のイメージを継続的に修正し、改定する相互的な心がけによって維持される、といってもよい。コミュニケーションが危機に陥るのは、われわれが相手をステレオタイプ化し、こうしたやり方で彼らを「完全に」理解できると信じる場合である。われわれは後に、この投影（projection）という概念が翻訳の文脈で重要な役割をはたすのをみるであろう。

完全な相互理解と根源的な他者性という概念は、われわれに段階的なスペクトルを提供する。一方の極に、完全な相互理解を、他方の極に根源的な他者性を置くことができる。この二つの極は、もちろん現実には存在しない。他の誰かを完全に理解するという考えと、他者には絶対に触れることができないという考えは、他者性の問題にアプローチするのに役立つ仮説として機能するだけである。他者を理解する試みにおいて、われわれは両極の間を決してどちらか一方の極に触れることなく移動している。そのスペクトルの中間のどこかに線を引いてみる。それによって理解に関する二つの異なる理想的行為が区別される。

完全な相互理解――――――――――――／――――――――――――根源的な他者性

上の方向、完全な相互理解の近くに、相互に共有された枠組みのなかで生ずる理解行為を位置づけることができる。下に向かうと、このような枠組みは存在しない。これは文化内コミュニケーションと異文化間コミュニケーションの一般的な区別に対応する区別である。こうした区別によると、異文化間コミュニケーションは、両当事者が理解の実現が可能であるという自分の考えを捨て去る、あるいは、その想定が会話の成り行きにおいて反証されると考える、そのような状況として定義される。そして、こうしたことは、しばしば日本人とのコミュニケーションがヨーロッパの観点から扱われる場合に生ずる。

日常の生活では、たいてい、すべての当事者はひとつの相互的な準拠枠を共有しており、それゆえに、トラブルは起こりそうもない、という想定を当てにしている。期待に反して相互理解が進まない場合でも、そういう場合のために用意された準拠枠が作動すると想定している。しかし、この共用された準拠枠によって完全な相互理解が達成可能である、という仮定が当然であるとみなされることにはひとつの陥穽がある。というのは、われわれには、日常の習慣から自分たちの不確かな想定を確固とした事実であるかのようにみなす傾向があり、そして、このような自然化された準拠枠のうちに退いてしまうと、他者は脅威だと感じられるようになるからである。というのも他者は、ただ存在することによって、われわれの意味世界のはかなく壊れやすい本性を暴露するからである。

コミュニケーション過程の考察において、相互に共有された準拠枠が国民国家による統合に起源をもつ文化に帰せられるとき、問題が発生する。異文化間コミュニケーションという、現在広く受容されている考えは、このよくある誤解に囚われ、異文化における準拠枠間の差異を絶対的なものとみなしている。集合的アイデンティティと（前述のような）国民国家に基づく社会との結合こそが、このよくある誤謬を生み出すのである。国民国家という近代的概念は、その構成員たちの文化的な同一性に基づくとされ、基本的に他者の排除を狙っている。これは、国民国家の概念に基づく社会は相互に共有された準拠枠を提供している、または、提供するべきである、というイデオロギーに裏付けられているのである。その内部で他者性が支配的であるような社会を構成するためには、まさしくこのような想定が必要となるのである。それゆえ、国民国家という概念に基づく社会は「想像の共同体」によって構成されなければならない（Anderson）[4]。コミュニケーションにおいて文化的枠組みが過度に強調されているという事実の背景には、国民国家の枠内に理解共同体を想定することによって社会の統一性を生み出さねばならなかったという事実がある。この文脈において、ヨアッヒム・マッテスは、ヨーロッパに生じた国民国家の概念は依然として異文化間コミュニケーション一般に関する論争を支配している、と批判的に指摘する（Matthes 1999）。さらに、異文化間や多文化主義についてのアカデミックな論争は、いまだ広範囲にわたってヨーロッパ中心主義のままであり、世界の他の地域における多文化的な諸現象はほとんど考察されてはいない。

先に紹介した図表はマッテスの考察を正しく捉えるのにも役に立つ。相互理解対他者性は一般的なコミュニケーション問題を提示しているが、そのさい、異文化間の問題は二次的な意味をもっているにすぎない。相互に共有された準拠枠の欠如に帰されるべき諸問題は、当事者たちの文化的背景とは関わりなく、いかなるコミュニケーション状況においても生じうるが、それはまさしく近代社会を構成するのが意味の枠組みの多様性であるからである。誰でも、多数の異なる準拠枠に属しており、二名の個人がまったく同じ準拠枠をもっているという状況はまず考えられえない。たとえ、同じ家族の二人のメンバーによるコミュニケーション状況においてさえ準拠枠が同じであるという場合はほぼないといっていいであろう。換言すれば、相互理解はいかなる状況でも困難になりうる。もっとも、この事実は多くの場合、想像上の共同体というイデオロギーによって隠匿されているのである[5]。

こうした想像上の共同体というイデオロギーに対し、近代社会には機能分化によって多様な準拠枠が共存すると考えるべきである。つまり、そこでのコミュニケーションという日々の行為は、つねにひとつの準拠枠から別の準拠枠へと移動する能力を要求する。様々な言語を用いること、そして、自己を家族と職業領域とでそれぞれ異なる仕方で構築することは、近代的生活における自明な事実である。この意味において、われわれはみな、様々な準拠体系の間を媒介する能力をコミュニケーションの基礎的な技能としてもっているのである。さらに、世界の非ヨーロッパ地域の多くでは、住民の多文化的な構造のゆえに、いっそうおびただしい準拠体系を示している。このことがわれわれを理解の問題から、様々な準拠体系の間の相互媒介へと導くのである。

4　文化的差異と翻訳

翻訳（translation）とは、われわれが異なる準拠体系間での媒介に対して用いる用語である。ここで私は、この問題を異なる言語間の媒介というモデルから考察することにしたい。なぜなら、翻訳は、通常、二つの国語、たとえば英語と中国語の間を媒介する言語行為として理解されているからである。ここで再び、われわれは他者を分析したときに遭遇したのと同一の布置状況をみいだす。われわれに翻訳の必要性を気づかせたのは、異国の言語の出現であった。こうして、翻訳の概念と文化的差異の概念とは、分かち難く結びついている。このことが、われわれに再度、他者の両義性を思い起こさせる。近代性は文化的差異を構築すると同時に破壊するという意味である。われわれは、人類という普遍で同質的な理念をもって初めて、それを相互に比較することができる異なる諸文化に分化して考えることができるようになり、そこで初めて文化的差異という意味が発生したのである（cf. Baecker 2003, p12-13)。この差異への眼差しが、翻訳を必要なものとすると同時に、可能なものとした。そこでまず出てきた仮説は、翻訳という概念の背後には、ひとつの普遍的な準拠体系があり、それは隠されてはいるが、世界のすべての言語の根底にあるとされた。この仮説に従えば、様々な諸言語は、万人によって共有された普遍的な意味を表現する異なる方法であるにすぎない。この普遍的意味は、比較のための第三項（tertium comparationis）として用いられ、翻訳の正確さを保証すると考えられた。そこでは元の意味の同一性は文脈の変化にもかかわらず同一であり続ける、ということが当然視されている。独和・和独辞典のような二言語間の辞書は、他の言語におけるほとんどすべての語彙と等価なものを自言語で提供するという点において、この原理を支えている。しかし、この普遍で不変の意味という想定は、完全な理解という概念とちょうど同様な危険性をはらんでいる。というのも、よくみればすぐに、二つの言語における二つの表現は完全に等価である、という想定が幻想であることが判明するからである。たとえば、ヴァルター・ベンヤミンはどちらともパンを意味する、フランス語の pain にドイツ語の Brot を対置し、そこに明らかな差異が存在することを明らかにしている（Benjamin 1991)。そして近年の翻訳学の研究は、意味を変えることなく、ある文脈から別の文脈へと翻訳することは不可能であることを確認している（cf. Vermeer 2002)。どのような言葉であれ、文であれ、テキストであれ、翻訳されることにより、その意味を変化させるのである。あらゆる言語の根底にあって、翻訳の適切さを保証する意味の普遍的構造というようなものは存在しない。

しかし、こうした見方にもかかわらず、等価性という理念は翻訳の概念にとって構成的であり続けている。理解の現象と同様に、翻訳の概念も、元の意味が多かれ少なかれその新しい文脈においても変化しないだろう、という幻想に基づいている。翻訳という言語行為の成功は意味が翻訳によっても変化しないという幻想に基づくよりほかは保障されえない。しかし、その翻訳の成果が保障されうるのは、それが実践的に受け入れ言語の社会になんらかの影響を及ぼしていることを確認することによりのみ可能となる。アナロジー関係を構築することによって、われわれは元の文脈における様々な活動や出来事を、翻訳先の文脈におけるそれらと比較することができる。良質な翻訳とは、われわれが自己と他者に関する理解を深めることを助けるような、類似性と差異性とを発見させるようなものである。しかし、強調されなければならないのは、諸々の意味が対称的、または、まったく同一であることを期待しうるような意味での、元の意味とその翻訳の間での一致を保証するものは何もない、ということである。

西洋社会において翻訳は重要なテーマではないとして長らく無視されてきたが、それは、等価性の原理をもとに、翻訳が理解のための単なる道具とみなされていたためである。この見方では、翻訳はおそらくオリジナルの当座しのぎの代用物、つまり、異なった文脈へと移されたオリジナルのコピー以外のものではありえない。それゆえ、二次的な問題という含意が翻訳に結びつけられていたのである。しかし、私はこの見方を逆転して、翻訳こそが「意味が変わらないかのごとく」という「化想の世界（make-believe world）」を創造することによってコミュニケーションの原則を表している、という事実に注意を向けたい。相互理解の行為と同じように、翻訳は意味の翻訳不可能な要素について、われわれが無知であることを前提としている。それゆえに、コミュニケーションが起こりうるのは、ただわれわれが、翻訳が可能である、という仮定に基づいて行為しているからだけなのである。翻訳理論家のハンス・フェルメールが「翻訳の不可能性がはじめて翻訳を可能とする」といっているのはまさにこのことである。

ここで個人的伝記という概念を例として用いて、これまでの議論を以下に明白化したいと思う。一九世紀後半以降、西洋から概念・理論・制度を借用することがなければ、日本社会には個人的伝記という観念はなかったであろう（cf. Kinmonth 1981／Shimada 2000, p77-117）。国民国家の概念に基づく新たな社会を設立するという目標を抱いた指導的な知識人たちは、自主独立して合理的に行為する近代的個人の概念の紹介と普及が不可避であると考えた。こうした理由で、社会科学に関するおびただしい著作が西洋言語から日本語へと翻訳された[6]。中村正直（一八三二―一八九二）によるサミュエル・スマイルズの『Self-Help』（一八五九年）の翻訳は、一八七〇年に『西国立志編』として出版されたが、当時のベストセラーとなり、明治社会に甚大な影響を与えた[7]。こうして『Self-Help』におけるベンジャミン・フランクリンの生涯の叙述は、明治時代の日本社会にとって模範的な性格を帯びたのである。

西欧の著名人たちの伝記が近代的個人のモデルとして役立ったと同時に、天皇の系譜を利用することによって「日本史」というコンセプトが構築された。天皇の起源は、神話の体系においては、『日本書紀』のうちに認められ、そこから明確に連続的な系統であると語られ始めたのである[8]。そして日本国家の誕生を公式に宣言することによって、歴史を通して同質的な統一体としての日本人という理念が生まれたのである。連続性は「天皇の万世一系」において保証されていると考えられた。また、それは他の国家に対する日本の優越を示唆するために用いられた。

日本の起源についての公式の宣言は、その伝統志向にもかかわらず、進歩という西洋的理念の受容と抱き合わされている。オーギュスト・コント、ジョン・スチュアート・ミル、とりわけハーバート・スペンサーによって説かれた社会理論を採用することで、明確に定義された国民国家にはめ込まれた社会として日本の輪郭を描くことが可能になったのである（cf. Shimada 2007）。

各々の個人がそれぞれ国の歴史に貢献しうるように、個人的伝記が共通の運命のなかに編み込まれた。想像の共同体としての国家の概念は、ベネディクト・アンダーソンの見解を裏付けて、現実となり、未来への展望を提示したのである。それゆえ、歴史的な意味での時間というコンセプトを導入することによって、他者並びに自文化をこのような新しく創造された世界秩序のうちに位置づけることが可能になった。すなわち、西洋社会が発展の目標とされるのと同時に、中国や韓国のような他のアジア諸国は日本に遅れをとっている、とされたのである。

こうした日本の歴史からの事例は、他者問題がその起源を自己と他者性の両義的な混合のうちにもつことを再び示している。西洋文明に遭遇して、日本の知識人たちは、科学技術、制度、あるいは様々な理論を翻訳し採用し始めた。それは、それを通して理解という幻想が維持されうるような、きわめて広範囲にわたる翻訳の過程であった。翻訳された――一部はあるいは大部分は誤解された――概念や理論でもって、他者としての西洋文明のイメージが構成され、投影された。同時に、自己のイメージが、個人と集合の両方のレベルにおいて、西洋的概念と理論の翻訳を通して構成された。こうした二面的な過程にとって、日本の知識人たちが西洋の理論の「真の」意味を理解したかどうかという解釈学的な問いは二次的なものにとどまっている。重要な事実は、意味の新たなコードが生み出され、社会の現実に影響し始めたことである。これこそ終わることのない過程としての文化といえるであろう。

他者の問題についての理論的視点はわれわれの視線を「翻訳的なもの」へと引き付ける。この「翻訳的なもの」とは、異なる準拠枠の交差する場にいつも発生するものである。こうした観点に立ったとき、研究の方向性は、現存する意味世界や文化の分析から関係性の構築過程の分析へと変換する。なぜなら、この過程を通じて初めて、自己性と他者性というコンセプトが生じ、そしてそのたえず変化する関係性はコミュニケーションという交渉によって継続していくからである。

翻訳の概念は、他者と自己とが相互に互いを取り込みながら文化的差異の現象を構成する過程を正確に分析することを可能にする。この過程の経過のなかで、他者と自己の自分たちのアイデンティティはたえず変化していく。彼らは自己と他者についてのイメージを変化させ、創造し、そして再創造し続ける。ここでは他者のイメージと実像とが異なりうることを想起することが肝要である。われわれの他者についてのイメージは、われわれ自身の文化的視点によって助長され、われわれの文化的投影によって作り上げられた虚構である。つまり、投影と翻訳はいつも関連しあっているのである。ひとつの可能性は、他者についての現存するイメージが翻訳によって強化されるということであるが、しかしまた、翻訳されたテキストが他者に対する関係を修正したり、それに衝撃を与えたりすることができる。この意味において、翻訳と投影は密接に関連している。翻訳はわれわれが他者を理解していると信じさせる。理解の現象と同じように、翻訳するとき不可避的に自分たち自身の文脈からの投影が行われる。翻訳は、そこで間違いなく、他者のイメージを自分自身の文化の視点から創造する。直接的コミュニケーションにおいて、いつも相互に行われている、他者像と自己像の投影はたえずテーマ化されそして交渉され、変化していく。その投影像が互いに近づくという仮定に至ることもあるが、しかしそれがいかに近づいたとしても、完全に重なり合うことはありえない。このことはコミュニケーション一般に当てはまるであろう。

5　結論

これまで述べてきたすべてのことを考慮すると、文化的差異の問題に対するいくつかの結論を引き出すことができる。最も重要なことは、近年の論争を特徴づけている文化的差異の過度の強調は問題であるということである。なぜなら、異なる意味のコードが、相互に分離されて、閉鎖的な文化的統一体と考えられているからである。このような見方をすると、異なる意味のコード間の関係が考察されなくなる。この同質的文化という概念は、国民国家という枠内に近代社会を成立させるイデオロギー的接着剤となり、コミュニケーション理論に対して破壊的な帰結をもつことになる。すなわち、文化間の境界を越える異文化コミュニケーションが原則的に困難であるとされるのに対して、ひとつの文化の内部でのコミュニケーションには問題がないと思われる、という帰結をもつわけである。

理解の問題は近代社会の根本的性格であり、社会学的研究や社会人類学的研究の一般的な理論テーマとして再度取り上げられるべきである。確かに、シュッツはこのテーマのさらなる展開にとって重要なアプローチをいくつか提供しているが、西洋近代とその他の世界との根本的区分を自明としている点で現状の理論化に問題を呈している。つまり、よそ者という身分はもはや西洋社会内部の移民者に限定することはできないからである。

この論文が示しているのは、いかにしてシュッツのアプローチが現代の諸要求に見合うように修正され、拡張されなければならないか、ということである。二つの論点が主要である。(1) 意味のコードおよび準拠枠は、相互関係において意味の境界線を形成する動態的な過程とみなされねばならない。そして、(2) 将来の研究において展開されなければならない他者の理論は、われわれが今日直面している、様々な他者性の見通しえぬ多様性を考慮に入れねばならない。(3) 意味のコードを動態的な過程とみなす方法によって、われわれは理解の問題を新しく理論化することができるであろう。なぜなら、ドイツ的伝統における解釈学では今でも、それを用いれば「真の意味」を獲得することができるという理念に苛まれ、袋小路に陥っているからである。

この論文で私は、相互理解はただ実践的な条件下でのみ、しかも、社会的相互作用の結果としてのみ把握されねばならない、という立場を採った。こうした意味においてこうした方向性をもった解釈学は、いかにして翻訳を通して意味が発生するかを分析することを目標としている。われわれは、こうした手続き方法を、「関係性の解釈学（relational hermeneutics）」と呼ぶのだが、それは、異なる意味コードの間の関係がその主たる課題であるからである。

註

[1] サミュエル・ハンティントンの文明の衝突というテーゼは、この趨勢の最も卓越した表現であった。たとえ、その内容が学術的にみてきわめて疑わしいとみなされたとしても、それは政治的現実に対する深いインパクトをもっていた（Huntington 1996）。

[2] 社会哲学の分野における論争は、主として、カナダ社会を扱っている（Kymlicka 1997／Taylor 1992／Walzer 1990／cf. Shimada 1994）。

[3] ミシェル・フーコーはこのようなヨーロッパ近代化における隔離過程を追究した（Foucault 1972／1975）。

[4] もちろん、この過程はイデオロギーのレヴェルだけで生じたわけではない。この点は強調される必要がある。国家形態はつねに、社会の構成員たちの知識の標準化によって、つまり学校、大学などによって促進される過程によって、維持されている。

[5] このことは、理解の諸問題が異文化の構成員たちがコミュニケートする場合に増幅される、という事実を否定するわけではない。

[6] 修身の授業のために、ウェイランドの『道徳科学の諸要素』の一〇種類の翻訳が一八七三年から一八八一年の間に出版された。そして、M・ウィルソンの『最初の学校・家族読本シリーズ』が一八七三年に小学校のために翻訳され（『小学読本』）、広く用いられた（Nakamura 1970／p47-70）。

[7] この本では、エドワード・ジェンナー（一七四九—一八二三）、ジェイムス・ワット（一七三五—一八一九）、ベンジャミン・フランクリン（一七〇六—一七九〇）、デビッド・リビングストーン（一八一三—一八七三）の生涯が例に用いられた。

[8] ベネディクト・アンダーソンの指摘によれば、国の歴史の連続的概念は国民的統一の想像と深く結びついている（Anderson 1983）。

参考文献

- Anderson, Benedict.（1983）：*Imagined Communities. Reflections on the Origin and Spread of Nationalism.* London: Verso Editions.
- Bachmann-medick, Doris.（1994）："Multikultur oder kulturelle Differenz? Neue Konzepte von Weltliteratur und Übersetzung in postkolonialer Perspektive", in: *Duetsche Vierteiljahresschrift für Literaturwissenschaft und Geistesgeschichte* 68,4,pp.585-612.
- Baecker, Dirk.（2003）：*Wozu Kultur?* Berlin: Kulturverlag Kadmos.
- Bhabha, Homi K.（1994）：*The Location of Culture.* London: Routledge.
- Benjamin, Walter.（1991）：Die Aufgabe des Übersetzers,in: *Gesammelte Schriften,* vol. Ⅳ, 1, Frankfurt a.M. : Suhrkamp, pp.9-21.
- Foucault, Michel.（1972）：*Naissance de la Clinique.* Paris: Editions Gallimard.
- Foucault, Michel.（1975）：*Surveiller et punir.La nassance de la prison.* Paris: Editions Gallimard.
- Fuchs, Martin.（1997）："Übersetzen und Übersetzt-Werden:Plädoyer für einen interaktionsanalytische Reflexion",in: Bachmann-medick,Doris(ed.) *Übersetzung als Repräsentation fremder Kulturen.* Berlin: Erich Schmidt Verlag,pp.308-328.
- Hahn, Alois.（1994）："Die soziale Konstruktion des Fremden",in: Spondel,Walter M.(ed.)*Die Objektivität der Ordnungen und ihre kommunikative Konstruktion. Für Thomas Luckmann.* Frankfurt a.M.: Suhrkamp,pp.140-166.
- Huntington, Samuel P.（1996）：*The Chash of Civilizations and Remaking of World Order.* New York : Simon & Schuster.
- Kymlicka, Wll.（1997）：*States,Nations and Cultures.* Assen: Van Gorcum & Comp.
- Matthes. Joachim.（1999）："Interkultuelle Kompotenz.Ein Konzept,sein Kontext und sein Potential",in: *Zeitschrift für Philosophie,*47,3,pp.411-426.
- Nakamura, Keigo.（1970）：*Kyokasho monogatari - Kokka to kyokasho to minshu(The History of Teaching Books - the State,Books and Nation).*Tokyo.
- Schütz, Alfred.（1971）：The Stranger: An Essay in Social Psychology, in: *Collected Papers II: Studies in Social Theory.* The Hague: Martinus Nijhoff, pp.91-105.
- Schütz, Alfred.（1974）：*Der sinnhafte Aufbau der sozialen Welt.Eine Einleitung in die verstehende Soziologie.*Frankfurt a.M.: Suhrkamp.
- Shimada,Shingo.（1994）：*Grenzgänge-Fremdgänge.Japan und Europa im Kulturvergleich.* Frankfurt/New York: Campus.
- Shimada,Shingo.（2000）：*Die Einfindung Japans.Kulturelle Wechselwirkung und Kulturvergleich.* Frankfurt/New York: Campus.
- Shimada,Shingo.（2004）："Polotik zwischen Differenz und Anerkennung:Multikulturalismus und das Problem der Menschenrechte",in: Jaeger,Friedrich/Rüsen,Jörn(ed.)*Handbuch der Kulturwissenschaften, Vol. III,Themen und Tendenzen,*Sttutgart/Weimar: Metzer,pp.474-488.
- Simmel, Georg.（1983）：*Soziologie.Untersuchungen über die Formen der Vergesellschaftung.* Berlin: Dunker&Humbolt.

・Sommer, Manfred.（1990）：*Lebenswelt und Zeitbewusstsein.* Frankfurt a.M.: Suhrkamp.

・Stagl, Justin.（1985）："Die Beschreibung des Fremden in der Wissenschaft",in: *Duerr,Hans Peter(ed.)Der Wissenschaftler und das Irrationale.Beiträge aus Ethnologie und Anthropologie* 2,vol. II,Frankfurt a.M.:Syndikat,pp.96-117.

・Taylor, Charles.（1992）：*Multiculturalism and >The Politics of Recognition<*.Princeton: Princeton University Press.

・Tönnies, Ferdinand.（1979）：*Gemeinschaft und Gesellschaft.Grundbegriffe der reinen Soziologie,* Darmstadt: Wissenschaftliche Buchgesellschaft.

・Vermeer, Hans J.（2002）："Erst die Unmöglichkeit des Übersetzens macht das Übersetzen möglich",in: Renn,Joachim/Straub,Jürgen/Shimada,Shingo(eds.) *Übersetzung als Medium des Kulturverstehens und sozialer Integration.* Frankfurt a.M.: Campus.

・Walzer, Michael.（1996）：*Thick and Thin .Moral Argument at Home and Abroad.* Notre Dame, Indiana: University of Notre Dame Press.

友日からの日本研究へ

崔　吉城

はじめに

韓国では終戦後、日本植民地の残滓をすべて払拭し排撃する極端な反日感情から、日本語教育や抗日独立運動的な研究も含めて日本研究の必要性を認識しなかった。また、それまで日本植民地時代は悪の時代であるとされ、植民地自体の研究などはなされなかったので、私は日本植民地を中心に日本による植民地化によって韓国社会がいかに文化変容をしたのかという問題意識を持って研究を始めたのである。

私の植民地研究は巨文島との出会いから始まった。一九六八年に韓国文化公報部から韓国文化人類学会が委託を受けて全国民俗調査を行った時に、私は調査員の一人として参加した。その調査地の一つである巨文島は古い伝統文化を持つ民俗調査地としては適当ではないことが分かった。全国民俗調査の目的は、離島において古い韓国の伝統文化を探し求めることであったが、巨文島へ行って見ると、そこは日本植民地時代の日本人村であり、そこの遊郭だった旅館に数日泊まりながら調査を行うことになったのである。

その時から二〇年後に、私は国文学科を卒業した者であるが、日本学科の教員として日本研究をするようになっていた。日

1980 年代の巨文島

戦後神社の鳥居だった石材が船を繋ぎ止めるロープ掛けになっている

本研究者として日本植民地の研究に着手しようとした時に日本人村であった巨文島を思い出し、日本植民地研究のフィールドと決めたのである。巨文島は朝鮮半島南部、韓国全羅南道の南方、南海中にある三つの島の総称であり、高興半島の南約四〇キロメートルに位置する。古島、東島、西島からなり、古島のみを巨文島と呼ぶこともある。この三島で三山面を構成、全羅南道麗川郡に属する。

巨文島は一八八五年四月から約二年間イギリス艦隊がロシアの南進政策を牽制するために不法に占領した巨文島事件を通して Port Hamilton として世界的に知られた島でもある。島には当時死亡した兵士の墓がある。無人島であったこの島は二〇世紀初めごろ日本の山口県豊浦町湯玉の木村忠太郎が中心になり移住して造られた、いわば移住漁村の「日本人村」の島であった。

この島を一九八八年以来、トヨタ財団の助成金を得て調査団を構成して数回調査を行い、一九九二年韓国語で『日帝時代の一漁村の文化変容』(『日帝時代 한 漁村 의 文化変容』)亜細亜文化社、上下)、一九九四年日本語で『日本植民地と文化変容』(お茶の水書房)を出版した。その他、朝鮮総督府が残した調査資料を韓国語で翻訳もした。『朝鮮の風水』(民音社)、『朝鮮の類似宗教』(啓明大学出版部)、『朝鮮の部落祭』(文化財管理局)、そして秋葉隆の著書『朝鮮巫俗の現地研究』(亜細亜文化社)などを翻訳出版した。しかしそれは当時の韓国では受け入れがたい異端的なものと思われたようであり、私たちの植民地研究は注目されなかった。ただ少なからず刺激を与えたことは事実である。

1 植民地時代の調査研究

植民地統治のためには武力だけではなく、文化、宗教など、物質的、人的なあらゆる手段を動員している。日本の植民地政策も一様に行ったわけではないが、まず歴史や文化が類似している台湾、朝鮮に対しては日本国内政策を植民地に延長すればカバーできると判断し、同化政策を取った。一九一九年の独立運動後、寺内総督の武断政治は経済近代化や文化統治政策に変わった。その文化統治とは精神的皇民化政策と物質的な近代化政策の二本柱であった。特に皇民化政策は文化的に共通する点に注目し、「日朝同祖論」と「内鮮一体」という言葉が象徴するように同化政策であった。

当時、植民地を正統化するために、文化の面において文化政策が必要であったと思われる。そこで学術的根拠の必要性を感じ、朝鮮総督府は植民地政策の参考のために調査を行い、膨大な調査資料を残したのである。植民地初期に鳥居龍蔵、今村鞆らが朝鮮の文化や歴史に関して調査を行った。今村鞆は一八九八年に特に武断政治の直接担当の警察責任者として朝鮮に行き、終戦まで一貫して仕事をする傍ら、朝鮮民俗を調査研究した。一九一四年に出版した『朝鮮風俗集』は、『朝鮮社会考』(駐劄憲兵隊司令部編纂、一九一二年)と共に朝鮮民俗研究の草分け時代の代表作である。『朝鮮風俗集』には、一八九九年に脱稿した迷信業者に関する論文が含まれている。彼の朝鮮研究は相当早い時期のものである。

鳥居龍蔵（一八七〇—一九五三）は主に考古学的な調査を行ったが、朝鮮のシャーマニズムの最初の研究者の一人であった。彼は一九一八年には新刊紹介でカサノヴィッチの『朝鮮の巫人』(*Paraphernal of a Korean Sorcerress*)は日韓の人種学、日本原始神道等の研究をなす者には必ず参考とすべきものであると記し、朝鮮半島の固有宗教たるシャーマニズムに関心を持ち、咸鏡道と京畿道水原などで巫女の祭事、病人祈禱の状態、舞踏などを調査した。

今村鞆

鳥居龍蔵

彼らの研究は主に朝鮮総督府の嘱託として植民地政策と連携した調査ではあるが、その資料は本格的な人類学的民族誌的資料として集められたものではない。しかし、当時日本植民地政府の調査研究とはいっても朝鮮半島全体にわたる挙国的な調査であったし、当時のレベルにおいては高い水準のものであったことは間違いない。また朝鮮文化の基礎的な資料として、朝鮮人学者に強い刺激と影響を与えた。しかし戦後朝鮮総督府が残した膨大な調査資料に関しては強くタブー視された。だが韓国の近現代史の空白を埋めるためにはこれらの資料を使用せざるを得ない。そのためには資料の評価が先行されるべきである。その時代の歴史を理解し、日帝植民地統治理念と照らし合わせ、当時の風俗、民俗の資料として考察すべきであろう。

2　植民地の遺産をめぐって

戦前の朝鮮の民俗学は戦後引き継がれず、しばらくの間は空白であった。植民地当時の日本人の朝鮮研究は侵略学とされ、それに協力した韓国人は親日派とされて反民族的な者とされたりした。李能和、崔南善は親日派とされた。朝鮮民俗学会の中心メンバーであった宋錫夏が早く亡くなり、孫晋泰は戦後民族主義者になり国史学者となり、民俗学は続けなかった。

朝鮮総督府が残した調査資料については戦後の韓国民俗学・人類学の研究者たちの意見はさまざまであった。当時李杜鉉は一九二〇―一九三〇年代に収集された衣食住と風俗に関する各種の報告書は民俗資料として時代的価値があるが、その利用については歪曲された観点を警戒すべきだと述べている。李の指摘は全面的にその資料について否定的な立場とはいえない。ただ「歪曲された観点」ということは植民地主義などを指すものである。研究者が資料を扱う時、当然資料検証の必要性があることを指摘したものである。

印権喚は日本人の調査研究があくまでも植民地統治の資料を得ようとする政治的な目的から始められたことと、その方法においても強圧的行政力を動員した報告形式の間接的調査であり、しかもそれ自体も任意に修正を加えるに至って、民俗としての生々しい正確な現場性が欠如しており学術的な面とは距離があるという。「政治的目的」「強圧的行政動員」「間接的調査」などは調査資料の質の問題にはなるかもしれないが、「調査の任意的修正」という指摘は資料の本質に関わる点で、これが事実であれば資料としての価値はないことになる。なぜなら任意に修正された資料であれば資料として利用できないからである。

しかし考えてみると、政治的目的に合わせて任意に修正したということになれば植民地政策資料にもならないはずである。はたして植民地政府が任意的修正をする必要性があったのであろうか。大部分の資料は基本的には政策のためであり歪曲する理由もなく、そうする必要もなかったはずである。植民地主義には十分注意すべきであるが、膨大な総督府の調査資料が「任意的修正」だという言葉は当てはまらないと私は考える。

韓国民俗学と文化人類学は国粋的な反日的民族主義的傾向が強い。反日感情がいかに強かったかは朝鮮総督府庁舎の建物の撤去を反日的な立場からバックアップしたことからも窺える。このような感情は韓国人だけではない。日韓文化の研究者が国家意識を強く持っており、研究者の国籍や民族によって結論が予想できることがある。たとえば、日本人による歴史の研究が日本に有利になったり、韓国人による歴史の研究が反日的になったりする場合がある。つまり国家意識によって研究内容まで変質する。これは自国民俗学の弱点をそのまま見せているといえる。

3　敵国としての日本研究

日本植民地残滓の清算と反日感情の立場から、隣国である日本に関する研究は閉ざされていた。一九六五年、韓国と日本の国交正常化、経済関係の緊密化にともなって、日本研究が必要となった。それは敵国の日本を知るためであった。当時、日本研究をすること自体が社会的に白眼視された。一九七〇年代、私は日本学科に入学を希望している数人の学生から面接の時、中国の古典『孫子兵法』の如く、「まず敵を知って、そして自己を知っていたら百回戦っても危険ではない（知彼知己百戰不殆）」という言葉を引用しながら敵国である日本に勝つために日本学科を希望したという言葉を聴いていささか疑問を持った。それは予備校などで指導されている言葉であることを後で知ったが、そのような態度は一般常識であったのである。

当時の風潮から私は日本研究をすることによって、周囲のとげとげしい眼を意識しなければならなかった。容易に日本学を進める方法は日本を悪くいいながら講義することが戦略的にも安全な方法であった。私の同僚たちもそのように日本について悪くいいながら講義していたことを知っている。しかし私はそのような方法をとらなかった。客観的に講義するということを宣言した。日本については全面的に肯定的に見るということではなく、少なくとも悪口から入ることは控えるという態度であった。

このような態度について学生たちや周辺の人から激しく非難が飛んできた。ある学生は「親日の先生の講義は受けないように」と煽動した。私は怒って彼を受講生の名簿から外した。数日後、彼は数人の先輩とともに焼酎を持って私の家を訪ねて来て謝ったので、私は和解をした。

このような反日感情は時の流れによって自然に濃度をうすめていくとは考えられない。むしろ、それは再生産され、国家や民族にダイナミックに影響していることが窺われる。つまり、それらは植民地史自体の本質によるというよりも、戦後、植民地から解放された国々の国家建設において旧宗主国への反感が大きく作用するポスト植民地主義の中での現象といえる。日韓比較研究の国際学術会議が頻繁に開かれたりするが、口論で終わることも多い。

しかし日本との交流はどんどん進んだ。「敵対視の反日的日本研究の目的」は皮肉にも日本研究に活力を注いだ。そして日本研究への肯定的なイメージに転換していくようになったのである。私立の韓国外国語大学に日語学科が新設され、ついで一九六二年、私立夜間大学である国際大学に日本語日本文学科が新設された。一九七二年、高校の第二外国語の選択科目に、日本語が追加された。一九七三年二月、韓国日本学会が誕生した。それ以降、高校生の日本語学習者が徐々に増加し、日本語日本文学科を開設する大学が漸次増加していった。一九八二年、高麗大学が日本語日本文学科を設置した。

そして国立総合大学として済州大、全南大、釜山大、慶尚大、全北大などに開設された。これらの大学における日本関係学科名は、「日語日文学科」「日語教育科」「日本語学科」などであり、「日本学科」と称しているものは、一校（啓明大学・大邱）のみであった。しかしカリキュラムはまだ日語日文学が中心であった。私はそれにエリア・スタディのように政治、経済、民俗、宗教などを加えるようにした。当時、教務部長は私が自分の専攻のために学科を作ろうとするのだと誤解し、反対したが、アメリカ育ちの総長は私の意見をバックアップしてくれた。しかし、担当者が動かないので難しくなった。しかし私は譲らず、日本学科を維持し発展に努力した。それから二十余年後の今日では日本文学中心の「日語日文学科」類は日本学科へと変わる傾向が強くなっている。

4 自文化中心の研究

韓国の人類学者たちが自文化中心に研究してきたのは、西洋植民地政府が人種的に異なり、文化的な格差のある地域の植民地について研究したこととはまったく違う。つまり韓国の人類学や文化人類学が国内学であるということである。民俗学者からはなぜ人類学者が国内の民俗学をやりながら人類学というのかと皮肉と批判の声もあった。つまり、民俗学会（一九六九年）としばらく弁別しにくい状況だったのである。植民地を持った経験のない韓国は日本と違って異国を研究するという人類学への理解がほぼなかった。ただアメリカの教育システムで文化人類学が登場した。それを自民族についての研究として受け取った。つい最近まで国内農漁山村での現地調査がすべてであった。済州島や慶尚道安東などの出身の人類学者が自分の故郷やその周辺を調査・研究した例が多いし、庶民の民俗を研究する民俗学は李氏朝鮮の両班（貴族）を研究する者が多く、日本などの国とは非常に異なった現象が起きた。ごく最近になって海外旅行が自由となり、外国での研究が始まったが、まだそれも異民族・異文化を対象とするより、主に海外の朝鮮族を対象としている。つまり韓国の文化人類学者たちは現在まで自文化研究をしてきたのである。

それについては二つの理由が挙がっている。一つは研究できるほどの財政的支援がなかったから精々韓国の山村や離島、及び漁村や農村、都市地域などにおいて伝統的慣行の調査や民族誌的な現地調査を中心にした自文化研究を行っていたということである。もう一つの理由は、過去の調査・研究が植民地統治を目的とし偏見や優越主義があったため、誤った解釈に陥ることが多かったので、そのような誤りを正し、妥当な解釈に至ることを目指す文化人類学者の自文化研究はきわめて重要であるということである。

また欧米の文化人類学者や民族学者も自文化研究に方向を変える傾向も出てきた。民俗学者や文化人類学者が自文化研究や他文化研究を行う必要もあるが、あまり極端に走りすぎると、自民族中心・自文化中心の文化国粋主義、あるいは他民族中心・他文化、特にアメリカ中心の文化事大主義的な傾向を帯びることもある。特に現在韓国の民俗学は自文化研究の最もはまりやすい陥穽といわれる国粋主義、民族主義に深く染まっている。彼らは民俗学の起源を日本人学者の先行研究を排除して二人の韓国人研究者に求めたのである。

崔南善と李能和は檀君神話を巡って日本人学者の説に反論し、一九二七年に雑誌『啓明』一九号（啓明倶楽部）に韓国民俗学における特記すべき論文を発表した。崔南善は反日独立的であり、三・一運動の時「独立宣言書」を書き、朝鮮民族のナショナリズムの基礎を作った人であり、民族主義色の濃い論文を書いたのである。彼は出版時の言葉で「朝鮮学の建設のための初歩である」と宣言し、朝鮮文化がアジアの中心であるという内容の「不咸論」を発表した。少なくとも朝鮮文化は日本からではなく、大陸からであると考え、満蒙・シベリアのシャーマニズムに関心を持って「薩満教劄記」を書いた。

李能和は「朝鮮巫俗考」の文末で、日本の神宮の「神宮」が朝鮮の「天君」、「巫」を「市子」と呼ぶことも朝鮮古代の「神市」を連想させると述べ、朝鮮からの起源を述べた。

5　反日からの日本研究

日本は一九二五年に、京城帝国大学（法文学部・医学部）を設置し、そこで日本式の高等教育が行われた。戦後韓国の大学では戦前の教育を受けた「日本語世代」が戦前の研究を引き受けた。しかし戦前でも韓国人による日本研究はほぼ皆無であったし、戦後もしばらく日本研究はタブーであった。

まったく新しく日本研究が芽生えたのは大学院に碩士（修士）課程、博士課程が設置されてからであった。韓国外国語大学の通訳大学院に韓日科が置かれ、いくつかの大学に研究所が付設された。それにともなって研究者も徐々に増えた。

一九七三年二月に韓国日本学会が創立され、さまざまの分野の日本研究者が顔をそろえるようになった。分科研究会（語学・文学、歴史・民俗、思想、教育学、人文関係）を作り、各分科研究会で、それぞれ月例会も行った。また、年二回、全体的な学会を開き、学際的な情報交換をしており、年一回国際学術会議を開催した。

学会誌『日本学報』のほか「日本文化叢書」（『日本人の美意識』『日本語の構造』『日本の近代化と知識人』『日本近代法制史』『日本文学概論』『日本科学史』『日本経済史』『教育哲学』）などを刊行した。現在会員二〇〇〇人弱であり、年予算が一億二千万（二〇〇四年度一億一八五六万八五〇七）ウォン（約一〇分の一円）である。

他に韓国日語日文学会と現代日本研究会などがある。前者は日本語日本文学の専門学会として一九七八年に創立された。後者は一九七八年に現代日本の政治、経済、社会の研究を目的とし、関連分野の学者で構成されている。韓日「法と社会」研究会は一九八〇年に発足した研究会で、法学的立場からの日本研究を行って、研究発表会や研究誌の発行などの事業を行っている。

日本研究が本格的に始まってからの歴史はきわめて浅いが、それ以前の日本による統治という経緯があるため、日本語を理解し、日本語を用いて研究のできる学者の数は把握不可能なほど多い。日本の大学に留学した日本研究者も増えている。さらに大学で日本関係の講義をしている教員や、日本関係の学会に所属しているメンバーも多い。

一九八三年に設立された比較民俗学会は、近隣諸国の民俗と文化を調査し研究するが、初年から日本への関心が高く、一〇年間の論文八九編の中には日本に関連する論文が一八編（二〇％）ある。一九八四年八月には沖縄現地民俗調査及び研究発表会があり、沖縄は現地調査地として関心が寄せられた。

結び

戦前、朝鮮総督府の膨大な調査と日本人学者の支配的優越に対して朝鮮人学者たちは抵抗をしながらも、それから刺激を受けた。つまり、反植民地・反日のナショナリズムから強く刺激されて朝鮮民俗学をやり始めたのである。戦後、韓国は植民地支配のために作られた慣習、制度、風俗などの調査資料を負の遺産として持ち、自文化中心の研究をしている。その自民族の文化を中心に研究する時の弱点が最も強く現れ、民族主義的傾向を示している。しかし他方、アメリカや日本などに留学した人を通して文化人類学、民俗学理論や方法論を客観的に発展させることも可能になっている。

植民地時代から引き続いている反日的なナショナリズムは、日本研究を蔑視し、敵対視することから日本への関心を惹き起こして、それが日本研究の活力になっているのである。そして、国際化に向かって日本研究はナショナリズムを超えて新しい次元へ突入するようになった。植民地の偏見やネガティブな態度という負の遺産を逆に活かした良い例であろう。

韓国における日本研究はまだアカデミズムの中で、完全に正統的な地位を得ているとはいえないが、反日的知識人もほとんど影をひそめるようになり、日本を外国として考え、理性的で素直な感情で日本を見ることのできる若い世代が増加しつつある。日本語教育も近年急速に盛んになり、日本語学習人口は七〇万人に近いといわれている。

参考文献

青木保「東南アジアにおける文化摩擦の一類型」『文化摩擦の一般理論』大林太良編、巌南堂書店、一九八二年。

秋葉隆『大東亜民族誌』近訳書店、一九九四年。

朝倉敏夫「朝鮮半島」『鳥居龍蔵の見たアジア』国立民族博物館、一九九三年。

泉靖一・村武精一『日本民族学の回顧と展望』日本民族学会、一九九六年。

岩崎継生「朝鮮民俗学界への展望」『ドルメン』四月号、岡書院、一九九三年。

川村湊『「大東亜民俗学」虚実』講談社、一九九六年。

崔吉城『親日と反日の文化人類学』明石書店、二〇〇二年。

崔吉城編『日本植民地と文化変容』御茶の水書房、一九九四年。

崔吉城・原田環編『朝鮮と台湾の植民地』第一書房、二〇〇七年。

全京秀著・岡田浩樹訳『韓国人類学の百年』風響社、二〇〇四年。

鳥居龍蔵『人類学雑誌』三二巻四號、一九一七年。

藤本英夫『泉靖一伝』平凡社、一九九四年。

三品彰英「朝鮮民俗学：学史と展望」『日本民俗学大系』一、平凡社、一九六〇年。

森雅雄「英国社会人類学と間接統治」合田涛・大塚和夫編『民族誌の現在』弘文堂、一九九五年。

梁永厚「朝鮮民俗学の苦難」『三千里』三千里社、一九八〇年。

李杜鉉・張籌根・李光奎著、崔吉城訳『韓国民俗学概説』学生社、一九七七年。

Shigeru Sato, *War,Nationalism and Peasants,* Allen & Unwin Pty Ltd. 1994.

Jan Bremen and Akitoshi Shimizu ed., *Anthropology and Colonialism in Asia and Oceania,* Curzon, 1999.

Jan Bremen and Akitoshi Shimizu ed., *Wartime Japanese Anthropology in Asia and the Pacific,* Senri Ethnological Studies no. 65, National Museum of Ethnology, 2003

Nicholas B. Dirks ed., *Colonialism and Culture,* The University of Michigan Press,1992.

Ramon H. Myers & Mark R. Peattie eds., *Japanese Colonial Empire, 1895-1945* Princeton Univ Pr.; 1987.

Bill Ashcroft/Gareth Griffiths/Helen Tiffin, *The Post-Colonial Studies Reader* 2nd ed. Routledge, 1995.

Harumi Befu/Josef Kreiner eds. *Othernesses of Japan,* Herausgegeben vom Deutschen Institut für Japanstudien der Philipp-Franz-von-Siebold-Stiftung, 1992.

Nicholas Thomas *Colonialism's Culture,* Polity Press, 1994.

Japanese Studies around the World, International Research Center for Japanese-Studies,2005.

中国文化の領分と日本文化の領分
——ヨーロッパの観点から——

ウィリー・ヴァンドゥワラ
（翻訳：松井　久）

1　理論的考察

タイトルが示すように、この小論の主題は境界線に関するものである。日本文化の理解は、歴史的に多くの段階を経てきたし、言うまでもなく現在も変化し続けている。日本文化の理解に関する記述的分析には、可能性として少なくとも三つのレベルが区別できる。すなわち、日本についての通俗的な理解のレベル、日本についての学術的な研究のレベル、更に日本文化・社会についての筆者自身の個人的な解釈のレベルの三つである。これら三つのレベルはある程度互いにもつれ合った縄のようなもので、それらを解きほぐすことが完全にできないかも知れないが、この小論の狙いにとって最も重要なのは、どのレベルにおいても、見たところ、解釈の図式の観点が、二つの極の間を揺れ動いているという事実である。つまり、それは一方では、日本をアジア文化、より狭く言えば、中国文化の枠内に組み込むか、他方では、日本を他のアジア諸国から切り離して、日本を特殊な、独特な事例として扱うかの両極である。もちろん、日本人による自己記述も同様に、この二つの極の間を揺れ動いていることも言うまでもない。それだけではなく、この自己記述というものは単なる記述と規範を示す論説の間を揺れ動いていることも事実である。一方では、論者が自分が理解したと信じるところを単にありのままに記述するだけであるが、他方では、日本文化のあるべき姿をどうにか理想像として論述するのである。後者のアプローチの有名な例の一つに、福沢諭吉によって詳しく論じられた脱亜入欧論がある。また、三島由紀夫による、日本文化の堕落という見方も、川端康成のいくつかの小説に見られる、日本文化への挽歌のような見方と同様、理想像を前提とした分析の一つである。

本問題に有意義に接近するためには、先ず定義上の問題をクリアする必要がある。とりわけ「文化」という用語はこれまで様々な仕方で定義されてきたし、一般に認められている定義が存在しているようには思われない。たしかに今日的な意味での「文化」は、人類学の分野において科学的概念として形成されたのだが、今や文学から政治科学に至るまで、すべての人間科学の基礎概念となっている。さらに、同概念の定義自身が文化的文脈に応じて決定されていることも明らかである。しかし、それぞれの文化によって「文化」の意味に関するアプローチが異なるとはいえ、それらすべてが強調している点がある。すなわち、それらは「文化」を「観念を形成する現象」と見て、その語を用いて「心的活動の繰り返し起こるパターン、つまり、ある特定の集団の成員に共通する思考や理解、感情の習慣」(Duffield 1999, p.769) を記述しているのである。「文化」とは、概して観念と価値と規範とを包摂する一個の包括的な概念として特徴づけられる。さらに、「文化」は、「単に共同体を構成する個々成員の特性としてではなく、共同体そのものの特性と」(Duffield 1999, p.770) たいていは考えられている。つまり、「文化」はある社会システムの成員たちに広く分有されたものなのである。また、「文化」はきわめてゆっくり変化し、それゆえ長い期間を通じてむしろ安定した現象である、ということでも意見の一致を見ている (Risse-Kappen 1997, p.209 ; Duffield 1999, p.770)。これらの定義や指摘を私が政治科学分野の著述から取り上げてきたのは、「文化」が国民 nation や国家 state といった概念と緊密に結びついているからである。国民国家や、それを模した国家が、優勢な国家形態となっている国際的な文脈において、「文化」という概念は政治的な色彩がかなり濃厚なものである。こうして文化というものは、確かに安定し遍在する現象ではあるが、時がたてば以前とはまったく逆の姿に移り変わりかねないようなものでもある。これは重要な指摘である。というのも、われわれは本質主義と全面的脱構築の立場との中間に留まるべく努めなければならないからである。

表面上とはいえ、それぞれの個別の文化が顕示する連続性の核をなすもの、実際にそれぞれの文化の主要な特質をなすものは、言語に他ならないとわたしは確信している。言語とは、一揃いの音韻論的規則と形態論的規則、さらに語彙と一揃いの統語論的規則とが総合したものである。語彙は外からの影響を極めて受けやすいが、それに比べると形態論、音韻論、統語論は外的影響を受けることがはるかに少なく、結果として比較的安定した複合体をなしている。さらにそれらの複雑さは、簡単には乗り越えがたい障壁となっている。大人も子供も、最初の言語習得で母語ならではの流暢さを身につけたときに行った芸当を、簡単に繰り返すことは出来ない。他の言語で母語並みの、あるいはそれに近い流暢さを身につけることは、極めて長時間を要する、骨の折れる過程なので、いかなる共同体も一世代で言語を取り替えることなど出来る筈はない。共用の音韻論、形態論、語彙、統語論から成る複雑な全体を取り替えることには、少なくとも二、三世代は要るものであり、したがって、言語は、「文化」と呼ばれる可変的システムの中で、もっとも永続性のある要素の一つであると言っても過言ではない。こうして言語は見事な境界なのである。宗教が文化のさらに決定的な特質であると主張する人もいようが、私は、宗教もまたたいてい聖なる言語によって伝達され、その聖なる言語に熟達することが、ある宗教文化に属することの決定的な基準となっている、と主張したい。さらに、宗教だけが文化を定義するに足る基準とみなされるのなら、世界はあまりにも限られた数の文化に分けられることになり、「文化」はカテゴリーの用をなさなくなるであろう。もし宗教が決定的な基準であるとするなら、文明という用語の方が当て嵌るものであろう。そういう風に限定すれば、「文明の衝突」として知られるサミュエル・ハンチントンの仮説というか予言というか、「パラダイム」というものから僅か一歩しか離れたにすぎない立場になってしまう。ハンチントンは世界秩序が文化に基づいた境界線に沿って再編成されるとしているが、これは、実際に実証されたことのない、文明の極めて単純な定義に基づいた見解である。付け加えると、その発想そのものも実際別の学者から借りてきたものである。この学者、回教文明史の専門家であるバーナード・ルイスは、『イスラム教徒の怒りの根源』(一九九〇年)と題された小論文の中で、この「文明の衝突」という考えを初めて提起した。しかしルイスが提起した衝突がキリスト教文明とイスラム教文明の間の衝突に限定されていたのに対して、ハンチントンは実証がずっと困難に思える、より普遍的な主張をしている。さらに「イスラム教文化」等は抽象的に研究することができないもので、それを具体的にアラブ語で、ウルドゥー語で、ペルシャ語で、インドネシア語で、クルド語あるいはトルコ語等を通じて研究しなければならないのである。因みに、興味深いことに、ハンチントンは日本文化を地球上の七つか八つの主要な文化のひとつとして定義している（Huntington 1991）。

「文化」と同様、「アイデンティティ」という用語も定義上の合意を欠いている。この語の起源は社会心理学にある。社会心理学では、アイデンティティは、一人の行為者が保有し、有意義な「他者」との関係を通して展開されていく（そして変更されていく）個性と特性（「自我」）に関する諸種の心象という様に定義される。したがって「アイデンティティ」という用語は、自我像と他者像に関する、双方の間で構成され、時間を通じて変遷していく心象を示している（Jepperson et al. 1996, p.59）。ウェントはアイデンティティを、「自我に関する、それが演じているそれぞれの役割に特有の、比較的安定した理解と期待」と定義している。このような自我についての理解と期待は、「行為者たちが集団として自分自身について、そして互いについて抱懐している諸理論に根拠を持っており、その諸理論が社会の構造を形作るものである」（Wendt 1992, pp.397-398）。したがって、社会的アイデンティティは、社会システム中の他の行為主体と関係付けられた自我についての特有な概念からなっており、こうして、特定の利害関心を生じさせると同時に、政策上の諸決定を方向付けるのである（Hansenclever et al.2001, p.186）。一方、国家には「自我」に対応するものがないとしても、国際政治におけるそれぞれの国民が集合的なアイデンティティを構築・投射しているものとみられ、国家は行為者のように振舞っている（Jepperson et al. 1996, p.59）。それゆえアイデンティティは国民性 nationhood と国家性 statehood とのいずれもの構築を指す語として用いられうる。国民性は、集団としての特殊性と目的に関する、国民ごとに異なるイデオロギー（国民的アイデンティティ）を指すが、他方、国家性は、国家主権が国内レベルで具体化し、国際的レベルに投射される際の、それぞれの国ごとの違いを指している（*ibid.*）。この分析からして、文化と同様、アイデンティティは所与の社会システムの多数の成員が共有しているもので、比較的安定した現象であり、社会化の過程を通して内在していくものであることが分かる。私がこれらの定義を敢えて政治学の領域の諸種著述から取り出してみたのは、以下で示すように、文化はその深層に政治的側面を多く包含しているからである。

文化とは境界線を画すものである。自らの過去を作り上げることによって、国家や国民は境界線を引くのである。多くの国家、歴史を生き残ってきた国家のおそらく大部分は、当の国家が自分自身のものであると主張している文化圏にはもともと属していなかった地域をも含むような境界線を引いている。例えばタイは、明らかに文化の異なる、伝統的にタイ王朝の領土に属していなかった地域を、自分の文化遺産に組み入れている。しかし、そのような国家が自己の文化史を語るとき、昔時と現在とを繋ぐ連続性はどう見ても疑わしいのに、このような地域の文化遺産をも勘定に組み入れるのである。同じことが中国にも当てはまる。中国は、所与の文化現象が生み出されたとき、中華帝国の領土に属しておらず、中国語を伝達手段の言語として用いていなかった多くの地域の遺産を回顧的に自分のものであると主張する。さらには、本国の勢力は近代の水準からすればそれほど及んでおらず、境界線もずっと拡散して曖昧であった時代に、「属す」ということが何を意味していたのだろう。時間をさかのぼって、自己自身の文化の先祖とは異なり、しばしば敵対さえしていた政治的存在と明らかに結びついていた文化を、自分のものであると主張してもよいものだろうか。

今回のシンポジウムの参加者に対して立てられた問題の一つは次のようなものである。「文化の間には、文化相対主義という文化人類学の仮説が考えるような通約不可能性が存在するのだろうか。さらに個別的に言うと、外国人には日本を実際に〈理解する〉ことはできないという主張にはなにか根拠があるのか」。私は文化相対主義それ自体の妥当性を拒絶しないが、通約不可能性というのはあまりにも過激な概念だと思う。それは、ある文化の外部者は永遠に外部者のままであり、逆に内部者は認識力と理解力を完全に身につけた内部者である、という仮説を前提としている。相対性は両方の方向に働くものでなければならない。外部者も内部者も程度の差の問題に過ぎない。どちらも断絶のない同じ物差しの目盛りの上のどこか一点に位置しているものに過ぎない。通約不可能性というものは、変化の可能性、学習の実効性を否定し、個人もしくは社会が、発達して、微々たる量的変化を重ねることによって終に質的な跳躍を成し遂げ、収斂状態へと向かう能力を持つことを否定する。逆に自らの文化に完全に通じ、余すところなく認識する能力を持つような個人もまた存在しないので、個人と、その個人が自分を同一視する文化、あるいは、その個人が他者によって同一視される文化との間には、ある程度の差異が常に残ることになる。時間さえかければ、その数は多かれ少なかれ一部の外部者が、熟達した内部者になることができる筈である。日本人が西洋の古典音楽を完全に体得した一例が思い浮かぶ。それには時間がかかったであろうし、明治時代の西洋音楽の実践は、実際真似事に過ぎなかったかも知れないが、第二次世界大戦後、西洋式の日本の音楽は成熟し、武満徹（一九三〇―一九九六）のように、高い水準と高い独創性を持った芸術作品と音楽家を生み出すに至った。あえて思弁的論証を引き出すなら、ヘーゲルの以下の言明に同感である。

「しかし以下のことが明らかになった。つまり、一般に、存在の変化とは、ある大きさが別の大きさに移行することであるだけでなく、質的なものの量的なものへの移行、その逆の移行でもある。つまり、漸進性の中断であり、先行する実存に対して質的に他なるものになるという意味で、別のものになることでもあるのである」（Hegel 1812, p.440）。

多くの小さな量的変化が究極的には質的変化に転じうる。文化間の障壁は進入不可能なものではないし、そうではありえない。実際、それらの障壁は永続的に、ゆっくりとではあるが確実に、翻訳から始まる過程の中で、崩れ落ちつつあるのだ。そしてそれらの障壁が崩れ落ちていく過程は翻訳から始まるが、時間を経て、最後には、われわれが今グローバリゼーションと呼ぶ過程に落ち着く。「翻訳」という用語は、自ら単純素朴な響きを持つが、その実、きわめて複雑なメカニズムの一部なのである。

2　日本文化

イマニュエル・ウォーラステインは文化という概念に二つの異なる側面を区別した。一方でその用語は、個々の社会の中で、「『基盤』であるものに対する『超構造的』なもの」（Wallerstein 1990, p.32）の水平的分割を指示する。この意味で、文化は、技術や経済といった、社会におけるより物質的な要素から区別されなければならない。しかし、他方で文化はまた、日本文化を共有する集団、または中国文化、西洋文化、ドイツ文化を共有する集団というように、人類をそれぞれ異なった集団に分離する垂直的な分割を意味する。「文化」という概念は、古い由来を持ち、意味の興味深い展開をしてきた。その最も早い段階、一五世紀と一六世紀に遡れば、それは心的道徳的陶冶、作法の洗練、知的芸術的嗜好・創作の高い達成度に近い意味を持っていた。近代になって、文化という概念は新しい、より包括的な意味を与えられた。ある民族の(限定された発達段階という含みを持った)文明、ある個別の社会の風習と信仰という意味である。「陶冶、洗練」という意味を持っていたとき、文化は人類を統合する概念であったが、「ある特定の」社会の、という内包を持つようになったとき、人々を区別する概念になった。第一次世界大戦まで、今われわれが文化と呼ぶものは、たいてい「文明」と呼ばれていた。第一次大戦後初めて、われわれが現在「文化」に結びつけている意味をドイツ語から取り入れ、ほとんどの西洋言語で通用するようになった。類似の内包をもつ二つの用語が併用されるようになった以上、それらが共に存在していること自体が、それらの使い分けをはっきりさせるのを促す傾向にある。このように、「文明」と「文化」という語は相互補完的な用語として一組のものとなった。

しかし、英語圏諸国の研究者に完全に無視されているわけではないが、しばしば見逃されているのは、文化の古い定義、新しい定義の両方の定義における言語的な構成要素である。洗練され、陶冶され、教養のある人は必ず主要な文化的伝統の媒体・伝達手段である言語を身につけている。ヨーロッパではその媒体は長い間ラテン語とギリシャ語であったが、一八世紀に入れば恐らくフランス語も含んでいた。一方、ある特定の発達水準に達した社会を統合するのも、ほかのどんなものよりも、共通言語である。

日本の場合は、第一の意味から第二の意味への移行を確認するのがむずかしくない。明治時代初期、「culture」は、現在われわれが期待するように「文化」としてではなく、「文明」(たいていは「civilization」と翻訳される)と呼ばれていた。文明は西洋化の表れであった(ウォーラステインのいう第一の意味の内包に相通ずるものがある)が、大正時代以降、その意味は第二の意味の方向へ次第に進み、徐々に日本の独特さを基調とした諸種日本文化論の基礎を生じた)。では明治時代以前には「文化」のようなものは存在しなかったのであろうか?　一五世紀と一六世紀のヨーロッパで用いられたような、初期の意味とほぼ一致する、第一の意味では、存在していた。日本でもまた、文化は陶冶・教養のことを意味していた。このことは一揃いの洗練された作法とふるまいの型、更に言うまでもないが知的たしなみと文明言語の駆使も含意していた。日本では、古典日本語（文語）の駆使、さらには古典中国語の翻案である漢文の駆使が前提となっていた。これら二言語の併用は一種のダイグロシア（二言語変種分用）であり、知的階層がギリシャ語とラテン語を使いこなせた古代ローマで多く見られたものと似ていなくもない。

歴史を通じて日本の文化的同一性の諸定義は常に、中国とアジア（特にインドと中央アジア）の自己定義を前提としていたが、明治維新以降は、論理的、先進的、科学的、個人的、能力主義的という、「欧米」の自己定義に依拠して形成されるようになった（姜・村井　一九九三）。それゆえ、「文化」という概念が平面的内包から垂直的内包へ移行したとき、その内容に相当な調整を行う必要が生じた。二〇世紀初頭に歴史学者が日本の上古史を再発見したとき、その再発見は大いに歓迎された。というのも、それによって日本人は、日本文化の起源を非中華的起源にまで遡り、その結果「日本」をより広い東洋（the Orient）からより明晰に区別できるようになったからである（Tanaka 1993, pp.153ff）。

私がしばしば観察してきたことであるが、アメリカ人が、話すときであれ書き物をするときであれ、ヨーロッパという言葉を使うほとんどの場合、フランス、ドイツ、あるいはイタリアのことを意味していることが分かる。イギリスは普通ヨーロッパの範囲に含まれておらず、残りの、ヨーロッパ大陸の国々はなきに等しい扱いをされる。こういった表象の単純化は対象が遠く離れていることによるもので、情報の乏しさと情報伝達の欠如、または言語の障壁、もしくはこれらすべての複合的な結果である。情報伝達の密度は、人口、言語の重要性、その言語の他の言語圏への浸透の度合いといった一連の要素の関数であるが、過去はもとより、おそらく現在においてもそうであろうが、距離は、まずは地理的空間的な距離のことであるが、同時に、主観的親近感と見地の問題でもあるのだ。いずれにしても情報伝達の密度を決定する条件の一つであると言ってよいだろう。そうすると文化の間を隔てる距離をいかにして測るべきかが重要な問題となる。

ヨーロッパ人は従来極東というのを一つの塊と見なす傾向があったし、いまもなおそのような傾向が続いているように見受けられるが、これも距離の感覚が同じく働いている結果と見てよいだろう。ヨーロッパ人が極東を思い浮かべるとき、建前としては中国、日本、韓国をまさにこの順番で含意しているが、たいてい彼らが実際意味しているのは中国のことなのである。日本は一九七〇年代と一九八〇年代にその経済力によって国威を海外に伸張して、注目を浴びたとき、その三つの国の中でもっとも象徴的、代表的な国として実際中国に取って代わったかに見えた。ところが、近年、中国の驚くべき経済成長や、国際舞台での地位の上昇や、それを取り巻くメディアの情報宣伝やらで、中国は再びヨーロッパの極東表象において中心的な位置を取り戻したように見える。

一九世紀後半、アヘン戦争と明治維新の後に同様の展開が見られた。同時代のヨーロッパ人には、日本は、その三つの国の中で、近代国家への変容に唯一に成功した国であると見えたことに疑いの余地はない。その結果、ヨーロッパは日本の事物に対して鮮烈な関心を寄せた。日本の事物は一八六七年のパリの博覧会や一八七三年のウィーンの博覧会のような万国博覧会で目玉になっていた。この趨勢は万国博覧会の最盛期が続いていた間は二〇世紀にも持ち越された。

3 歴史的視点からの極東の研究

新参者である韓国の研究は別として、日本と中国の研究の領域では、同様の優先順位の変動があったことに、われわれは気づく。フランスでは中国の研究の方が早かった。フランスにおいて、ジャン゠ピエール・アベル゠レミュザ（一七八八—一八三二）とスタニスラス・ジュリアン（一七九九—一八七三）は中国学の先駆者であり、最初の日本研究専門の教授が登場するより何十年か早かったが、彼らはある意味で、長年続くフランスと中国との親交の継承者であった（小野、二〇〇六）。フランスにおいて日本研究の最初の教授はレオン・ドゥ・ロニーであった。彼は一八六八年東洋言語の専門学校の教授に任命された。彼は一八七三年に設立された「日本、中国、タタール、インドシナ研究会」と最初は名づけられた学会の創始者の一人だった。この学会の名称の中で「日本研究の会」という部分が学会誌の扉に肉太の活字書体で印刷されていた。一八八七年二月二一日の定例会議で、この学会は名称の変更を決め、以来、「中国・日本・南洋学会」として知られるようになった。この名称の「中国・日本学会」という部分が学会誌第七号以降は扉に肉太書体で記された（tome septième 1888）。これは言語学者が類像語法、つまり現実に観察される関係をなんらかの方法で模倣した語法と呼ぶ事例である。この学会誌の名称の変化は、極東を構成する国々のヒエラルキーにおける序列に関してヨーロッパ人の理解が徐々に変わりつつあったことを示しているように思われる。これは些細なことだと考えるかもしれないが、この些細なことが深層にある評価と理解の表れなのである。

興味深いことにドゥ・ロニーは専ら日本研究をしていたわけではない。彼は他の東洋言語に加えて、中国語をスタニスラス・ジュリアンの下で学んでいたし、道徳経から山海経に至るまで、中国古典を主題にした著作も多く著した。一般的に言って、東洋学者を以って自任する学者は、日本研究と中国研究を兼ねることが多かった。日本研究は中国研究の延長線にあるもの、あるいはその副産物と見られる傾向が強かった。これは先に述べた距離による見方と、更にヨーロッパの東洋研究者の先入観と大いに関係している。かれらは文献学者であり、研究の対象であったアジア社会の中でも特に知的エリートの文化に主に関心を寄せていたのである。

オランダでは最初の東洋学専門の教授はジョセフ・ホフマン（一八〇五—一八七八）であった。彼は中国学者というよりも日本学が主であった。フォン・シーボルトが一八二八年にヨーロッパへ帰る旅の折、連れて帰ってきた助手であった、コ・ツィン・ツァンという名の中国人に日本語を学んだのであった。ホフマンは、二人の日本人、津田真道と西周の助けを得て、中国の古典『大学』に基づいた日本語の入門書を編纂した。この入門書は中国語のテキストの書き下し文とローマ字に表記したものを収載していた。彼の理解では、書き下し文が日本語を代表するに足るものであった。別の言い方をすれば、江戸弁を基にした口語ではなく、漢文調の日本語こそ入門レベルで手解きするに相応しいものであった。漢文調は学問的な書き言葉の典型であって、一八八〇年代半ばまでその地位を占め続けていた。

一八四七年には早くもオーストリア人で、独学の学者であったプフィツマイアーが、*Sechs Wandschirme in Gestalten der vergänglichen Welt* という本を出版した。それは、柳亭種彦作『浮世形六枚屏風』のドイツ語訳、ヨーロッパでは最初の日本の小説の翻訳といわれている。一八七一年彼は『日本語辞典』の第一部を出版した。また一方、中国学方面の数多くの論文をものした（Pantzer 1987）。イギリスの有名な翻訳者で、これもまた独学の学者であったアーサー・ウェイリー（一八八九—一九六六）も、教授職に就くことはなかったが、中国研究と日本研究を兼ねる学者の典型であろう。彼が出版した著作は、古代中国を扱った『古代中国の三思想』、『九歌』、また一方、『枕草子』、『源氏物語』、日本の詩歌の名訳を数多く世に送った。日本研究の担い手とされるドナルド・キーンのような人も、シリル・バーチ（Cyril Birch）の『中国文学選集』に中国の連歌の翻訳を寄稿したことがある。

固定観念であるにせよ、一般論であるにすぎないにせよ、主要な文明とこれらから派生した多くの文化という観念もしくは概念が人口に膾炙している。その見方からすると、日本文化は中国文化からの派生文化とされる。が、この見方は、多種多様であり、かなり恣意的であるのも事実である。同じように考えるなら、ヨーロッパの文化はギリシャ・ローマの古典文化及びユダヤの伝統から派生したものと考えられるべきであるが、その派生性は日本文化を語る時ほど強調されない。これは、ヨーロッパ文化の場合、それが自己描写に表れている内からの観点であるのに対して、日本文化の場合、外からの見地であるという事実によると思われる。さらにはヨーロッパ文化が他の派生的文化、例えば北アメリカ文化の基礎と考えられる。

驚くべきことに、アメリカ合衆国でアメリカ研究が独立した学問としての地位を確立したのは、二〇世紀に入ってからである。反英感情と分かちがたく結びついたアメリカ建国の神話にもかかわらず、独立後も依然として文化のイデオロギーとしてイギリス式の高度な文化が規範的であり続けた。大学でイギリス文学を学ぶことはできたとしても、アメリカ文学を学ぶことはほとんどできなかった。ここでも明らかに同様の文化観が働いている。

また、いくらか違うレベルではあるが、ヨーロッパでは、古典研究とは常に古典的名作の研究に限られており、例えばラテン語の辞書には単語の古典的な意味しか挙げないのが常であった。一六世紀や一七世紀の新ラテン文学を研究するとき、入手可能な辞書では役に立たない。なぜなら、それらの辞書に新ラテン語の用法は載っていないし、新ラテン文学特有の意味も含まれていないからである。

同様に例えばタイでは、タイ語とタイ文学の研究は、独立した研究領域として確立されるのがかなり遅れた。文化的イデオロギーの観点から認められていたのは古典的伝統であり、この伝統はインドの古典テキストに記されたものであった。ヨーロッパの学問の歴史におけるラテン語の永続的な支配と同様で、パーリ語とサンスクリット語は、大多数の人に日常的に使われることもないし、文化的な表現手段として用いられることもなかったにもかかわらず、長い間タイで支配的な位置を占め続けてきた。これこそ、私が文化のイデオロギーと呼ぶものである。高度な文化の高尚な理想を構築することこそ、国家の歴史において、少なくとも国民の歴史の構成において重要な役割を果たすのであるが、実際使用され、日常的に目に見える存在としては極めて制限されたものである。

5　外来性 foreignness の構築

日本は地理的に孤立していたため、一九世紀まで「他者」を構築することが困難だった。周りに十分の「他者」が存在しなかったので、それらを故意に創造し、強調しなければならなかった。古代・中世頃、それらは中国とインドであった。とりわけ仏教の世界観が他者を想像するのに大いに役立った。この差し迫った存在としての他者が欠如していたために、日本人は自己の文化の派生性を強調することになった。そうすることによって、他者のおぼろげな現前を強め、自己に対して、国内向けに、日本が文明に加盟しているという考えを強調した。結果として、日本固有の文化が一個の構築物であるのと同様に、大陸文明に対する負債というイメージも入念に培養されていった。大陸由来たることは如何なる文化事業、如何なる文化産物にも威信を加えるものとされるようになる。一九九四年ノーベル文学賞の受賞者である大江健三郎は、平安時代においても、日本文化の内に人文主義的な底流があったと指摘している。確認してみたら、それは紛れもなく中国由来のものであった。現代の人々にとって、人文主義は高尚なる文化水準の同義語であると言って良いが、外来たることが威信を増すことになる。そうすることによって日本文化の解体を行うことが出来るし、する必要もあるが、大江には、中国文化自体もまた同じ様に解体しなければならないという認識があるかどうかする判明しない。多くの人々は中国文化は自足的な本質を持っていると思い込んでいる様である（大江　一九九二）。

他者の現前の欠如と、他者を過剰に強調する必要とは、今日でもゆるやかな、ほとんど民間伝承的なかたちで見うけられる。日本で行われる公開会議等では、話し手はしばしば彼らの名前と国旗によって紹介される。これらの国旗はそのシンポジウムやら会合が国際的なものであることを確認するためにあることは疑いの余地がない。ヨーロッパでは、官公署の主催による会合でもなければ、国旗を立てないと思う。

この他者の構築は翻訳の機構を通じてなされたし、今もなおなされている。翻訳は単に再生あるいは複製するだけの過程ではない。訳文は原文から引き離され、原文の文脈とは異なった文脈に移される。新しい文脈での意味は、不確実で、曖昧で、決定されておらず、両義的であることがしばしばある。原文の文脈と目標となる文脈の「相違」は、たいてい言外の意味のレベルでの相違であるが、明示的意味のレベルでの相違であることもある。言外の意味は、価値の相違と関係している。翻訳される文化には翻訳する側の文化より高い価値や威信がくっついている。逆の場合もあるが、歴史的には明治維新以前の日本では、現実は別として中国文化は日本文化より位が高いと考えられていた。いずれにしても和と漢の区別はヒエラルキーによって考えられている。日本の場合、大陸に起源をもつものはたいてい高い価値が割り当てられていた。「天皇」という語が典型な例である。津田左右吉は天皇という語が元々北極星を意味していて、道教の用語であったことを論証した。古代日本では、その用語が、元の意味からかけ離れた、皇帝を表示するために借りてこられたのである（Yanabu 1996, p.148; 津田 一九六三）。このメカニズムを簡単な定式で言い表すことができる。文化「A」に文化的現象aが存在するとする。他の文化「B」にaが移されるとき、aはaとしてBに移動するのではなく、翻訳を通してa'になる。したがって、a≠a'である。ここでa'はAにおいてもっていた元々の言外の意味を失う。しかし、柳父が論じたように、人間の意識はたいていa'が異なったものであることを理解せず、a'が別の文化「B」でもaであると信じがちである（Yanabu 1996, p. 149）。彼は以下のような例を提示している。普通の日本人はたいてい「権利」や「市民」といった単語が、本当に日本語であると信じているが、西洋文化に精通している知識人は「権利＝right」、「市民＝citizen」と考える。彼はこれらの判断はどちらも正しくないと主張する（Yanabu, 1982）。しかし、柳父は時間という次元を見失っていると私は指摘したい。時間の経過とともに自国のものとなっていく過程が存在する。確かに「権利」は元々日本語起源の言葉でも概念でもないし、また「right」という英語の完全な複製でもないかも知れない。しかし、時間の経過とともに一貫して「right」の等価物として繰り返し用いられると、それは最終的にその完全な複製になってしまうのである。ある意味、それは「right」という英語の単語の暗号になるのである。言い方を変えれば、明示的意味だけでなく言外の意味も元々の原語に限りなく近づいていく。そうなった時点では、普通の話し手も、「権利」が日本語の単語であると感じても差し支えないだろう。いかなる複製も基本的に不可能だという想定に固執するなら、絶対的な通約不可能性と文化的相対主義の落とし穴に嵌りかねない。現実は曖昧なのである。たいていの人は日々の言語生活で、文化相対主義に対する理論的見地を離れて、ある程度までは文化の普遍性が有り得ることを前提に行動しているだろう。その場合は元の文化Aも目標となる文化Bもどちらも一つの普遍的な文化を表現したに過ぎないものとなるから、a'=aの図式が当て嵌る。現実は、ある翻訳された現象にa'=aという図式が当て嵌る場合もあれば、a'≠aとなる場合もあるし、a'=aでもありa'≠aでもある場合もある。柳父氏は「車」を例に挙げている。日本の車とアメリカの「car」は実質上同一のものである。つまり物質的な観点からすればa'=aである。しかし、言外の意味において、社会的な意味や日常生活における役割からみれば、それらは同一のものではない。するとa'≠aとなる（Yanabu 1996, p.149）。さらに、かつては外国（中国）のものとレッテルが貼り付けられていたもの、例えば音読みも、例えば西洋言語から翻訳されたものに比べれば、時間の経過と共に、次第に身近なものになり自国のものと感じられるようになった。

翻訳という行為はどれも元のものと目標となるものの不一致を伴う。しかし、時間と共に、目標となる翻訳は次第に元のものをまねて、それに近づいていく。この不一致を避ける唯一の方法は、外国語をそのまま採用する外にない。これは西洋言語がラテン語とギリシャ語から単語を採用したときにしばしば起こったことである。日本語も同じことをしたが、ここでもまたその採用は音韻的、形態的適応の過程を通して起こらなければならなかった。その結果、不一致は依然として残ることになった。

柳父は、日本語への翻訳の基本的技術が生み出されたのは、日本人が漢字と初めて接触したときであったと考えている。その接触の過程で、漢字の「音読み」と「訓読み」、「読み下し」として知られる翻訳技術を次第に生み出していった。音読みは、元々の中国語の発音を基にして、日本人の音韻に合わせて生成した音声であるが、訓読みはその漢字に対応する自国の日本語の単語の音を表している。それゆえ、どちらの読み方も、日本語の音韻が生み出したものである。柳父は、音読みが中国語に似ているように思われるが、実際異なっているということがとりわけ重要であると述べる。この、似ているように思われるが実際異なっているということは、日本語における全ての外来語、外国に起源を持っている全ての文化現象の特徴である。元のものと似ているように見えて異なっている。同じ「見かけ」の類似が漢文の場合でも見られる。というのも、漢文は古典的中国語に似ているが、実際一連の日本語の統語論と形態論の規則に従って読まれるからである。このようにして、漢文は元の中国語に見かけは似ているが実際は異なっている。それは中国語でもなく日本語でもなく、訳文の書き物である。音読みと訓読みは交換可能な読み方で、中国語起源の単語とそれに対応する日本の単語の間にある隙間を取り持っている。「読み下し」の中に、音と訓は、日本語の統合的な諸規則に基づいて織り合わされている。起源が異なる二つの語彙を、使い分けをはっきりさせながら一つの語彙に融合する構造は、日本における翻訳技術の基礎をなしてきた。これは、日本人の学者、学生が、中国の古典だけでなく、オランダ語、英語、そのほかの西洋言語を学ぶときにも、日本語の歴史を通じてずっと使ってきた方法なのである。この吸収方法は外国の文化的要素を受け入れるときの基本的な型になった（Yanabu 1996, p.153）。

江戸時代に日本人がオランダ語を学習したとき、明治時代に英語と他の西洋言語に取り組んだとき、同じ技術を採用した。それぞれ元の単語を日本語の単語（音読みもしくは訓読み）に置き換え、日本語の統語法に基づいて語順を変え、形態論的要素をいくつか付け加え、日本語の文を作っていく。このようにして日本人はこの翻訳の方法を受け継いで、外国語の研究に適応したのである（Yanabu 1996, p.154）。

このようにして、翻訳は文化を摂取するためのきわめて日本的な方法になった。前近代において、日本の科学書は、それが翻訳であるという事実から権威を得た。より低い要素をより高い要素に取り換える仲介をするものであることによってそれは面目を得たのである。

5　朝貢体制

中華帝国においてほど、文化が本質的に、明白に政治的な色彩を帯びた概念であったところはない。このため、いわゆる対外関係、外交関係は常に朝貢制度によって特徴づけられるものであった。朝貢は、他国の人々が中国文明の教化（懐柔）に服したということを意味していたからである。このように、文化と政治は同一のものになっていた。中華文明に服するということは、中国の皇帝に対して忠誠の念を示し、天子がこの世（天下）の唯一の支配者であることを認めることであった。しかし、この世界の秩序は現に整えられつつある途中であり、まだ不完全なものである。なぜなら、世界にはまだ中国の支配に服従し、文化に「転向」していない人々、支配者がいるからである。この秩序は中国語で華夷秩序という。華夷秩序は階層的、一方的な体制である。中国以外の国が文明を生み出しておらず、当然「野蛮」であるから、中国は諸外国の文化を知る必要がない。中国人は外国に関する情報の収集を行っていたが、植民地における文化人類学、民俗学の方法に似ていなくもなかった。彼らのデータ収集は、先入観を持って研究対象に向かった、植民地時代の民族誌学者の方法に似たところがあった（Kuwayama 2004, p.28）。文明とは、中国的な意味では、他の文明が存在する余地をほとんど許さない、中央集権的な図式だった。朝貢制度が東洋地域における全面的な秩序概念であったという認識が、西洋における東洋学界に、どの時点で認められ、定着したのであろうか。論議の余地はあるが、どちらかと言えば、それは最近の見解であり、ハーヴァード大学出版会から一九六八年に出版された、ジョン・キング・フェアバンク編著の重要な論文集『中国の世界秩序：中国の伝統的な対外関係』がその古典的な表現と言えるであろう。

いずれにせよ、朝貢制度は中国人が自己のアイデンティティを構築する方法の象徴的表現であり、それが、日本人が自己を理解し、自己のアイデンティティを構築する仕方に深い影響を及ぼしたのである。平安時代中期、日本は中国への使節を中断したが、この中断の決断は日本の歴史学者によってきわめて重要視されてきた。日本は朝貢関係への服従を拒否したが、他国からの朝貢も受け入れなかった。一〇世紀、九〇七年に唐王朝が崩壊後、中国中原・江南に割拠した一〇国のうちの一つ呉越国（九〇七―九〇八）が日本と朝貢関係を結ぼうとした。三回にわたって、この地方の支配者は日本の朝廷に通商使節を送った。これは日本の皇帝を宗主として扱うことであったが、驚くべきことに、いずれの機会にも、朝廷は関係の確立の要求を断った。朝廷は「臣民国間の私的な交易」を望ましくないとして、その受け容れが儀式として朝貢関係に入る行為と解釈されないように、貢物に対してそれ相当の弁済を送った（大庭・王　一九九五年、一六八―一六九頁）。これは中国に対する敬意を表したものであったと思う。このようにして、日本は中国への使節を送るのをやめていたが、なおも自らを中国の朝貢の図式の中に位置づけていた。つまり、日本は、朝貢関係が国際関係を支配し、中国によって指導される体制であることを認めながらも、朝貢関係を放棄したことになる。文化的アイデンティティを象徴する朝貢関係を拒絶したように思える。

一六世紀以降、日本は自分の領域内で、ある種の小規模な朝貢体制を作り始めた。それはあたかも朝鮮と琉球を含んだ朝貢体制のミクロコスモスを構築したかのようであった（河　二〇〇五年）。江戸時代を通じて、それは徐々に確立、定着していった。一六〇九年の琉球王国の服従後、王国の行政府は、薩摩藩領主・島津家久の直接の管轄となり、それゆえ、間接的に幕藩制に組み込まれることになった。さらに、琉球の新国王ないしは本土の新将軍が位に就くたびに、琉球政府は幕府への忠誠を示すため、江戸へ表敬使節を派遣しなければならないという慣行が確立された。この江戸への琉球使節は「江戸上り」と呼ばれていた。典型的な使節の構成は、正使、副使はもとより、多くの政府の役人、警備、楽士、踊り手を含んでおり、約一〇〇人から成っていた。興味深いことに、使節の成員は、異国性、とりわけ中国の琉球への影響を、使用言語、作法、音楽、踊りなどによって表現・強調するように、幕府から命令を受けていた。これは、徳川・島津両家にとって、自分たちが「外国の王国」に対して権力、統制を発揮していることを日本国民に示す方法だった。同時に中国がどれほど、外国・異国と見られていたかということを示す証左でもある（新城　一九九八年、八五頁：沖縄県文化振興会　一九九九年、二八—二九頁）。

上述のように、日本を宗主国に設定した朝貢制度の翻案が慣行になっていたにも関わらず、本来の朝貢体制の宗主であった中国皇帝に対しては相変わらぬ敬意が示されていたことを指摘しておきたい。中国の任官使節（冊封使）が新国王・尚寧に封爵を授ける（冊封する）ため一六〇六年に琉球に到着したとき、島津家は既に前から計画していた琉球侵攻を一時見合わせた。この延期は、表敬、つまり朝貢体制そのものと中国の世界秩序に挑戦することへのためらいであったのだろうか、それとも、打算からだったのだろうか。いずれにせよ、島津家が幕府から琉球を侵略する許可を受けたのは、中国の冊封使が去った後、一六〇八年であった。

海外との貿易が琉球にとって利益をもたらさなくなったときも、琉球王国は薩摩藩から中国へ使節を送り続けるよう圧力を受けた。一六五四年、尚質（治世：一六四八—一六六八）は清王朝（一六四四—一九一二）と公式の関係を打ち立てた。清は結局八回に亘って新王即位のさいに冊封使を琉球に派遣することになり、最後の使節派遣は一八六六年であった。しかし、中国の使節が琉球を訪れたとき、薩摩藩の役人は必ず中国使節一行から身を隠すようにし、中国人たちは琉球を薩摩藩が統治していることを知らないままでいた。本来なら第三者による承認は、国家や政治的アイデンティティの存在・存続にとって不可欠のはずであるが、この場合は逆に意図的にその事実を隠す努力が見られる。もし使者たちが薩摩藩の本当の立場をかぎつけていたならば、中国の使節は琉球に派遣されなかったに違いない。幕府は、国内向けには日本と琉球との間の朝貢関係を制度化する努力を惜しまなかったが、同時に琉球の現場では中国と琉球王国の間の朝貢関係という擬制を維持するためにあらゆる手段を講じた。属国に対する宗主国のような日本の国際的な立場は自国民向けの演出であったように思われる。

一八世紀に入って日本は、中国による世界秩序の文化的含意そのものを問題にし始めた。日本人は世界における自分たちの位置を問い直し、新しい観点を打ち出したのである。中国に近づこうとするのではなく、日本と外国との相違を強調しようとする衝動が強くなっていった。国学者として知られる知識人たちが基準となる文化から中華文化を外し、自国のものとされる、代替のイデオロギー的枠組みと価値観を作り出そうとした。「相違」という問題は学者集団の一部にとって最優先の問題となった。一部の著作では、中国は、日本から遠く離れた、全く異国の地として登場し始めた。中国がもはやまじめには取り上げられず、嘲笑の対象となるような例も多く現れた。この新しい風潮の初期の一例が平賀源内（一七二八―一七七九）であった。宝暦一三（一七六三）年に出版された『風流志道軒伝』には、中国人たちが少しも威厳を持たないものとして登場する。彼らは、中国が日本に劣らぬ自然美を呼び物にするために、張子の富士山を求めて日本へ出発する。しかし、伊勢から吹いてくる風が張子の山を破壊し、中国人の企みを失敗させる（城福　一九九六年、九二―九四頁：Johnson 1996, pp.84-85）。他の著作でも源内は中国文化に対してあまり敬意を表していない。『物類品隲』では彼は無遠慮に、有名な中国の本草誌には不十分なところがあると指摘している（Haga 2001）。朝貢制度は本来中国によって打ち立てられた受容装置であるが、日本がさらに中国を再受容するのであった。本居宣長は、最高傑作『古事記伝』（一七六四年に執筆開始され結局出版されたのは一八二二年だった）で、最高権威を『古事記』に割り当て、それを文化の源泉の位置にまで押し上げ、そこから日本の純粋な言葉と本物の真理を回復することができるとした。宣長に至っては、中国文化を日本文化に受容するどころか、堕落の根源として排除しなければならないものとなった。

6　曖昧な境界

中国の受容方法が朝貢制度であるとするなら、日本のそれは翻訳であった。しかし、一九世紀に入ると、中国の朝貢体制を基にした世界秩序は崩壊していく。日本はそのときから能動的な国際的役割を演じ始め、完全に朝貢体制の枠組みを無視し始めた。中国ももはや朝貢体制に頼れなくなり、世界における自分の位置付けを見直すことを余儀なくされた。そして、中国もまた翻訳を通しての受容事業に乗り出し、西洋文明と共に到来したあらゆる新概念を表現するために日本人が作り出した新語さえ、それらが漢語であるからいくらかは中国のものであると主張しながら、逆輸入・受容したのである。とりわけ、西洋科学の多くの用語は、日本語の漢語に翻訳され、中国に導入された。

科学の一分野を例に取ってみよう。一九世紀、日本における植物学は凄まじい変化を経験した。日本の植物学者は、西洋の用語に対応する新語を作り出す優れた能力を発揮した。そして中国の植物学にも大きな影響を与えた。一九世紀に出版された中国語の科学書に見られる植物学の用語は、一九〇〇年前後そして二〇世紀最初の二〇年に見られる用語ときわめて異なっている。二〇世紀初頭の中国の植物学の著作には、日本人の学者による新造の漢語が数多く見出される。フランス人のイエズス会士レオン・ウィーガーは、科学用語の仏中語彙集の序文に以下のように書いている。「約二〇年前は、中国語での科学用語は、まったく理解できないものと多くの人々は思っていた。これらの懐疑論者は、いかなる種類の用語でも作り出せる漢字の驚くべき能力に気づいていなかった。また日本での最近の展開にも注意も払っていなかった。ある日、この不可能といわれたものが、図らずも実現されたのだ。ヨーロッパやアメリカの最良のお手本を使って、日本人は、いつものように、漢字で教科書を作り上げた。中国人は、自分たちのものを取り戻して、これら完全な教科書を、新しい時代の学校で使うために中国語に翻訳したのだ。後の相次ぐ貢献によって、知識の量は増大していった」(Taranzano 1914, p. Ⅲ.)。

これはフランス人のイエズス会士の書いたものであるが、中国文明の恩恵を受けている文化に対する中国人の態度を、端的に映し出している。漢字の起源は中国にあるのだから、中国は漢字に対して永続的な権利を保持していると思い込んでいる。だから、中国学者であるレオン・ウィーガーは「自分たちのものを取り戻して」という言い方をするのである。英語やフランス語に取り入れられた、ギリシャ語に由来する語をすべてギリシャ人が「取り戻す」などとは、ヨーロッパでは想像し難い。いずれにせよ、新造の漢語を日本から取り入れることは、中華帝国が自分と交流を持とうとしたあらゆる諸国に強要した朝貢関係とはほど遠いものであり、他の文化には中華文化に貢献するに足るものはないということを前提とした朝貢制度の図式に当て嵌らない。しかし、逆に、西洋科学の概念に対応して日本人が多くの訳語を作り出したという功績を、中国文明が日本に深く根付いた証拠として解釈することもできるだろう。

いずれにせよ、中国人の学者が一九世紀に西洋の翻訳者の協力を得て作り出した用語法は使用されなくなり、日本で新しく作られた漢語の用語法は採用されるに至った訳である。『植物学』（一八五八年刊行）に初出の一連の用語、たとえば、植物学という名称それ自体及び卵巣、心皮、胚珠や胎座等のような用語を除けば、中国の近代植物学の最初の三冊である『植物学』、『植物図説』、『植物須知』に見られる用語の大部分は、日本で作り出された（後に中国で生み出されたものもあるが）新造の専門用語に取って代わられたのが事実である。他方、『植物学』に初めて現れた、植物の分類名が若干ではあるが、日本の学者にも採用され今日でも使われている。植物学の「科」や「属」、更にキク科、シソ科やショウガ科に対する用語がそれである。

7　日本における中国文化

日本文化と中国文化の領分について論議するとき、必ず日本における漢文学の位置づけが浮上する。日本が生み出した膨大な漢文及びその遺産の存在によって、日本は中国に従属していると言えるのだろうか、あるいは日本文化は中国文化の域内に入ると言えるのだろうか。そして、琉球文化が日本文化、中華文化、双方の影響を深く受けていたので、琉球文化の状況はさらに複雑になる。一方で、日本の自己認識によれば、日本の高度文化はもとより庶民文化も、中国をはじめ、韓国、中央アジア、インドを含む大陸の文化に負うところが多くある。なぜこの主張が日本人にとって重要なのかと言えば、日本人は普遍的な文化に属しているということを主張するものだからだ。日本人が自分の文化を語る時、西洋人が西洋の文化を語る時と比べて、日本人の方がその大陸に遡る起源を主張しがちなのである。西洋の高度文化の起源も古典的伝統にまで遡ることが出来るが、西洋人は日本人ほどその古典的起源に言及しない。それは、西洋文化には伝統というものが日本ほどウエイトを持っていないからかも知れない。

他方で、文化というものには、起源、規範、理想から離れていく趨勢もまた存在している。漢文学においてさえ、日本文学、歴史的言語学という範疇に漢文学を組み込む傾向が常に存在していた。その傾向は、日本における漢文学の独自性と独創性を浮き彫りにする。近年、漢文学の研究の国際性を打ち立てる機運が高まってきている。漢文学の研究の国際化を推進する学者によれば、漢文学は、かつていわゆる漢字文化圏に属していた国々を覆う、国境を超えた文学・学問の伝統であると主張している。この観点からすれば、日本はより広い地域の文化の一部であり、ヒエラルキー、主従関係の色彩は、完全に消え去ることはないにしても、明らかに弱められている。過去の時代には、日本と中国の関係において、そういったヒエラルキーは、華夷秩序の残響音のように、常に意識の深層に潜んでいた。

漢文学の研究を推進する日本人の学者は、漢文と漢学が東アジア文化に通ずるものであるとして、東アジアの学問が日本における学問の源泉である、という見地に立つ。同時に日本人は、何世代にも亘って自分たちが生み出した膨大な漢文の遺産と、歴史を通じて中国で生み出されてきた中国語の遺産と区別する必要を感じている。そここそが、「漢」と「和」の区別が入る所である。この区別を最も端的に語る好例が、漢詩、つまり日本人が古典中国語の統語論に基づいて賦詠した詩である。日本人による初期の漢詩は、『懐風藻』に集められている。これらの詩は模倣的なもの、派生的なものと言われており、「和習」、あるいは「和臭」とさえ、特徴付けられている。しかし、研究が続けられ、理解が深まり、伝統が徐々に築かれていくにつれて、日本の詩人は、より熟練し、独自性に富む詩を生み出すようになった。初期の例は、平安時代後期・鎌倉時代の、九月十三夜を詠う詩に見出せると学者は指摘している。というのは、それが中国の詩人によって扱われていない主題であるからである。

五山の学僧たちは、とりわけ中国の詩と詩学に造詣が深いことは周知の通りであるが、江戸時代における漢文の開花の基礎を築いたのもこれらの学僧である。それゆえ、江戸時代は漢文と漢詩の創作の絶頂期になった。江戸時代の詩人は、新しい言葉、用法、作詩上の技巧を発明する。江戸中期から後期にかけて、彼らは唐風から宋風へと移行し、その過程の中で、和風体を生み出した。安永（一七七二）から天保末（一八四四）までの間は、日本の漢詩の絶頂期であると言われている。江戸時代末期から明治時代初期への移行期において、漢詩は、江戸の風味によって再び隆盛した。しかし、明治時代の新学制の導入に伴い、洋学が漢学の地位に取って代わった。洋学は周辺から舞台の中央に躍り出たが、漢文は次第に古臭いものと見なされるようになった。

結論

科学と技術が益々日常生活に浸透していくにつれて、世界中で、とりわけ急速に産業化が進むアジア諸国で、社会が大きく変化している。輸送と情報伝達の発達、速さを増す資本の流動と人的交流が、これらの国々における従来の「国家文化」というイメージを徐々に壊していく。文化の伝統を確認し、現在に生かしたいという強い欲望は、多くの観察者の解釈によれば、自分の普遍性を主張する社会的理論やイデオロギーの消滅のみによって引き起こされたものではなく、グローバリゼーションに起因する不安が助長するものでもある（Morris-Suzuki 1995, p.760）。これは頷ける分析であるが、同時に、情報伝達の発達によってこそ、個人が属している文化的共同体を同定し、属していない共同体とはっきりと一線を画することが容易になっている、と私は思う。しかし、現代の社会において個々人が手に入れることができる情報は量質ともに圧倒されるものがあるので、情報を厳密に選択しなければならないし、実際個人は、自分の環境、自分の置かれている社会的なつながりの中における生活に有益な情報伝達の手段を選択している。その結果、近代技術の発達による情報と情報伝達の激増は、国家文化の存続を脅かすと同時に、個々人に、自分が属したい文化に、ますます参与出来る機会を与えている。本来これは文化の多様性を促進すると思われるだろうが、実際は逆の結果が起こっている。というのは、情報伝達は言語を基盤にしているが、言語は、強力なフィルターの役割を果たしており、結果的に個人が使いこなしていない言語を締め出すことになる。個人は普通二、三を除けば世界のすべての言語を使いこなしていないから、現代的な情報伝達手段は、意外と言語の画一性、言い換えれば、文化の画一性を助長してしまう結果をもたらす。こうして、英語をはじめ幾つかの言語にとって以外は、現代的な情報伝達手段は両義的な、諸刃の剣なのである。言い換えれば、幾つかの文化にとって以外は、脅威的な存在である。それは必ず中国文化の領分と日本文化の領分にも大きな影響を及ぼすに違いない。

参考文献

新城俊昭（一九九八年）：『琉球・沖縄史』編集工房東洋企画。

Clammer, John（2001）：*Japan and Its Others: Globalization, Difference and the Critique of Modernity.* Melbourne: Trans Pacific Press.

Duffield, John S.（1999）："Political Culture and State Behavior: Why Germany Confounds Neorealism." *International Organization* 53:4, pp. 765-803.

Goh Chok Tong, Wim Stokhof, Thommy Svensson, François Godement & Shintaro Ishihara（1997）：*Cultural Rapprochement between Asia and Europe: Five Essays on the Asia-Europe Relationship.* Lecture Series 7. Leiden/Amsterdam: International Institute for Asian Studies.

Haga Tōru（2001）："Dodonæus and Tokugawa Culture: Hiraga Gennai and Natural History in Eighteenth-century Japan." In：*Dodonæus in Japan: Translation and the Scientific Mind in the Tokugawa Period.* ed. Willy Vande Walle & Kazuhiko Kasaya, co-ed., pp. 241-261. Leuven & Kyoto: Leuven University Press & International Research Center for Japanese Studies.

Hasenclever, Andreas, Peter Mayer & Volker Rittberger（2001）：*Theories of International Regimes.* 4th edition. Cambridge: Cambridge University Press.

Hegel, Georg Wilhelm Friedrich（1986）："Die Lehre vom Sein." In：*Wissenschaft der Logik* I, Suhrkamp-Taschenbuch Wissenschaft 605, ed. Eva Moldenhauer & Karl Markus Michel. Frankfurt am Main: Suhrkamp.

Huntington, Samuel（1991）：*The Third Wave: Democratization in the Late Twentieth Century.* Norman: University of Oklahoma Press.

Jepperson, Ronald L., Alexander Wendt & Peter J. Katzenstein（1996）："Norms, Identity, and Culture in National Security." In：*The Culture of National Security. Norms and Identity in World Politics,* ed. Peter J. Katzenstein, pp. 33-75. New York: Columbia University Press.

城福勇（一九七六年）：『平賀源内の研究』創元社。

Johnson, Regine（1996）："Tōrai Sanna and the Creation of Difference." *Japan Review* 7, pp. 83-98.

姜尚中・村井紀　（一九九三年）：「乱反射するオリエンタリズム」『現代思想』二一巻五号、一八二―一九七頁。

河宇鳳（二〇〇五年）：「15～16世紀の琉球と朝鮮の交流——偽使問題を中心として」『東アジアと日本——交流と変容』二号、六九―七九頁。

Kuwayama, Takami（2004）：*Native Anthropology: The Japanese Challenge to Western Academic Hegemony.* Melbourne: Trans Pacific Press.

Lewis Bernard（1990）："The Roots of Muslim Rage." *The Atlantic Monthly* 266:3, pp. 47-60.

Métailié, Georges（1993）："Sources for Modern Botany in China during Qing Dynasty." *Japan Review* 4, pp. 241-249.

森川哲雄・佐伯弘次（共編）（二〇〇六年）：『内陸圏・海域圏交流ネットワークとイスラム：九州大学21世紀ＣＯＥプログラム（人文科学）「東アジアと日本：交流と変容」』九州大学21世紀ＣＯＥプログラム（人文科学）「東アジアと日本：交流と変容」。

Morris-Suzuki, Tessa（1995）：“The Invention and Reinvention of Japanese Culture.” *The Journal of Asian Studies* 54:3, pp. 759-780.

茂木敏夫（二〇〇六年）：「中国からみた〈朝貢体制〉——理念と実態、そして近代における再定義」『アジア文化交流研究』一号、二一七—二二八頁。

大庭修・王暁秋（共編）（一九九五年）：『歴史—日中文化交流史叢書』大修館書店。

大江健三郎（一九九二年）：「日本の知識人」『人生の習慣』七五—八八頁、岩波書店。

Oguma Eiji（2002）：*A Genealogy of ‘Japanese’ Self-images*, trans. David Askew. Japanese Society Series. Rosanna: Trans Pacific.

沖縄県文化振興会・公文書館管理部史料編集室（編）（一九九九年）：「ペリーがやってきた——一九世紀にやってきた異国人たち」『沖縄県史ビジュアル版』四巻、沖縄県教育委員会。

小野文（二〇〇六年）：「中国語は何に似ているか——フンボルト「文法形式一般の性質、特に中国語の特性について、アベル＝レミュザ氏に寄せる書簡」の考察」『アジア文化交流研究』一号、三一—四五頁。

Pantzer, Peter（1987）：August Pfizmaier 1808-1887. Katalog zur Ausstellung anlässlich des 100. Todestages des österreichischen Sinologen und Japanologen. *Österreichische Nationalbibliothek* 18. – 29. Mai 1987. Wien: Literas Universitätsverlag.

李憲昶・ピーター・テミン（二〇〇六年）：「制限的合理性としての朝貢体制下における中国の貿易政策」『アジア文化交流研究』一号、二二九—二四五頁。

Risse-Kappen, Thomas（1997）：Bringing Transnational Relations back in: *Non-state Actors, Domestic Structures and International Institutions*, ed. Thomas Risse-Kappen. Cambridge: Cambridge University Press.

劉迎勝・藤野月子（和訳）・森川哲雄（編）・佐伯弘次（編）（二〇〇六年）：「明初中国と中央アジア・西アジア地域との間における外交言語の問題」『内陸圏・海域圏交流ネットワークとイスラム：九州大学21世紀ＣＯＥプログラム（人文科学）「東アジアと日本：交流と変容」、一九—四六頁。九州大学21世紀ＣＯＥプログラム（人文科学）「東アジアと日本：交流と変容」。

Tanaka, Stefan（1993）：*Japan’s Orient: Rendering Pasts into History.* Berkeley: University of California Press.

Taranzano, Ch.（1914）：*Vocabulaire français-chinois des sciences mathématiques, physiques et naturelles suivi d’un index anglais-français.* Sien-hsien: Imprimerie de la Mission Catholique.

津田左右吉（一九六三年）：「天皇考」『津田左右吉全集』三巻、四七四—四八七頁、岩波書店。

Wallerstein, Immanuel（1990）：«Culture as the Ideological Battleground of the Modern World-System.» *Theory, Culture and Society* 7.

Wendt, Alexander（1992）：“Anarchy is What States Make of It: The Social Construction of Power Politics.” *International Organization* 46:2, pp. 391-425.

Yanabu Akira（1996）：“The Tennō System as the Symbol of the Culture of Translation.” *Japan Review* 7, pp. 147-157.

Ⅱ

日本文化、「内《うち》」と「外《そと》」からのまなざし

ヨーロッパと日本に於ける空間と時間の知覚

――文化相対主義の弁護――

ジョセフ・キブルツ
（翻訳：鈴村　裕輔）

知覚する主体と知覚される客体があるということは、知覚の本性である。同様に、観察する科学者と観察の下に置かれる客体があるということは科学の本性である。客体は主体の外にあるから、客体と主体の二つは、一方の存在が他方の存在によって条件づけられるような、弁証法的関係によって結びつけられている。科学者は、常に無意識のうちに、自らの観察を自分自身に向けるであろうし、それによって観察の客体になる。しかしながら、その科学者はある外的な手段、すなわち、映し出される自分自身の像を見ることのできる、ある種の鏡の媒介なしには、自らについての観察を行うことができない。この反射の原理は、当然のことながら（文化）人類学にも適用される。人類学者が（少なくとも部分的に）自らがその所産であるような、ある文化を分析しようとして、人類学者としての精密な調査を自らの内面へと向ける際、こうしたことが問題になる。自らの文化的背景の特質を明らかにし、特徴づけるためには、人類学者は参照先として、異なる〝外国〟文化を必要とする。このシンポジウムの独特なところは、互いに参照先となる二つの地点を擁していることで、一つは（相当程度、西洋ということのできる）ヨーロッパの文化であり、もう一つは（ある程度まで、中国化された、極東の一部ということのできる）日本文化である。さらに、グローバライゼーションのおかげで、中間的な立場を代表する三人（ハルミ・ベフ、島田信吾、アニック・ホリウチ）、すなわち、双方の立場のどちらにも関わり、どちらの言語も〝自国語として使える〟三人が私たちのうちに加わっている。こうしたことが、私たちが日本を見ることを可能にしている条件である。つまり、私たちのうちの、ある者は日本の内側から、他の者は外側から、また、ある者は両側から同時に、そしてある程度、内側と外側の間のどこからか日本を見ることを可能にしている。

しかしながら、観点がどのようなものであれ、あらゆる観察は反射の原理に従う。他の文化を研究する者は、鏡に映し出されたものとしての自分の文化のイメージを見出さなければならない。比較することによって様々な相異が明らかになるのであるから、客体は主体と、主体は客体との比較によって確定されることになる。あらゆる観察は、定義からして、主体を中心として行われる。いかなる観察者も必然的に、自らが育った文化的基盤によって条件づけられ、規定された観点から観察せざるを得ず、またこのような基盤なしには、あたかもオペレーティング・システムなくしてコンピューターが稼動し得ないのと同様、何もできないであろう。

もし観察が弁証法的過程として定義されるならば、主体が自らを熟視すること、すなわち純粋に内面へと観察の目を向けることは、比較という事項を欠くので、不可能であろう。従って、桑山敬己がネイティヴ人類学と呼ぶもの、すなわち、日本人の観察者の熟視を日本に向けることは、それがどのようなものであれ、何らかの外的な文化によって比較という要素が成り立つ場合においてのみ存在しうるであろう。

しかし、事柄は簡単でも明瞭でもない。この反射の過程に介入し、結果を相対化させる様々な要素がある。主体と客体の関係において、主体も客体も常に同一のままではあり得ない。なぜなら、いかなる事項に関してであれ、主体と客体は時間と空間において違ってくる。そうしたわけで、キリスト教伝来の時代（一五四九―一六五〇年）、ヨーロッパの宣教師たちは、今日、私が見る日本とは大いに異なる日本を目撃していたのであって、ちょうど、当時の日本人が、今日の日本人とは大いに異なるヨーロッパ人のイメージを持ったのと同様である。

一五八五年に書かれた日本に関する最初の、非宗教的でほとんど人類学的な報告が、八〇〇以上の項目に関する一覧表で、ヨーロッパと日本の文化が異なっている、ないし正反対であると述べるものだったということは、意義深い。ポルトガル人のイエズス会士ルイス・フロイスが描いた日本の印象は、大部分の点でヨーロッパとは反対というものであった。それは、例えて言えば、黒と白という色彩表現に結びつくような観念や、価値観であった。日本とヨーロッパの文化は本質的な点で反対の位置にある、あるいは、この二つの文化はいくつかの項目で対蹠点に置かれている、という考えは、啓蒙の世紀を越えて、一九世紀に至るまでヨーロッパの世界観に広く浸透していた。

ポストモダンの社会科学において文化的差異を相対化し、その代わりに普遍的なるものを探求しようとする傾向が一般的であるにもかかわらず、私は、鏡の像と反射の弁証法的過程の比喩を用いて、差異に気づくことによってわれわれが他の文化についての知識を獲得し、また、それによって自分自身の文化についての知識をも獲得する、ということを示したいと思う。数世紀の間、日本は、ヨーロッパから、ヨーロッパの対蹠点にあると見られてきた。火のないところに煙は立たない、とも言われるのだが、私はこの事実を役立てたいと思う。そして、この対蹠性を利用して、若干の根本的な差異を抽出しようと考えている。これは、二つの相対する光源によって浮かび上がらせない限り、気づかれないままおかれる類のものなのである。私の論証が、「日本学」の実践的使用法の一例となることを希望している。

認知人類学、すなわち、諸文明間の知覚と認識における差異を扱う学問分野について、そして、究極的には認識論という、人間の知覚そのものの過程に関連する学問分野について検討したいと思う。私の論証の目的は、意識的な知覚の表面および表層部をはがし、最も深い、最も直観的なレベル、意識下のレベルにまで入り込むことにある。このレベルでは、主体は客体を同定し、名づける（conceive ＝主体との関係において客体を把握する。すなわち主体と客体をともに受け入れる）以前に、まず客体を時間と空間の中に位置づけるのである。

もし、ロボット工学の分野に目を向け、技術者が、人間の形をしたロボットを、ロボット自身の周囲という限られた空間で動くようにプログラミングしている場面を想像するならば、私が言いたいことについて格好の例を得ることであろう。視覚的映像を通して得られる情報の入力と取り扱いは、単純に技術的な問題であるにもかかわらず、三次元空間の中にロボットを位置づけるとすれば、より一層複雑な計算が必要となる。二次元空間に関する映像的知覚は、深さと運動という二つの補完的な

図1
薬師如来　薬師寺　奈良　天平年間（729–748）
The Buddha Yakushi Yakushi-ji, Nara Tenpyô period (around 740)

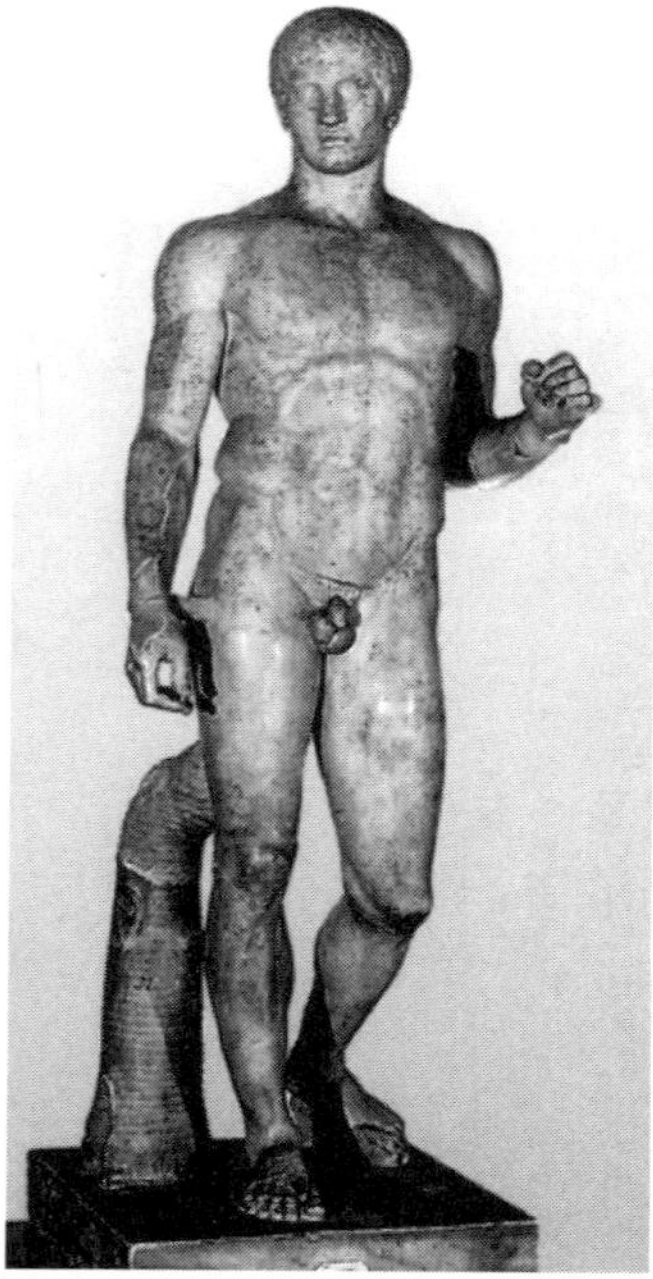

図2
ドリュフォロス（槍を執る男）
ポリクレイトス　紀元前440年
Doryphorus (Lance Bearer)
Polycletus ca.440B.C.

次元によって補充されなければならなくなる。深さは、物体に量を与え、物体をある一定の地点に置く。そして運動は、ある点から他の点への動きの持続を計測する。ロボットは、周囲の空間の中で視覚的に知覚する物質的諸客体との関係において、また様々な物体との相対的な状況の中で自らを位置づける。さて、二つのロボット、一方は日本、他方はヨーロッパ生まれのものとしよう。これら二つの異なるロボットによって知覚されたそれぞれのイメージを観察すると、二つのイメージが異なることが確認されよう。環境は同じであるから、二つのイメージの食い違いは、情報の取り扱いのせいにする以外にない。知覚は相対的であり、文化的要因が既にこの基礎的な段階において現れていると帰結するのが論理的であろう。ヨーロッパ人と日本人の知覚の差異は、まさにこの基礎的なレベルにおいてこそ、その根を持つと私は信じている。これから、それを証明したいと思う。

まず彫刻から始めることとし、丸彫彫刻におけるいくつかの像を見てみよう。日本を代表する彫刻であるのみならず、極東の文化を代表する彫刻として、私は奈良の薬師寺にある薬師如来像（図1）を東側の代表として挙げなければならず、ドリュフォロス（槍を執る男）像を西側の最優秀作品として挙げなければならない（図2）。この二つは、一二〇〇年の時を隔てている。しかし、どちらもそれぞれの文化の歴史的な展開において、おおむね同じ位置に立っており、双方の文化の黄金時代を象徴している、すなわち、ドリュフォロス像はペリクレス時代のアテナイを、そして薬師三尊像は奈良時代の天平文化（七二九―七六五）を象徴している。どちらの像も、それぞれの文化において模範として用いられるほど、双方の文化の基本的な特徴を具現化していると考えられている[1]。

まず、ドリュフォロス像（図2）から見てみよう。ポリクレイトスが、この若い体育選手の実際の人体よりも若干大きめの像を作ったのは、いかにして理想的な人間の姿を表現するかを記した彫像のための手引である『カノン』を実証するためであるということは知られている。ドリュフォロス像は西洋における人間のイメージの模範となったと見なすことができるだろう。なぜなら、中世が終わった時、ルネッサンスにおいて、理想像として再び注目されるようになって以来（図3）、ドリュフォロス像はヨーロッパの文明を特徴づけるあらゆる要素を包含しているからである。

それでは、このイメージにおける「西洋」的なものとは何であろうか。「東洋」的なものとの違いはどこにあるのであろうか。差異は意識下の水準のものであり、コントラストを浮かび上がらせるように光を当てる時に初めて知覚することができる。従って、私はこれらの特徴のみを指摘しようと思う。それらの特徴には東西の根本的な差異が存すると推測

図3
ダビデ　ミケランジェロ　1504
Michelangelo Buonarotti David 1504

できるからである。

最も直接的に見ることができる差異は、裸の状態である。若い男性が衣服を身に着けていない理由は、表現の主題が物質的な身体であって、人物ではないからである。このような人体表現、すなわち裸身の表現は、中世（五〜一三世紀）[2]に途絶し

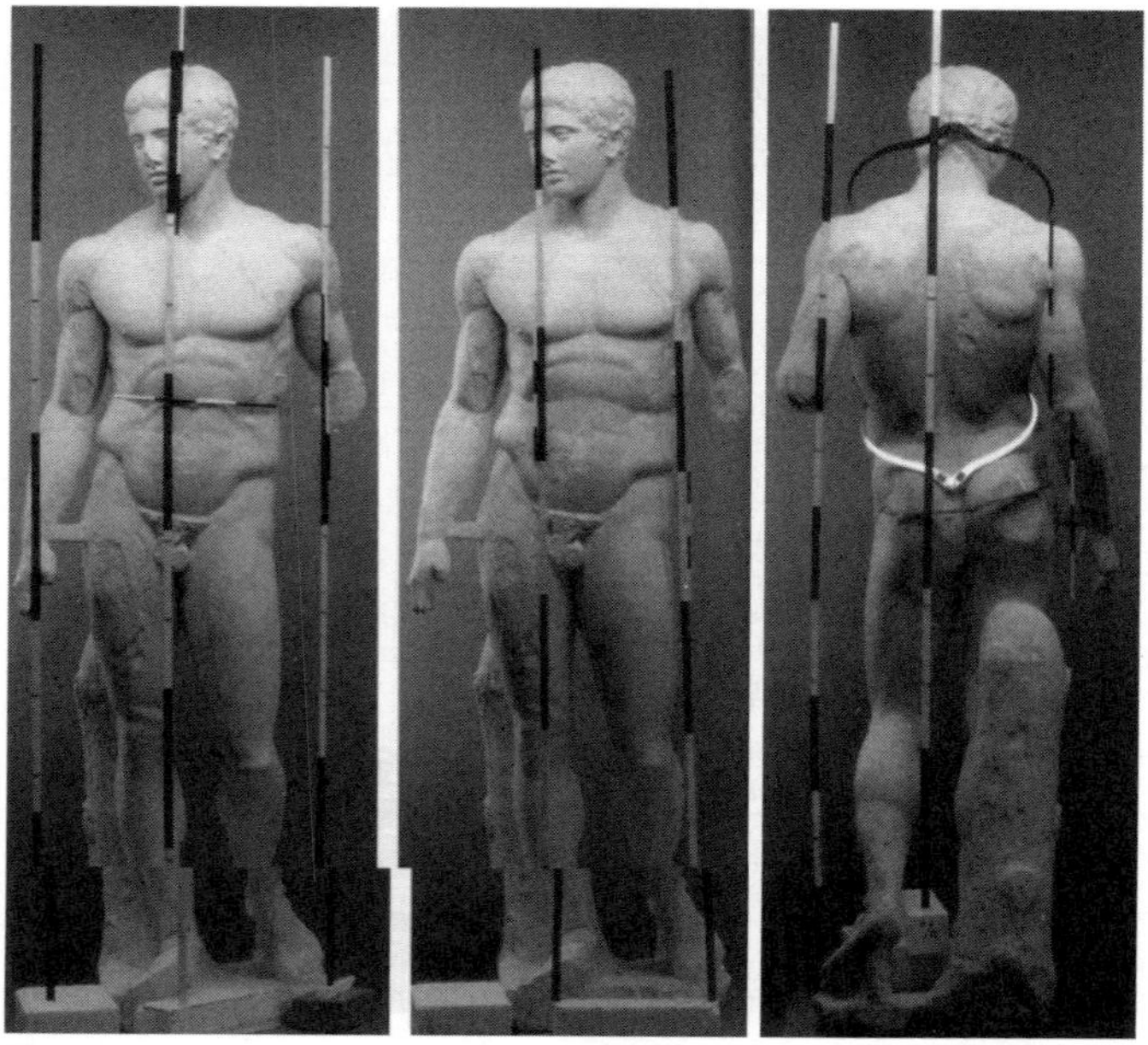
図４
Doryphorus (Lance Bearer) Polycletus ca.440 B.C.

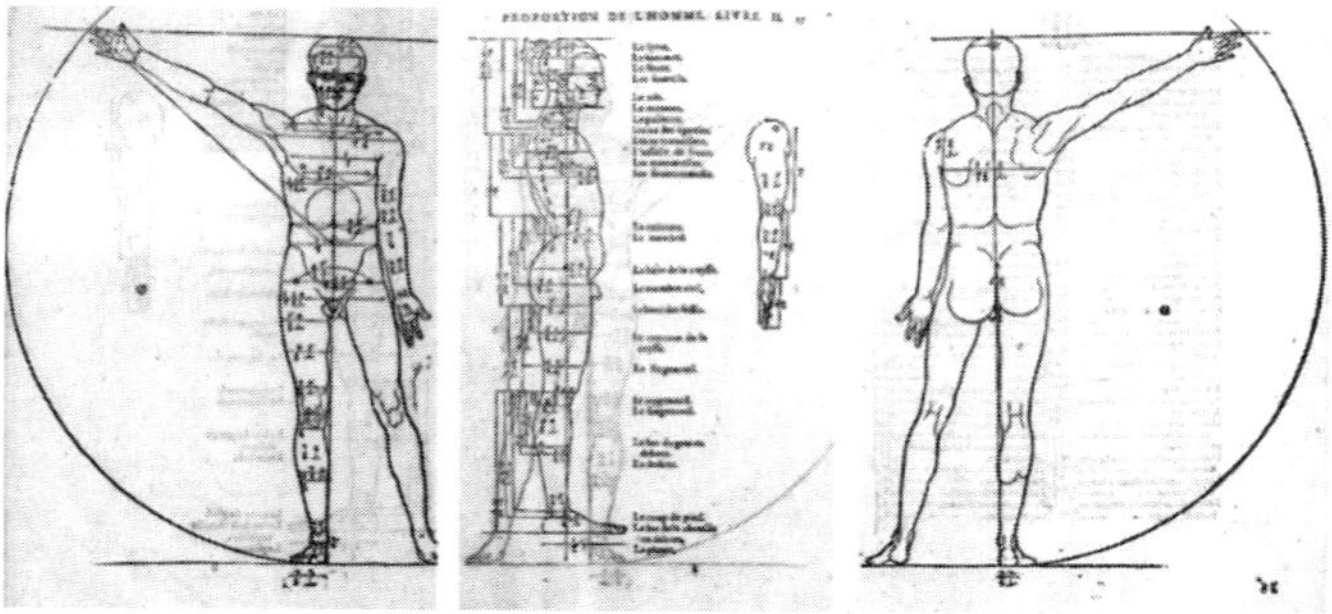
図５
Albrecht Dürer: Book II of the Four Books on proportions, 1557

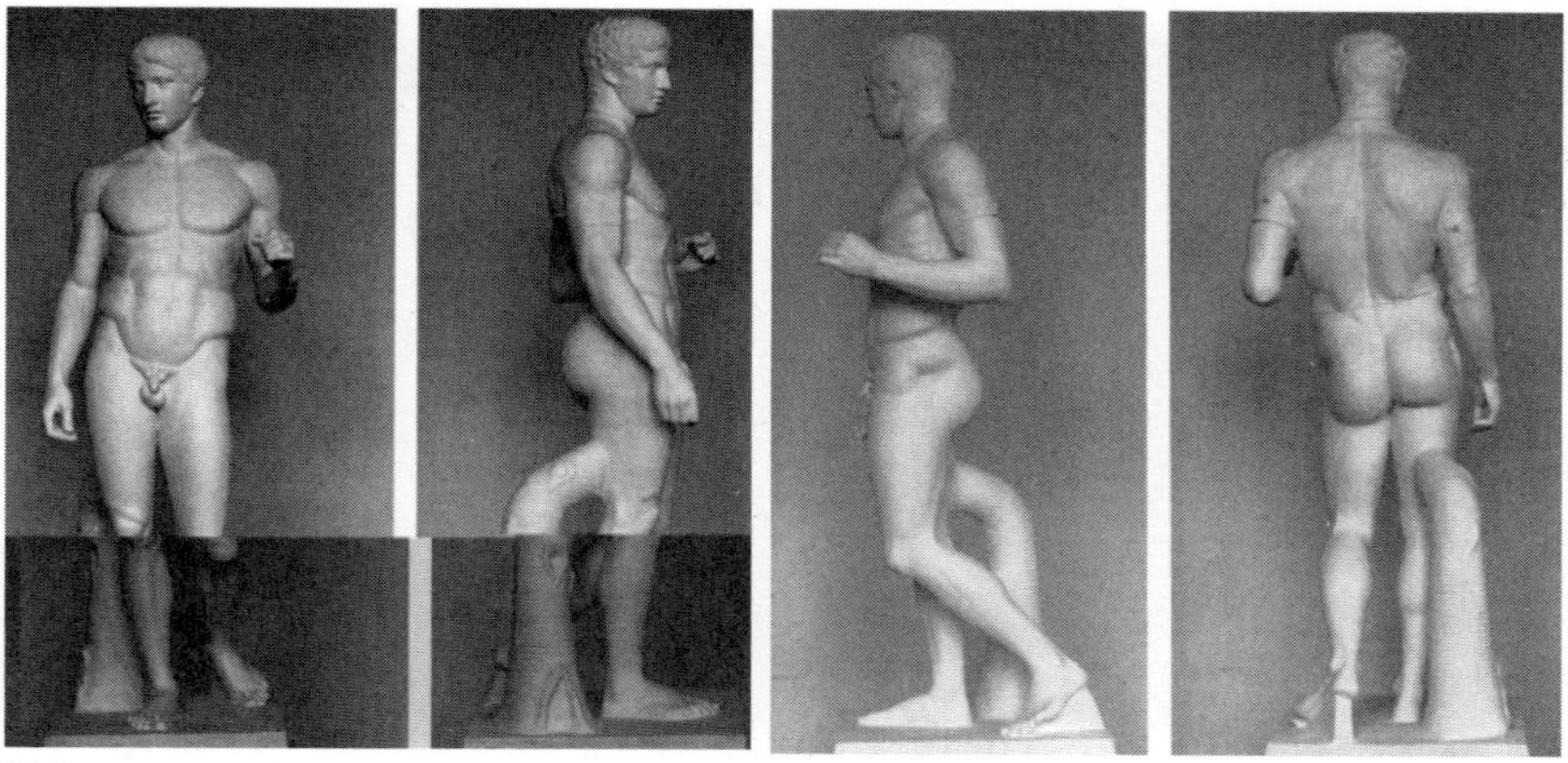

図6
Polycletus' Doryphorus (seen from 4 Sides)

ていた時期を除けば、ヨーロッパ文明の歴史を通して、造形的表現の主題であり続けた。

第二の特徴は、審美的性質である。この男性の体格の造形美は、手足や様々の身体部分（図4）の間の比率と、全身との関係における調和から生じている。調和という観念の数学的表現（図5）の中には科学的な世界観が明らかに見て取れる。これこそ、ポリクレイトスが『カノン』の中で主張している通りである。このような身体像は、美、徳、完全性の究極の表現と見なされている。この身体は理想、規準、精髄、さらに宇宙の構造の一部をなす小宇宙として考えられたのである。

さらにもう一つの基本的な特徴は、ぐるりと、すなわち三六〇度から見る表現である（図6）。人間の視界の性質は、いかなる瞬間において三六〇度のものであるが、客体は一つの視角からしか見られない。私たちは若干離れた二つの眼で眺めるということにより、私たちの映像的知覚は立体的なものになっている。もし光線の当たり方や光と影の交錯の結果を考慮する自動的な算定が加えられるなら、私たちは客体を三次元における広がりとして思い描くことになる。さらに、ロボット技術者は、私たちが物体を見る際に「注視が客体を旋転する」ことに気がついている。というのは、私たちが心の中で構成するイメージは、眼が実際に見ているものと、実際には眼で見ることができないにもかかわらず、記憶からの測定によって得られるものと演繹によって得られるものとから構成されるものであるからだ。ぐるりと見て認識したがる傾向はことに西洋の文明において顕著なものである。この点は、全ての絵画的な表象が、あらゆる可能な方法（彩色、陰影、遠近法）を利用して、立体感を表現しようとしていることから明らかであろう。

ドリュフォロスの身体は空間に足を踏み込むことによって空間を占拠し、この運動によって時間という次元に入り込もうとしていることに気がつく。「旋転注視」をともなう知覚が三次元空間の中にある客体を描き出すのと同じように、運動もまた、記憶と分析的な知識が頭脳の中で測定されることにより、静止した一瞬一瞬を一連の継続したものとして映し出し、時間としてまとめあげる。

さらに、次のことを述べておこう。すなわち、身体は、独立した客体として背景から分離され、周囲の空間から切り取られて、それ自体として総体的に知覚されるのである。

第四の特徴は、身体を表現する際の写実主義である。あらゆる角度から見て、同じ程度の写実性が強調されているだけでなく、目に見える表面の下にある身体部分、すなわち、この場合で言えば肌の下の筋肉と腱に至るまで写実性が尊重されている。そして大理石を用いることで、人間の肌についての写実的な印象が強められている。

もう一つの根本的な差異は、彫像製作者の科学的な注視であり、これは彫像から読み取ることができる。この眼差しは、博物学的描写や解剖学的正確さ、実物大という大きさ、性の特徴、人体部分の比率の数学的表示、計算されたポーズ、人体のあらゆる部分の緻密な表現、そして、とりわけ、量感を再現するための光と影の使い方において一目瞭然なのである。

次に、ギリシアの古典的な「ドリュフォロス」と、日本の薬師如来（図1）の像を比べてみよう。そして、薬師如来が「槍を執る男」とどのような点で異なっているかを一つ一つ検討しよう。

ドリュフォロスの裸身像に対して、薬師如来の身体は衣装によって覆われている。これは、物質としての肉体を隠すだけでなく、僧侶らしさをも表そうとしている。人体を描くための裸体の描写、すなわちヌードは、主要な題材としては、一八世紀後半に、ヨーロッパの絵入り本が蘭学を修める画家や学者の注意を惹くまでは、[3]日本では知られていなかった（そして、これは極東の他のいかなる地域でも知られていなかった）[4]。身体が覆われている限り、解剖学的な稠密さは求められない。そして、身体を表現する際、自然主義的態度も必要とはされない。仏陀の身体は若いギリシア人の体育選手と同じく抽象的な理想像である。しかし、衣装のない状態を写実主義的に描写する試みは全く存在しない。暗く輝く青銅の身体が光を反射させている状況は、彫刻師が身体の写実を考慮しながら像を彫ろうとはしなかったことをわれわれに伝えるのである[5]。

『カノン』とドリュフォロスの関係と同様、仏教の正統的な経典も、仏陀の身体についての規範を定めている。「頬が丸くて獅子の如し」あるいは「肌は金色」等といった三二の瑞相の特徴的な性質を描いている。しかしながら、これらのしるしは、象徴的言語の語彙に属しており、図式化された非自然主義的な方法で、因襲的に表現されている。

客体としての身体を描く際の極東と西洋の間の最も顕著な差異は、空間の中に身体を位置づける方法にある。「旋転注視」が丸彫彫刻におけるヨーロッパの描写の本質であるのに対し、(伝統的な)日本の描写は、真正面から凝視することを前提とする。もちろん、この薬師如来の身体では、背面もきちんと彫られている。しかし、一九世紀末に「美術」作品としての彫刻という西洋の概念が導入されるまで、日本人は背後から眺めるために像の周囲を巡るということを考えなかった。

一定の視点は、奥行きという次元がなくとも済む。完全に二次元的ではないのだが、知覚の客体は周囲の背景に溶けこんでいる。ヨーロッパの彫刻と比べてみると、彫像は周囲からはっきりと分離されることも、隔絶されることもない。光背が構成する平面的な背景がないとしても、像は丸彫彫刻というよりも、むしろ私たちがレリーフ(浮き彫り)と呼ぶものとして認識される。

空間の持続性は彫像の静的な姿勢によって一層強調されている。ドリュフォロスの姿勢は周囲のどこからでも見えるようにされていて、この若い男性を空間と時間の中に写し出し、動的に表現しようとしているのに対して、日本の彫像は、時間を超えたまったく静的なものとなっている。衣装のまとい方がしきたりに従った形態をとっているのと同様に、腕と手からなる仕草(ムードラ、印相)も運動ではなく、象徴的なしるしとして示されている。

あらゆる徴候が「中性的な」身体を指し示しており、個別性を欠き、独立した知覚の客体である一人の人としては認識することができない。肉体的あるいは物質的な客体は空間の中で隔離されておらず、丸彫彫刻像として切り取られることも、写実

図7
アルブレヒト・デューラー
自画像　1500年
Albrecht Dürer, Autoportralt, 1500

運慶作　無着像　1212年
Unkei, Muchaku (Asanga), 1212, Kôfuku-ji

主義的な特徴によって個別化されることもない。そして、注意深い観察の主題にもなっていない。この彫像の身体は単に一人の人物の頭部を支える物体であるに過ぎない。その人物の特徴は顔面に示され、両眼において全てが明らかにされる。

顔面とその表情や人相に対して注意が集中され、最終的には眼に焦点が導かれる。こうした表現は、人物を肉体的な表現において知覚するのではなく、人格（それこそがその人物を構成する全てであるので）において知覚しようとするのである。さらに、ヨーロッパの人物像と日本の人物像を比較するために、アルブレヒト・デューラーの自画像と、運慶が制作した仏教の大論師、無着の像を見ることにすれば（図7）、私たちはどちらの像の場合にも、人格の座としての眼に強烈に意識が集中されていることに気がつく。だが、デューラーの場合には、身体はそれ自体としての存在を持ち、独立した観察の客体となっているように見える。デューラーの裸身、柔らかさ、動き、そして、確固とした写実主義的表現は、文字通り、熟視をデューラーの人格の個別的な構成要素にも誘うのである。一方、無着の肖像の場合には、仏僧の袈裟という衣装のうちに熟達した写実主義表現が見られはするが、全ては無意識のうちに、顔面の表情から凝視の視線を逸らすことがないように作られていると思われる。無着の眼は私たちを力まかせに引き寄せる。その眼には水晶がはめ込まれ、虹彩が描かれていて、強さを持ち、生き生きとしている。

私が冒頭で主張したように、知覚におけるこうした差異はあまりに基礎的であるために、長期にわたって変わることがなく、日本の場合で言えば、西洋の文明が明治時代、表層からさらに内部へと入り込むまで、一〇〇〇年以上にわたって不変であった。もし、ヨーロッパと日本でほとんど同じ時期に描かれた、裸身という同じ主題の画像について、もう一つ並行的な事例（図8）を検討するならば、私たちは、少なくとも一九世紀に転換を迎えるまで、全ての本質的な差異がそのまま残っていたことに気がつくだろう。歌麿の「寒泉浴図」は、八世紀に制作された薬師寺の彫刻と同じように平面的で、風呂桶に入ろうとする美人が背景から全く切り離されていないことが明らかである。そして、アングルの裸身は、ポリクレイトスの体育選手と同様、三次元の中に際立っており、背景からは明白に感じられる距離を持っている。歌麿はまだ光の入射をあらかじめ考慮に入れていない。なぜなら、彼は、陰影も、直線による透視画法も、柔らかい質感を再現するための油絵具のような手段も持っていないからである。こうした手法や道具は、まさにジャン＝ドミニク・アングルが完全に修得していた技法であった。

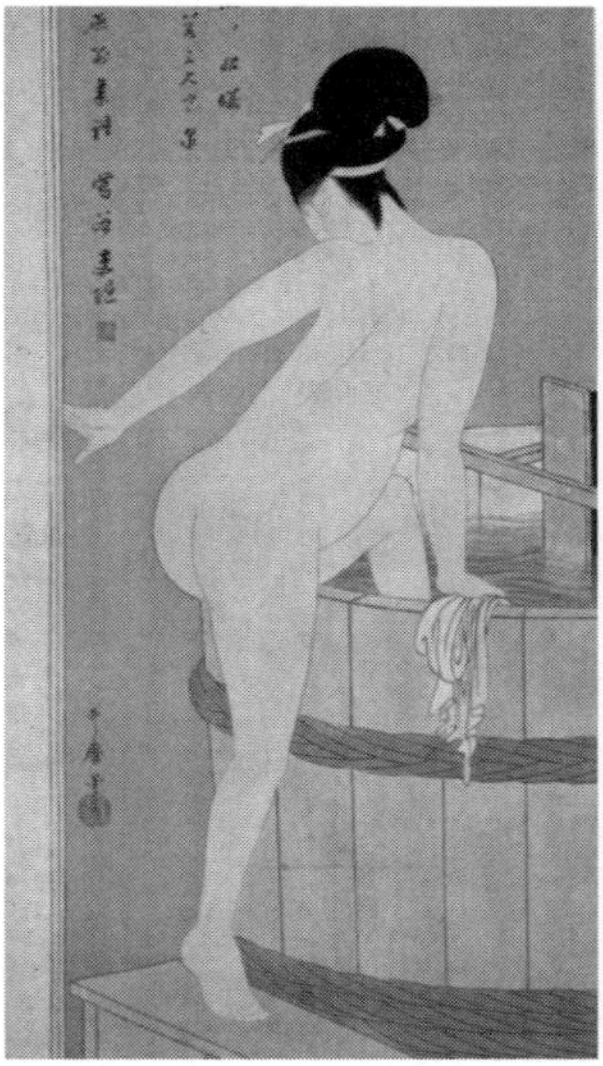

図８
喜多川歌麿　寒泉浴図
寛政 11 年（1799）
Utamaro Balgneuse ca. 1799

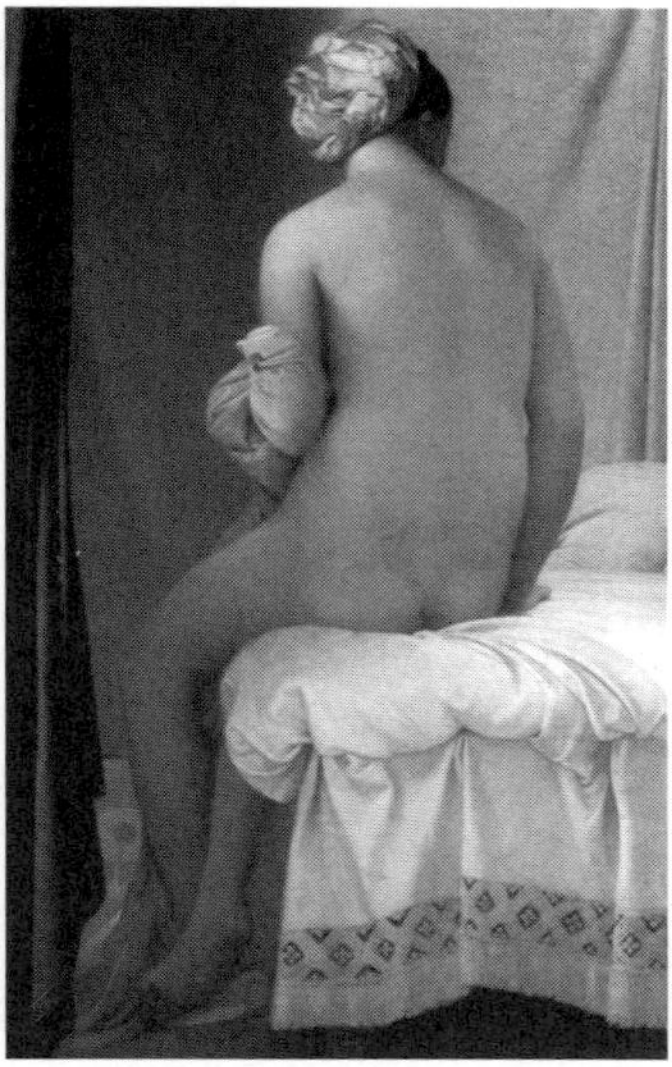

J.-D. アングル　湯上がり
J.-D. Ingres Balgneuse 1808

　ヨーロッパ文明との接触が、伝統的な日本の世界観に深い変化をもたらしたことは間違いない。そして、西洋の影響は、（自動式機械や鉄道時計といった）物質文化による影響よりも、書物や視覚芸術によってもたらされる精神文化の影響の

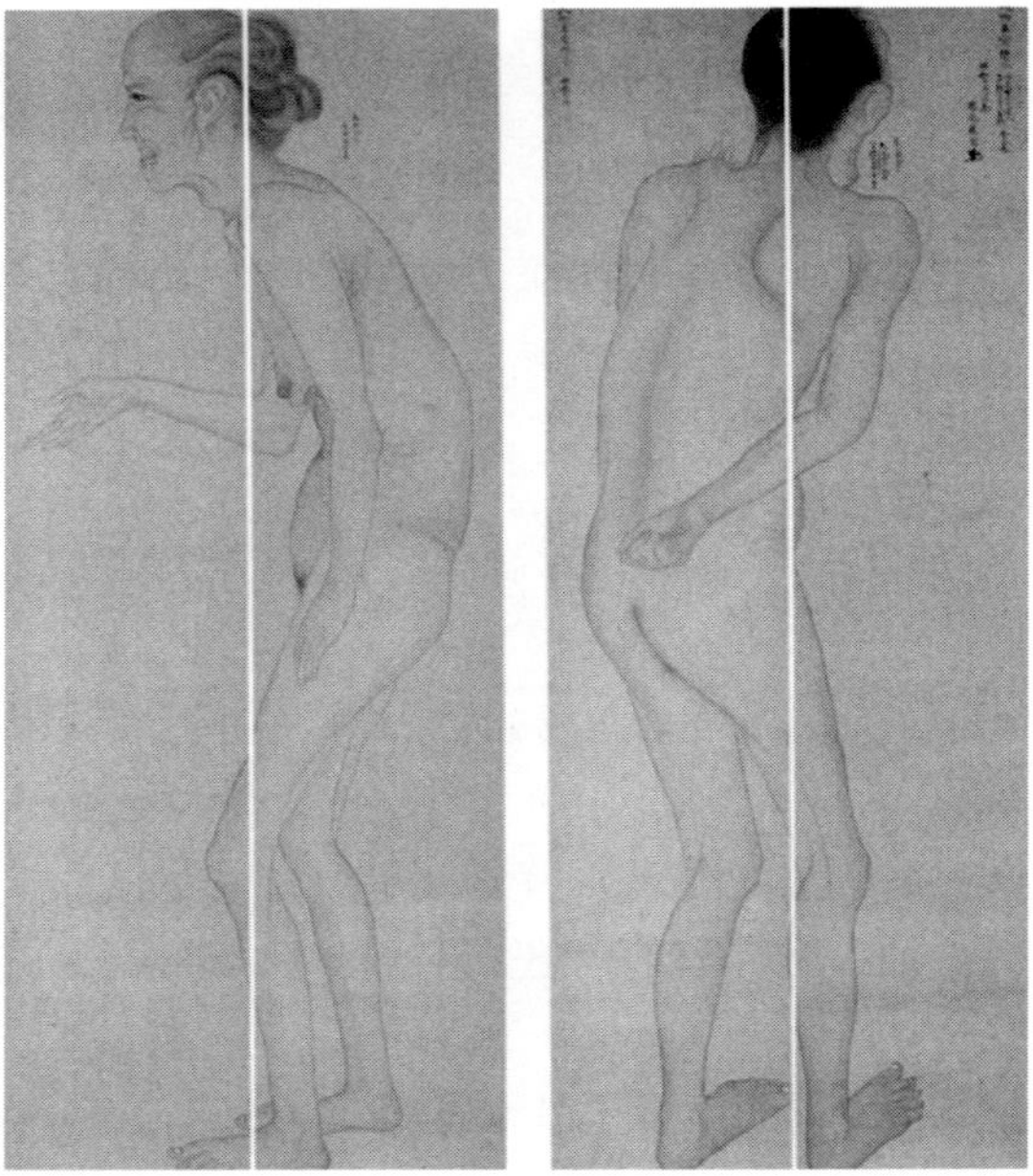

図9
円山応挙　人物正写惣本　明和7年（1770）
Maruyama Ôkyo (1733-1795) Jinbutsu seisha sôhon 1770

方が少なく感じられたとしても驚くことではない。理解しにくい言語で記されたイメージや文献を理解することはより一層難しく、たとえ全く異なる認識論的前提に基礎を置いているとしても、光学装置（のぞき眼鏡、望遠鏡、顕微鏡、眼鏡、鏡等）や武器、時計、その他の技術的装置の実践的な使用によって外国の文化を吸収することははるかに容易なのである。

一八世紀後半を通じて、パラダイム上の大きな革命が都市における蘭学者のサークルの中で生じる。西洋の世界観の核までが日本人によって洞察されるに至っている重要な事例の二つが記録されている。一つは杉田玄白によって、彼の自叙伝『蘭学事始』の中で報告されている、明和八（一七七一）年三月四日、老女の身体を解剖した際のできごとである。ここでは私はもう一つの例、すなわち、最も特異な画家であった円山応挙（一七三三―一七九五）が絵画の中に残した記録について話したい（図9）。彼の描いた（一七七〇年の日付のある）老夫婦は、伝統的な表現の規則から全面的に逸脱しており、敢えて言えば、伝統的な知覚方法から逸脱しているのである。応挙の視線が「科学的なディメンション」を持っていることは、それ自体も革命なのであるが、彼が男性と女性の標本一双を並べて画くというのを、人生の四時期それぞれに適応したという事実からして明らかである。彼は男女の裸体を、四肢の全てから皮膚に至るまで同じ正確さをもって描いている。また、色のグラデーションによって陰影をつけるという西洋的な技術を、彼が用いているという点も全く新しい。なぜなら、ヨーロッパの画家たちが

図10
円山応挙　眼鏡絵（三十三間堂通し矢図）　宝暦年間
Maruyama Ôkyo vues d'optique 1700's

油彩によって得た成果を彼は鉱物色素によって達成したのだから。応挙は実際に、フランドルの画家ジェラール・ド・レーレス（一六四〇—一七一二）の『画家のための偉大なる書物』(Great Book for Painters) という人体描写に関するヨーロッパの手引書の中で与えられている指導に、自らの『人物正写惣本』で正確に従っている。応挙は、西洋の写実主義が全く異なる世界観の中から生まれたことに気づいた、ユーラシア大陸の片側における最初の人物だったと言えるだろう。

応挙の作品は、さらに一つの理由によって特徴的である。彼は修行期に「のぞき眼鏡」と呼ばれる装置を通して風景や情景を見るための絵、すなわち眼鏡絵（図10）の画家として実際に働いていた。直線的な遠近法と線影をつけることによって生み出される三次元的な幻影を持つ絵画そのもの以上に、レンズという、視線を変形させる視覚的装置を通して見るように描かれた絵によって、応挙が世界を見る際にとった方法は、恒久的に変化したと言えるのである。レンズという媒介が入り込むことによって、異なる視線がもたらされただけではない。それは見る者に対して、異なるリアリティーがあることを意識させ、それによってリアリティーの相対性を意識させたのである。

私は、二次元的な平面における人体と、三次元的な空間における人体という、二つのイメージだけを選んでみた。しかし、描写の対象が人体であるか、あるいは別の何物かであるかということは、ほとんど重要ではない。問題は、客体を知覚し、表現するやりかたで

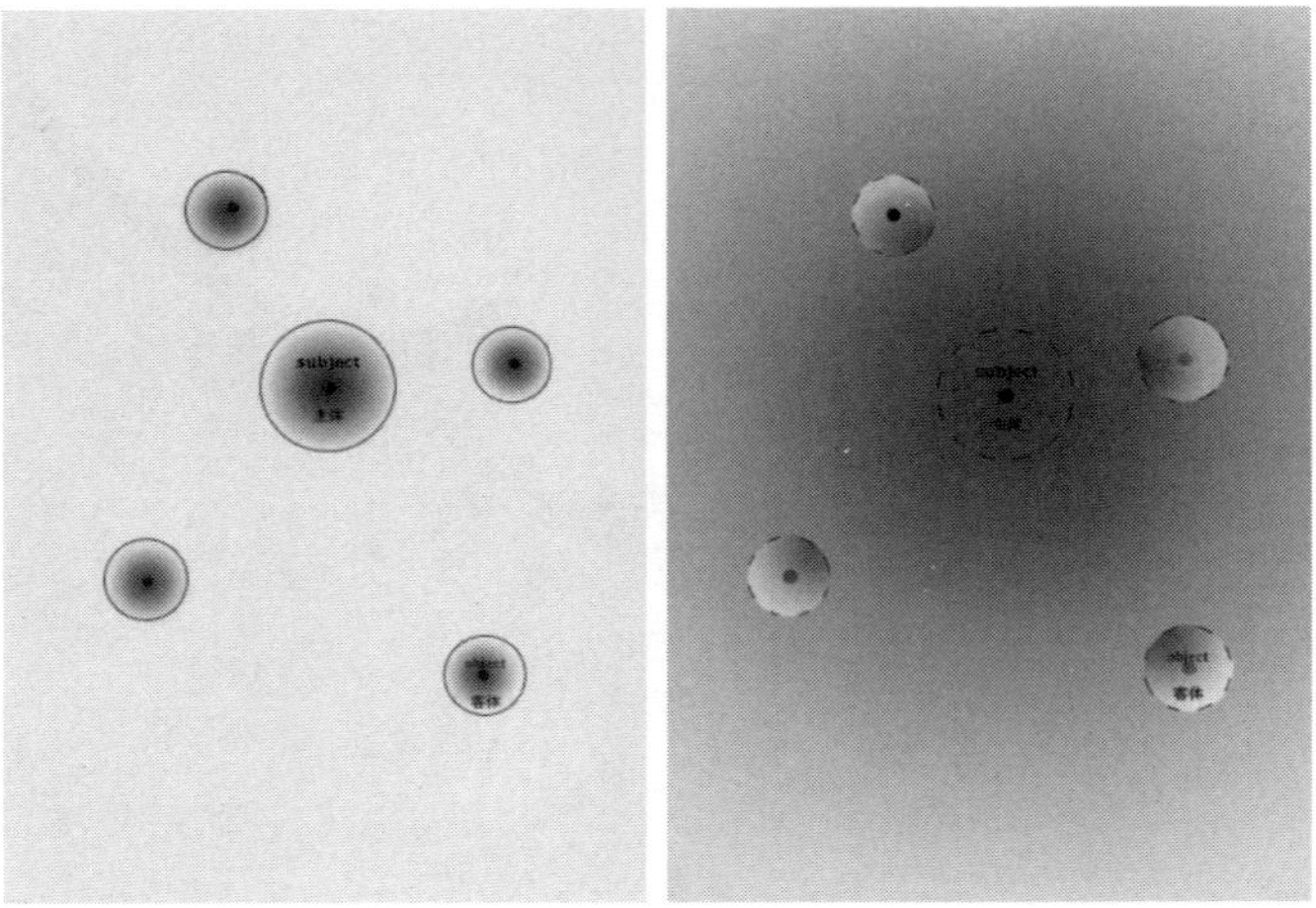

図 11
European model
Perception of objects in space

Japanese model
（空間の中の客体の知覚）

ある。

　もちろん、本質的な問題は、絵画的な表現が、画家が視覚的に知覚したものに、あるいは画家が実際に見ているものに、どこまで対応しているか、にある。だがこの場合、知覚は外界を写真のように記録するものではなく、感覚的な印象を解釈するものである。ところで、解釈は文化との関わりにおいてのみなされるものであるから、知覚は相対的なものなのである。もし観察者が何等かの媒介物、すなわち、レンズや向精神薬のような感覚的な印象を変化させるものを用いるとすれば、相対性の要素がさらに導入されることになる。もし、リアリティーが異なる知覚のしかたを許すなら、その時リアリティーそのものが相対的なものとなる。しかるに西洋文明の根本的なパラダイムは、まさに絶対的なリアリティーの存在を信じるところにあり、絶対的なリアリティーの追求こそが、全ての科学、さらには知識全般の背後にあったのである。私たちは、西洋型の絵画的表現における写実主義は、彩色、陰影、直線による遠近法、様々な光学装置を含めて、そのような追求の中から生まれたと考えるのである。

　もちろん、私は日本の伝統的な空間の知覚のあり方が二次元的であるとか、客体が平面的に知覚されていて、量と深さを持っていない、と言おうとしているわけではない。私が言いたいのは次のことである（図11）。すなわち、日本においては、①丸彫彫刻の像において、知覚の客体は隔絶したものとして、明確に空間から切り取られてはいない、②客体が、完全に独立し、個別的な存在として知覚されていない、③細部まで見るという科学的凝視の視線によって、客体が写実的な追求のために知覚されているのではない、ということである。伝統的な日本の知覚のあり方においては、客体は主体と同様に、周囲を取り巻く空間的・時間的連続体、すなわち、ある種の動的な現世における非直線的で絶えずうつろい行く連続体の、全体の一部分をなしているのである。

世界観についてのこの差異は、なぜ、いくつかの現象が東洋と西洋で本質的に異なるものとして認識されてきたかを説明する。私は、一五八〇年代にルイス・フロイスによって指摘された約八〇〇個の対立点についてのみ話しているのではなく、例えば社会モデルの差異というような現代の問題についても言っているのである。

絵画的表現を特徴づける、漠然と広がる空間と時間の連続体は、言語の領域でも認められるだろう。日本語では、文法上の主語を明確に記す必要がなく、人称代名詞、単数・複数の区別、(少なくとも前後の関係の中での)過去形と未来形などを明確にする必要もないという事実は、周囲の環境の、あまり差異を意識しない、沁み透っていくような知覚について当てはまるだろう。この現象はさらに社会という次元にも適用される。周囲に隈なく張り巡らされた相互関係性によって、個人に孤立した空間の余地はわずかなのである。人間関係におけるこのような日本の特異性は、とくに「間柄」の概念を使用した和辻哲郎、また後の時代の解説者、木村敏や「間人主義」という術語を作り出した浜口恵俊など、内部にいる日本人も最初に指摘する特徴の一つである。この特徴は、日本の国家を、一つ一つの細胞全てが全体との関係において存在すると考える「国体」という翻訳困難な概念のうちにも見ることができる。

ごくわずかの例に基づいて二つの文化の間にある根本的な差異を指摘することは危険であるし、西洋の学問的基準に従えば、極めて非科学的な試みということになる。知覚の中でも、ほとんど意識されることのない、直観的なレベルにまで入り込もうとすると、広い範囲にわたる一般化が必要になる。だが、これは立証されるものではない。ここまでに述べられた議論は証明されるものではなく、また反証されるものでもない。もしあらゆる知覚が文化によって条件づけられたものであるとすれば、当該の主体が全く異なるやりかたで知覚することは不可能になってしまう。こうして文化相対主義はしばしば非難されるように、トートロジーに陥ってしまうことになる。

しかし、西洋の文明が日常生活のあらゆる面に、完璧に自らの刻印を与えてしまったことによって基礎的な文化的差異は消滅した、というわけではない。意識下にある構造的な要素として、文化的差異は相変わらず知覚における本質的な役割を果たし続けている。日本人と外国人、どちらにとっても、「日本的なるもの」、あるいは「日本らしさ」を定義することは難しく、この難しさは根本的な差異が相変わらず存在していることから生じるのであろう。ただ、意識することを避け、同時に概念化することを避けているだけなのである。

日本とヨーロッパの文化を比較することなど、途方もないことのように思われるかもしれない。だが、最初にヨーロッパ人と日本人が出会った時から現在に至るまで感じられる、根本的に違っているところ、対照的なところ、あるいは対立するところ、それらは他者という鏡を通じて自らのイメージを確定するために役立つのである。

原註

[1] この論文は、国際シンポジウム「日本学とは何か——ヨーロッパから見た日本研究、日本から見た日本研究——」に参加した際の三〇分の報告であり、そのために概略を述べるに止まらざるを得なかった。この点について読者の許しを請いたい。

[2] ポール・ヴェーヌ『ギリシア・ローマ帝国』(Paul VEYNE, *L'Empire gréco-romain*, Paris: Seuil, 2005, pp.845 sq) は、いわゆる中世芸術を特徴づけているのは、裸体が消滅するだけではなく、自然主義的態度が全体として消滅すること、すなわち古典時代の芸術の典型であり続けた丸彫彫刻と等身大の人体が消滅することであるとしている。

[3] 日本の絵画表現の伝統における真の裸体像の嚆矢は、円山応挙(一七三三—一七九五)による明和七(一七七〇)年の『人物正写惣本』という名の巻子本である。応挙の試みは、まったく例外的なものであり、黒田清輝によって西洋式のアカデミックな絵画が導入される一九世紀後半まで類似するものがなかった。

[4] フランソワ・ジュリアン『根源的なるもの、あるいは裸のもの』(François JULLIEN, *De l'essence ou du nu*, Paris: Seuil, 2000) を見よ。彼は、中国の伝統において、裸体が出現し得なかったことを明らかにしている。

[5] それも元々仏像の肌に金箔が施されていたために「仏陀の肌の色は金色である」、余計にそうだろう。

日本思想史のあり方を考える

――丸山眞男論を通じて――

アニック・ホリウチ

はじめに

日本思想史という分野は、日本文学などと比べると地味な分野で、大学においても専門家の数は少ない。ただ、資料が外国にいても手に入りやすいことと、西洋人の日本に対する疑問に答える材料がもっとも豊富に提供されていることもあって、欧米の専門家は比較的多い。ことにアメリカでは、一つのアカデミックサークルをなすほど、この分野の研究は盛んである[1]。国内外における日本思想史の捉え方という今回のシンポジウムのテーマを考えるに際して、一九九〇年代以降、花々しく展開した丸山眞男論に注目したい。

一口に丸山論といっても多様な論文を含み、すべてが日本思想史にかかわるわけではない。しかし、丸山が戦後発表した『日本政治思想史研究』[2]や、陸羯南[3]や福沢諭吉[4]を題材にした論文などを見ても、日本思想史における丸山の活躍は目覚ましく、実際、それが本職であると本人も語っている。そこで、丸山を日本思想史家として扱うことはもっとも自然なことであり、丸山論の中でも、日本思想史に属するものが多く見受けられる。ここでは、丸山論の中でも日本思想史の問題提起やそのあり方に対して疑問を持ちかけているもので、特に目立つものを対象にする。

九〇年代に始まった丸山論は日本の思想界において珍しく多彩な論者――それもいわゆる評論家から狭い意味での日本思想史の専門家を含む――がかかわっている現象だといえる。現代思想は私の専門分野ではないが、ここであえて丸山論を扱う理由は、日本思想史が内部と外部両方から問いただされている経過を観察するのに、それがきわめて適した材料を提供していると感じたからだ。ここでは、丸山論の中でも日本近世思想史に関する論文を基に議論を進めていきたい。

1 丸山眞男ブーム

本論に入る前に、まず丸山眞男論が日本思想界において一つの事件であることをもう一度確認しておきたい。丸山の業績の総決算を行う作業は、丸山が一九九六年八二歳で亡くなる以前から、『丸山眞男集』(全一七巻、岩波書店、一九九五―一九九六年)の刊行を通して始まっていた。これに続いて、『丸山眞男座談』(全九巻、一九九八年、岩波書店)、『丸山眞男講義録』(全七巻、東京大学出版会、一九九八―二〇〇〇年)、『丸山眞男書簡集』(全五巻、みすず書房、二〇〇三―二〇〇四年)などが、やつぎばやに出版されている。以上のデータだけでも丸山眞男の著作や発言が広く読者の関心を呼び、その関心に出版者が競って対応していることが見受けられる。丸山論は、これらの著作の解説などにすでに顔を出し、さらに、学術雑誌の特集号、丸山の思想をテーマにした単行本、丸山眞男再読を掲げた研究書等に様々な形で展開されている[5]。この丸山ブームは一〇年経ってもまだ、納まる気配を見せていない。

これは丸山ほどのスケールの大きい思想家ならば、当然であるといって片付けることもできる。事実、日本思想の包括的な捉え方、テキスト分析の鋭さ、表現の豊かさ、西洋哲学の認識の深さという点で、丸山は群を抜いており、丸山の業績を一つの「古典」として捉え、新たな発想をそれから得ようとすることは、決して無意味ではないからだ。しかし、この丸山ブームの原動力になっているのはこのような学問的な関心や同世代の論者の懐古主義のみではないことも確かである。それは、多くの丸山論者が世代的に丸山から離れていることからも分かる。若い論者や読者にとって、丸山は一人の過去の思想家に過ぎず、他の明治や大正の思想家同様に映るのがもっとも自然である。にもかかわらず、丸山がこれほど注目を浴びるということは、何か特別な理由があるとしか考えられない。それは何か。答えはおそらく丸山とともに一つの時代が終わったという実感に根ざしている。その時代を葬り去る前に、その意味を考える必要を多くの知識人が感じたからであろう[6]。丸山は誰よりもその時代を象徴しており、丸山を今論じることは、戦後を支配した理念や論理を明るみにすることであり、とりわけ、戦後五〇年、知識人の言説の基調をなしていたにもかかわらず、まったく不問に付されてきた「日本」または、「日本思想」という概念を問いなおすことでもある。実際、近世日本思想史という丸山がもっとも専門的に扱った分野においての丸山論は、まさに今までの思想史のあり方、その概念装置を問い直しているといえる。

丸山の思想家としての特徴は日本の思想を常にグローバルに捉え、性格付けようとしていたところにある。これは、彼の業績中、もっとも広く読まれた『日本の思想』という著作のタイトルがよく物語っているし、以下紹介するもっとも著明な二つの日本思想史の理論においても端的に現れている。

これは同時代人の加藤周一も指摘していることである。加藤によると、丸山眞男の仕事は「高度の集中性」を示し、この集中の中心に「通時的及び共時的な日本社会の全体の本質的な性格」が据えられている[7]。

これは、今から振り返って見ると、丸山が有力な日本論の生産者であったことを示す。現在、研究者の間で、もっとも疑問視されているのは、まさにこの側面で、この論文で扱う安丸良夫、黒住真、酒井直樹の丸山論は、「日本」をグローバルに扱う時に生じる問題に注意を喚起している。

2 『日本政治思想史研究』におけるテーゼ

まず、初めに、丸山眞男の日本思想史論の内容を簡単に紹介しておこう。まず一番代表的なものとして、『日本政治思想史研究』の中で展開されている日本思想史論から始めよう。この著作を構成する三つの論文は一九四〇年代の前半、戦時中に書かれたことで有名である。丸山はここで、鮮明きわまる文章で、二世紀半に渡る徳川時代の思想史に包括的な解釈を与えている。

丸山は、当時まだ一般的だった学説史中心の思想史と一線を画し、徳川時代の儒者の思想的枠組みに注目し、「思惟様式」の変遷を分析するという方法を試みた。丸山はこの「思惟様式」という概念をマンハイムの哲学から借りたという。それがどのように形成されたにせよ、この時丸山が、思想史という分野に新しい形態の言説を導入したことは間違いない。それは、一方では各思想を加藤周一がいうように包括的に性格付け、他方ではそれぞれ一つの流れにおいて位置付けるものだ。

丸山の学説を大きくまとめると、一つの図式が浮かび上がる。それは、徳川時代の思想界が封建的な思惟様式から近代的な思惟様式へ移行したという図式である。この図式において、朱子学は封建的思想の象徴として導入される。これは後になってずいぶん反論されたことだが、丸山は朱子学が日本の徳川初期において、支配的な位置を獲得したとする。中国、さらに朝鮮の思想界において朱子学が繁栄した理由として、一方では仏教や道教に倣って形而上学的、自然科学的、倫理学的な問いに対して、合理的で一貫した答えを提供したこと、他方では、その思想が非常に体系的であったことが一般的に挙げられる。が、丸山が特に強調するのは、朱子学的思想体系の Geschlossenheit であり、自然との「連続性」である[8]。これは個人道徳の規範や政治の規範が、いずれも「自然」にその発想を求め、「自然」にその正統性の根拠を持つことを意味する。すなわち、儒教の言説の中心となるべき教えが、人間の力が及ばない自然界によって根拠付けられるというわけだ。

丸山の理論によれば、この朱子学的世界観は、一七世紀末に荻生徂徠という特異な思想家の登場とともに、一つの転換期を迎える。荻生徂徠の功績は、朱子学の「道」から、自然との「連続」を省き、「道」の定義を政治の手法に限定したことだ。

徂徠はさらに、「道」の模範が完璧な形で中国古代の聖人によって示されたとし、道なるものを知るには五経を読み、その意味を摑むのが唯一の方法だとした。ただ、五経を読むには古代の言葉、表現、そして現実を知る必要があり、朱子学流の時代錯誤的なテキストの「読み」から離れる必要がある。徂徠の学問が古文辞学と称されるのも、この点に由来している。

荻生徂徠の古学を、なぜ丸山が評価したか。その理由は、徂徠の思想に「政治」の「自然」からの解放を見たからである。丸山は、徂徠が「政治」を人間の作為として捉えたことを重く評価し、これを近代に向かう過程の中で通過せざるを得ないステップとした。そして、荻生徂徠の出現が朱子学的な学問観の「解体」を当然意味すると解釈した。ただ、それだけでは、まだ封建的思惟様式から完全に脱皮したことにはならない。そのためには、もう一つのステップが必要だった。それは本居宣長という人物の登場によって達成される。

本居宣長の業績でもっとも強調される点は、中華的な要素を拭い去った「道」を主唱し、儒学の五経や四書の代わりに『古事記』や『万葉集』を置いたことである。丸山によれば、一見対照的に見える徂徠と宣長の思想は、方法論的に見れば連続しており、一つの流れ（近代への流れ）の中に位置付けられる。宣長に注目するもう一つの理由は、文学や歴史という分野を儒教的道徳規範から解放した点である。これこそ近代的思惟様式の萌芽であるとされる。

3　丸山の自己批判

丸山は以上簡単にまとめた理論に対して、一九七二年に出版された英語版『日本政治思想史研究』の序文において、一種の反省を行っている。そこでは、もう三〇年前に書いた論文に対する様々な批判に一つ一つ反論するよりも、この論文が書かれた状況を説明し、それを貫く近代主義に対して理解を求めるというアプローチを選んでいる。その状況とは、すなわち一九四〇年代の日本の思想界を包んでいた特異な雰囲気を指す。彼がいうには、当時有力だった「近代の超克」派の思想、すなわち西洋の近代に懐疑を示し、東洋の真の文化への回帰を求める思想と距離を置きたかった[9]。だから、近世日本に近代的思惟様式の萌芽を見出す方向に進んだ。が、それは今となっては、あまり意味をなさない。この理論に価値があるとすれば、せいぜい思想の系譜やテキストの解釈においてであるとする[10]。

結局、丸山は近世の日本儒教に近代的要素を見ることはこの時点で断念するが、それ以外の点、とりわけ、徂徠や宣長に対する評価については、はっきりした答えを与えていない。そのためか、戦後の近世思想史において、丸山の理論の図式は、大きな変化を遂げずに生きのびることになる。

❖――丸山の古層論

丸山は戦後『日本政治思想史研究』において展開した理論にそれほど執着を示していない。それは、戦後、日本思想史を包括的に分析する理論を新たに構築したことに由来する。それがいわゆる「古層論」で、一九七二年、「歴史意識の古層」という論文において初めて発表された。これによると、日本の思想は古層というものを含み、外来思想との接触が起こった際、常に目立たない形でそれと交わり、その思想を変化させていくという。これは演奏の中で執拗低音（basso ostinato）の響きのような効果を持つともいう。こういった外来思想の同化は日本思想史において非常に重要な役割を果たし、その一つの特色をなす。これを出発点に、次第に丸山は思想の「日本化」のプロセスに注目するようになる。そしてこういった分析が可能である理由は、日本の文化が古い時代から強い等質性（ホモジェネティ）を持つからだとする。この理論は晩年の論文にも利用されているので、丸山が生涯貫いたものとして解釈していいだろう[11]。

非常に簡単ではあるが、丸山自身の理論そのものの紹介はこれまでにして、以下九〇年代の丸山論について述べよう。

4 安丸良夫の場合：日本の社会の多様性を主張

他の丸山論者とは異なり、安丸良夫（一九三四〜）の丸山批判は、比較的古く、七〇年代に遡る。彼は丸山の思想史に対しては、すでに六〇年代から疑問を持ち、七〇年代から完全に遠ざかったといっている。しかし、最近発表した丸山論を読むと、丸山の存在がその後も比較の対象として作用し続けたことが分かる。彼はそこで、主著である『近代天皇像の形成』を書き終えた時に、不思議と丸山の『日本の思想』を思わせる作品ができた気がしたと語っている。それは、安丸の場合、かなり複雑な意味を持つのだが、いずれにしても思想史の問題の捉え方の面で、丸山の日本思想史が深い跡を残していることが分かる。では、安丸は丸山の思想のどのような側面を批判しているのであろうか。ここでは、近世思想史に関する面だけを取り上げよう。

安丸が特に注目しているのは、丸山眞男がしばしば日本思想の仕組みを説明するのに利用したピラミッド型の重層構造の図式である[12]。丸山は日本の思想をピラミッド型、すなわち、頂点が尖っていて底が幅広い立体に喩え、その中に四つの層を区別している。最上層は、学問的知識、学説、教義、すなわち、ある制度を前提に繰り広げられる思考形式の層である。その下に続く層は、知識人、或いは文人の世界像を含み、最上層に比べて、多数の人間が共有するものからなる。それに続く層は、「具体的な問題に対する意見とか態度」、最下層は、一般民衆の「生活感情やムード」によって構成される。丸山の理論によれば、ピラミッドの頂点が思想の方向性を決め、最下層が発展性やエネルギーを提供する。丸山は後に大学の講議においても、外来思想との接触の過程を説明するにあたって、このピラミッド型を利用している。外来思想と接触した場合、最上層に属する思想が、その受け入れを決断する。しかし、いったん受け入れられた思想は、その後消化され、最終的に装う容貌は最下層によって決定される。この理論は、上に紹介した古層論と同じ図式を持つ。

安丸はこの丸山らしい構想が孕むいくつかの問題点を指摘する。まず、この図式によると、エリート層のみに能動的、革新的な役割が付与される。一方民衆は、受動的で、足を引っぱるような反応しか示さず、古い思想様式を再生産する役割しか与えられていない。すなわち、この図式は、民衆が進んで思想や文化を変化させること、それに方向を与えることを考慮に入れていない。この批判には、古くから「民衆思想」や「通俗道徳」を中心に据えた安丸の歴史観がよく現れている。

また、安丸は丸山のマンハイムの「利用」に対しても、懐疑的である。安丸は丸山がマンハイムの思想を部分的に活用し、かなり個性的な解釈を与えており、マンハイムの精神を忠実に活かそうとしていないことを指摘する。もし、忠実に活かそうとしたならば、日本の思想・文化を一つのピラミッドにではなく、お互いに作用する複数のピラミッドとして想定していただろうという。

このような指摘は丸山の理論のいくつかの問題点を照らし出している。

（1）日本社会の歴史的、および地理的次元における多様性の軽視。日本社会の文化的均質性、歴史における持続性をあまりにも自明なものとして扱っている。

（2）「日本思想」対「外来思想」という図式のみが眼中にある。

（3）マンハイムに代表される西洋の思想を一面的に利用する傾向がある。

これらの指摘を、丸山の思想の脱構築の第一歩と見ることもできるが、以下紹介するラジカルな丸山論に比較すると、丸山の問題提起の枠自体に対しては、批判は及んでいないように思える。

なぜこのような形の批判になったか。これには複数の理由が考えられる。まず世代的にいって、一九三四年生まれの安丸は一九一四年生まれの丸山と、師弟関係にあってもおかしくない年齢差である。実際、安丸は大学院生の頃、丸山の著作に大いに魅せられたと語っている[13]。だから、丸山から思想的に遠ざかった後も同時代を生きるものとして、同じ分野で仕事をしているものとして、なんらかの形でかかわり続けたことは間違いない。そこから、一種の対話的関係が生じるのは自然であり、安丸がどれだけ方法論的に対立したとしても、同じ次元で議論をしていたことには変わりがない。

一方、安丸の批判の形態は、彼の西洋の学問とのかかわり方とも深く関係しているように思える。安丸は七〇年代に構造主義や西洋の社会科学の新しい理論を歓迎したことを語っている[14]。ただ、それが彼の研究の方向を大きく変えたわけでもないともいい切っている。西洋の理論を勉強し、理解しながらも、それをそのまま自分の学問に組み込まない態度は、彼の丸山批判を通して展開される日本学観にも現れている。たとえば、日本社会を分析するにあたって、丸山がマンハイムを利用して図式化したようなことはせず、反対に過剰な理論化、図式化の危険性を強調している。このような態度は比較的日本史家の間でよく見かける態度だといえる。すなわち、西洋の理論や方法論には詳しいが、それを活用するにあたって、あまり目立つ形では利用しないという態度である。丸山とは大きく違って、それは思想史の概念装置としてはそれほど重要でなく、日本史を扱うには日本独特の概念が必要だとする見方である。

5 黒住真の場合：中国を日本思想史のうちに編入

黒住真の丸山眞男論は同時代人のものと様々な意味で一線を画している。まず、彼は丸山眞男と個人的な関係があったかどうかについてはいっさい言及していない。そして『日本政治思想史研究』における丸山理論の構図の脱構築をきわめてあっさりと、行っている。ここで黒住が注目している構図は、徳川初期に支配的だった儒教、とりわけ朱子学が、「荻生徂徠などの古学によって否定され、その流れがさらに国学によって押し進められ、近代に至った」[15]とするものである。黒住はこの構図の裏に横たわっている価値観に問いを投げかける。『日本政治思想史研究』における朱子学は、硬直して、まったく発展性のない思想として描かれている。それはまさに丸山が心底で描いていた中国のイメージにほかならない。他方、徂徠の古学や宣長の国学は「日本」や「日本的性格」を象徴している。徂徠と宣長が朱子学及び儒教に勝ったとする構図は、近代化の過程において日本が中国に勝ったことを暗示していることになる。

丸山の理論がナショナリスチックな要素を多分に含むことは、今日、誰一人否定するものはいないであろうが、今までこれほどはっきりした形でその日本中心的要素が提示されたこともあまりないのではないか。それはおそらく、丸山の理論に横たわる日本主義的傾向や中国に対する偏見が戦時中また戦後五〇年に渡って、無意識に広く同時代人に共有されていたからに違いないであろう。黒住はさらに、丸山のナショナリズムの発想が、一時代前のものであることを指摘する。それは、福沢諭吉が明治時代に主張した「脱亜思想」に近いもので、丸山眞男が政治的に対立していた井上哲次郎の思想とも共通点があるとする。確かに価値観の上では丸山と井上の思想は相容れない。たとえば、丸山は儒教を絶対悪のように扱い、井上はそれを善とする。だが、日本のアイデンティティーの追求及びその構築に全エネルギーを注ぎ、その作業に西洋の学問や理論をフルに活用した点で、丸山は井上と共通の流れに位置している。この分析は一つおもしろいことを我々に示唆している。それは、西洋の理論を組み入れて、自己の理論を築き上げることは決して日本主義的傾向から逃れたことを意味しないということだ。

黒住の丸山批判が特に効果的なのは、徳川時代における儒学の評価においてである。振り返ると、丸山の理論は江戸時代の儒学の実態を冷静に把握するのに大きな妨げになっていたことが分かる。丸山は江戸時代における儒学を朱子学と同一視し、封建性の象徴として描いた。その結果、朱子学の日本における真の姿、すなわち朝鮮や中国と違って支配的な地位にいなかったことや、思想として発展し続けたことや、それが教育的場面において大きな役割を果たしたことが見失われてしまった。それだけでなく、儒学の思想的側面に注目するあまり、その社会的側面を軽視する結果となった。江戸時代の儒学は実際様々な流れを汲む思想の結合体で、日本の社会に浸透するにあたって、多様な姿を装い、仏教や神道のような既存の思想や世界観とも融合した。そして、一八世紀以降は、教育の場面を通じて日本社会に深く根ざしたともいえる。

この黒住による丸山批判は丸山の理論に決定的な打撃を与えるものである。まだその近世日本思想史における影響を把握するには早すぎるが、ここで、この丸山論の中でもかなりユニークな位置を占める黒住論の登場について考えてみることにしよう[16]。まず注意を引くのは、著者が属する世代である。一九五〇年生まれの黒住は、西洋のいわゆるポストモダン的社会科学の研究の成果を抵抗なく吸収した戦後世代に属する。黒住はアメリカにおける日本学にも興味を示し、その活動にも積極的に参加しており、ここで紹介した論文ももとは英語で書かれたものである[17]。これらのことからある程度、黒住の社会学的アプローチや「日本」という対象の扱い方の斬新さを説明できる。ただ、それだけではこのパラダイム転換を充分に説明したことにはならない。なぜなら、西洋の理論の方法を完璧に利用し、西洋の学界と密接に交流した学者の例は、戦前でも珍しくないからだ。黒住がこれほど丸山理論の欠陥を読み通すことができたのは、おそらく中国という存在をもう一度日本の思想史に編入することを心掛けたからであろう。この作業は黒住のみが行っているわけではなく、日本思想史や日本文学史における現在の大きな動向だといえる。日本語、日本文学、日本における学問観などの形成において、漢文や漢学が果たした役割は現在やっと再認識されつつあるといえる[18]。

6　酒井直樹の場合：「日本思想」の否定

丸山論について述べる時、酒井直樹（一九四六〜）が「日本の思想」に対して投げかけた疑問を差し置くことはできない。丸山の思想史は酒井直樹が批判するところの思考様式をもっともよく代表しているからだ。酒井は「日本思想という問題」なる論文において、「日本思想」を研究する行為について疑問を投げかけている[19]。「日本の思想」とは、何を指すのか。「日本の思想」なるものは定義できるものなのか。彼はこれらの問いに対してまったく否定的である。日本思想家がまず初めに思い付くだろう定義、すなわち日本の思想を「日本語によって表された思想」とする定義を、彼は「ほとんど意味がない」として退ける。その理由として、遠いむかしに日本列島で使われていた多様な言語と現在流布する「日本語」が一本の線のごとく繋がっていると見なすことの不可能性を挙げる。ようするに、一九世紀以前に日本で使われていた表現は現在の日本人にとって外国語同様だというわけだ。

この酒井の極端な主張は思想史の専門家にとって受け入れ難いものであろう。また、彼が例に挙げている思想家の名前を見ると、一時代前の和辻哲郎や丸山というような思想家の名前しか見当たらないので、酒井直樹がここで扱っている「日本思想史」なる分野がいったい何を指すのか疑問が湧く。とはいえ、酒井直樹の議論はいくつかの興味深い示唆を与えている。たとえば、「日本思想」なるものを語る時、必ず同時に西洋思想が語られるか、またはイメージされるという指摘がそうである。西洋思想を基点とせずに「日本の思想」を描写し、性格付ける作業は考えられない。また、丸山などが行ってきたように「日本の思想」なるものを構築する作業は同時に「西洋思想」の普遍思想としての地位を再確認し、補強する効果がある。酒井は日本の思想を描く時、同時に西洋のそれが想像され、それとの比較を通して言説が初めて可能になることを「cofiguration」(邦訳では「対—形象化」)という言葉で表している。また、彼は：「hidden alliance of the narcissims of the West and of Japan」(西洋と日本のナルシシズムの間の密かな契約)なる表現を使って、いかに日本のアイデンティティー構築の作業が西洋の模倣としてしか成立せず、どれだけ西洋の文化の普遍的性格、または帝国主義的支配を表で否定しても、暗黙のうちにそれが模範として作用していることを強調している[20]。

また、この丸山をはじめ、「日本思想家」と称する者の言説の出現がある歴史的状況に規定されていることも指摘している。これはまさに日本が独自の文化と言語を持つ国民国家として表象され始めた時に現れた言説だとする。いうまでもなく、この表象は西洋諸国の学問に根ざしている。

さらに、この「日本の思想」なる観念の形成において西洋が果たす役割は特異なもので、インドや中国がその代わりになることは期待できない。すなわち、現在の「脱欧入亜」的動向はこの問題の解決策とはならないと酒井は主張する。なぜなら、西洋がここで果たしている機能はある個別の地域として演じているものではないからだ。それは、ただ一つしか存在しない、永遠の比較の基点であり、それを基にしてのみ非西洋的アイデンティティーが成立できるからである[21]。その結果、西洋は永遠にすべての非西洋諸国のアイデンティティー形成の基点としてヘゲモニーを握り続けるであろう。

酒井の議論はまだ続く。酒井は丸山の著作の中で、荻生徂徠が打ち出したとされる「聖人の道」——この道は、歴史的に規定されているにもかかわらず、永遠に有効で普遍的な価値を持つ——が近代の学問形成における「西洋」と多くの類比点を持つことを指摘している。これも、非常に興味深い指摘で、黒住の脱構築同様、丸山の理論に対して根本的な疑問を投げかけている。

では、酒井の特異な視点が生まれる理由を考えて見よう。酒井はアメリカの教育システム及び日本の教育システムの恩恵を受けており、現在アメリカの大学で教壇に立っている。両言語を自在に操り、論文を英語で書いては邦訳し、日本語で書いては英訳して日本とアメリカで発表している。この翻訳の作業が、思考を練る訓練になっていることは確かだ。また、酒井の議論は、西洋哲学の概念や理論を主な道具としている。たとえば、カント、ヘーゲル、ヴィットゲンシュタイン、フーコーなどが理論的枠組みをなしている。彼は現在の日本思想史における研究者と交流があまりないように見える。彼らの論文は引用されていないし、酒井の「明治以前の日本語」観や、思想史なる分野の定義においても、彼らとは対極的立場に立っている。かといって酒井が行っている作業が日本学の範囲から外れるとは断言できない。なぜなら、酒井の言説ほど、否定的とはいえ日本を問題にしているものはないからである。

結びにかえて

では最後に、この論文のテーマである国内外における日本学の現況に話を戻そう。前述の丸山論の検討から、現在の日本学の動向、日本学の分類を考えるのに有効な四つの基準を取り上げてみよう。

——第一の基準は、説明や分析を行うにあたって利用する概念である。日本学でよくあることとは、日本を専門に研究するものだけが理解できる概念装置を中心に議論を進めることである。この概念装置の選択は非常に重要で、西洋史の概念を中心に据えるか、日本史のみに有効のものを使うかによって、日本学の表情も大きく変わってくる。それが海外において読まれ、理解される可能性も大きく左右される。この点においては、国内と国外とで大きく割れるのではないかと思われる。

——第二の基準は何を先行研究として認めるかである。今までの研究と一線を画する場合も、必ずある種の先行研究を出発点としているわけだが、その先行研究の内容、範囲、そしてそれの編入の仕方によって、ずいぶん日本学の質が変わって来るように思える。たとえば、酒井直樹が先行研究として認めている日本語の論文や著書は非常に少ない。黒住と安丸は日本史・日本思想史という枠内で研究を行っている。

――第三の基準は資料の読み方である。資料を細かく読み、分析し、これに対してどのような問題を提起するか。ここにおいてもっとも世代の差が現れているのではないかと思われる。西欧で根ざした構造主義や社会科学の方法論は今では一般化し、普遍化する傾向にある。むかしはこの点において国内における日本研究と海外のそれとの差がもっとも大きかったのだが、今ではこの差は縮まりつつあるように思える。

――第四の基準は日本という対象の扱い方だ。丸山論を見ても明らかなようにいくつかの選択が可能だ。第一に、日本を中心に据え、日本の同一性を前提とし、議論を進める立場である（丸山）。第二に、日本内に多様性や異質性を見出す方法（安丸）。第三に、第三の国たとえば中国との比較を利用して、日本中心主義を克服する方法（黒住）。そして最後に、「日本」という対象を根本的に問いただしながら研究を進める方法（酒井）。この四つのアプローチは、現在のところ、国内外いずれにおいても見受けられる。現在展開されている丸山論がもっとも大きく広い意味での日本学の行方に影響するのは、この「日本」の扱い方においてであるように思える。

注

[1] Samuel Hideo Yamashita, "Reading the New Tokugawa Intellectual Histories," *Journal of Japanese Studies*, 22:1 (1996).「アメリカの日本研究――現在・未来」雑誌『季刊日本思想史』第61号。

[2] 丸山眞男「日本政治思想史研究」東京大学出版会、初版一九五二年、新装版一九八三年。

[3]「陸羯南――人と思想」『丸山眞男集　第三巻』岩波書店、一九九五年、所収。

[4]「福沢諭吉に於ける「実学」の展開――福沢諭吉の哲学研究序説」など、『丸山眞男集　第三巻』所収。

[5] 思想史の専門家が特にかかわった論文集として大隈和雄・平石直昭編『思想史家、丸山眞男論』ぺりかん社、二〇〇二年、がある。丸山を論じた著作は

きわめて多いが、最近出版されたもので小熊英二の『民主と愛国：戦後日本のナショナリズムと公共性』（新曜社、二〇〇二年）が特に注目に値する。小熊氏の著作の註（八三六頁）にそのもっとも重要な丸山論のリストが挙げられている。ただし、二〇〇二年以降も多数の研究書が出ている。

[6] 安丸良夫は以下のようにこの現象を分析している：「こうした丸山論の背景には、戦後五十年を期として戦後日本とは何であったのかという問いがあり、戦後日本の精神史を丸山に集約させて論じ、そのことによって自分たちの現在の位相を見極めようという志向があった。」「現代日本思想論——歴史意識とイデオロギー」岩波書店、二〇〇四年、一六一頁。

[7] 加藤周一、日高六郎『同時代人丸山眞男を語る』世織書房、一九九八年、二七頁。

[8]『日本政治思想史研究』二〇—三〇頁。

[9] 詳しくは、大平洋戦勃発直後に文学界が呼び出し人となって、「近代の超克」というテーマで行われたシンポジウムをもとに出版された『近代の超克』河上徹太郎他編、富山房、一九七九年、参照。

[10]『日本政治思想史研究』三九七—三九八頁。

[11] 丸山眞男「政事（まつりごと）の構造——政治意識の執拗低音」『現代思想』一九九四年、一月号。

[12] 安丸良夫「丸山思想史学と思惟様式論」大隈和雄・平石直昭編『思想史家丸山眞男論』ぺりかん社、二〇〇二年、参照。同論文は、安丸良夫『現代日本思想論——歴史意識とイデオロギー』岩波書店、二〇〇四年、にも掲載。

[13] 安丸良夫「丸山思想史学と思惟様式論」『思想史家丸山眞男論』一八四頁、『現代日本思想論』一五六頁。

[14] 安丸は「私も新しい社会理論・文化理論や欧米の社会史研究などから大きな影響をうけたが、しかしそれでも私はかなり頑固に自分のものの見方を誇示しつづけ、新しい理論や研究動向への関心も自分の立場からかかわりうる範囲内に限定してきたといえそうだ。」と『現代日本思想論：歴史意識とイデオロギー』岩波書店、二〇〇四年、のはしがきの中でいっている。

[15] 黒住真「徳川儒教と明治におけるその再編」『近世日本社会と儒教』ぺりかん社、二〇〇三年、一六六頁。

[16] もちろん、黒住のように前世代の学問と一線を画す研究者は他にもいる。たとえば、小熊英二の業績は近代思想史研究の分野に社会科学的観点を導入することによって、新しい研究の方向を開拓している。

[17] Benjamin A. Elman, John B. Duncan, a.d. Herman Ooms (eds.), *Rethinking Confucianism : Past and Present in China, Japan, Korea, and Vietnam*, University of California, August 2002, pp. 370-396、参照。

[18] 黒住自身「漢学——その書記、生成、権威」『近世日本社会と儒教』所収という論文を書いている。他に子安宣邦、『漢字論——不可避の他者』岩波書店、二〇〇三年、渡辺浩『東アジアの王権と思想』東京大学出版会、一九九七年、等もある。

[19] 酒井直樹『日本思想という問題：翻訳と主体』岩波書店、一九九七年、及び Naoki Sakai, Translation and Subjectivity, On Japan and Cultural Nationalism, University of Minesota Press, 1997, 参照。

[20] Naoki Sakai, *Translation and Subjectivity*, p. 71.

[21] "What is at issue here is the《West》insofar as people in the so-called non-West have to refer to and rely on it so as to construct their own cultural and historical identity"，と彼は述べている。*Translation and Subjectivity* p. 61.

ヨーロッパの博物館・美術館保管の日本コレクションと日本研究の展開

ヨーゼフ・クライナー

西洋における日本学および日本研究、すなわち日本の歴史・文化・社会を人文科学・社会科学の分析・方法論でもって解明しようとする学問体系は、今までおよそ二つの異なった立場から成立してきたといえよう。一つは、日・欧両文化の最初の接触が行われた一六世紀まで遡ることができ、一九世紀半ば頃にはじめて近代的人文科学の枠内で独立した学問「日本学」としてまとめられた日本文学、その中でも古典文学の文献学的研究である。それに対して、もう一つは二〇世紀後半から主流になってきた社会科学的なアプローチを重んじる研究である。しかし現在、さらに新たな転換期を迎え、再びパラダイムの転換が求められているのではないかという仮説を、本小論では取り上げてみたい。

一九世紀半ばから後半にかけて構築された「日本学」（英語でJapanology, ドイツ語でJapanologie）は、特に中部ヨーロッパのドイツ語圏では「文献学」（ドイツ語でPhilologie）としてとらえられ、理解された。当時、文献学において指導的な立場にあったドイツのA・ボエック（August Boeckh）は、文献学の定義を「認識されたことの再認識」（"Erkennen des Erkannten", Boeckh 1886:10）とした。言い換えると、一つの文化のすべての内容は、その文化の文学に表現されているため、文学の解釈により文化を解明することができるということである。したがって文献学として理解された日本学も、やはりその前提をもとに、古典にはじまり現代文学に至るまでの書物が集められ、ヨーロッパに日本文献の「図書室」を設立することで研究の基盤を作ろうと努めた。このようなアプローチは、すでに日本研究の先覚者に見られる。例えば、ケンペル（Engelbert Kaempfer）は日本人通司、今村源左衛門英生の協力を得て出島などで入手した日本文献を、大著『日本誌』（"*The History of Japan*", London 1727）の編纂のための資料に使った（その日本文献は現在、大英図書館西洋分室に所蔵されている。ブラウン、一九九六年）。

また大シーボルトの数多くの日本文献は、長男アレキサンダーにより、その大半がケンブリッジ大学に寄贈されたが、そのうちの数十冊は一八三七（天保八）年にヴィーンの帝室図書館（現在のオーストリア国立図書館）へ所蔵され、これをもとにヴィーンでのヨーロッパにおける文献学的な日本学がスタートした。

医者で東洋研究者のA・プフィッツマイアー（August Pfizmaier）は、一八三〇年代に現チェコのカロリ・ヴァリからヴィーンに移り、大学でアジア諸言語（最初はトルコ語、ペルシア語、アラブ語、中国語）の講師として活躍する傍ら、シーボルト寄贈の文献をもとに独学で日本語の勉強をした。

一八四七（弘化四）年、メッテルニヒ首相の依頼により日本語についての論文をまとめ、同時に柳亭種彦著の『浮世形六枚屏風』という戯作をドイツ語に翻訳し、ヴィーンの大蔵省印刷局より出版した（"Sechs Wandschirme in Gestalten der vergänglichen Welt", Wien 1847）。日本文学としてはじめて外国語に訳されたこの戯作は、後に英語、フランス語、イタリア語への翻訳のもとになっただけではなく、ドイツでは第二次大戦中に再版されたこともある。なお、プフィッツマイアーは一八八七（明治二〇）年に他界するまでに和独辞典（"Wörterbuch der japanischen Sprache", Wien 1851）を手がけ、また万葉集をはじめ本居宣長の国学に至るまで約六〇〇〇頁の日本文献をドイツ語に訳した、典型的な文献学者であったといえよう（Pfizmaier の業績については Kreiner 他 1976 及び Ladstätter und Linhart 1990 を参照する）。

しかし、同時代の研究者で最初に「日本学者」（Japanologe）と呼ばれたのはプフィッツマイアーではなく、現スロバキア、ブラチスラバ出身でイギリスの宣教師として一八四六（弘化三）年から一八五四（安政元）年まで、八年間にわたって沖縄で活躍したB・J・ベッテルハイム（Bernard Jean Bettelheim）であった。ベッテルハイムは沖縄滞在中、新約聖書を部分的に日本語に訳し、一八五六（安政三）年に帰国途中の香港で出版した。ちなみに、一八五五年からオランダ・ライデン大学でヨーロッパ最初の日本研究講座の主任教授を務めたJ・J・ホフマン（Johann Joseph Hoffmann）が、ドイツ東洋研究協会の機関誌 *"Zeitschrift der Deutschen Morgenländischen Gesellschaft"* の第一二巻一八五八年版に載せたD・クルチウス（Donker Curtius）の日本語文典の書評の中でベッテルハイムを取り上げ、その関係ではじめてこの"Japanologe"、すなわち「日本学者」という言葉を使った（Friese 1983:350）。

再びこの言葉が使われたのはそれから約二〇年後のことである。ノルウェーの探検家A・E・ノルデンシェルト（Adolf Erik Nordenskjöld）が一八七八（明治一一）年横浜に寄港した際、イギリスのアジア研究協会（Royal Asiatic Society）の歓迎会の席で、日本研究者として名が知られた外交官アーネスト・サトー（Ernest Satow）の講演を聴き、一八八一年ロンドンで出版された探検記 *"The Voyage of the Vega Round Asia and Europe"* の中でサトーのことを「学識のある日本学者（Japanologe）」と呼んだ。そしてまた二〇年が経ち、今度はドイツの歴史家で東京帝国大学のお雇い外国人L・リース（Ludwig Riess）がドイツ東アジア協会（Deutsche Gesellschaft für Natur- und Völkerkunde Ostasiens OAG）設立二五周年の祝賀会で講演し、やはりサトーのことを「日本学者（Japanologe）」と呼んだ。

サトーは、一九〇六（明治三九）年にロンドン大学に新設された日本学講座に招聘され、「日本史並びに日本文化史、日本の宗教とその他」の教授に任命された（Bownas 1976:269）。彼はホフマンやプフィッツマイアー、あるいはパリのレオン・デ・ロスニ（Léon de Rosny）などのヨーロッパで活躍した他の先覚者たちとは異なり、日本学を単なる文献学の一派としてではなく、むしろそれより幾分広い、日本文化のあらゆる側面をも含めた学問として理解したと思われる。しかし、もともと日本では幅広い日本研究のアプローチを取ってきたヨーロッパ人研究者も、一度ヨーロッパに戻ると日本とのつながりが弱まり、新しい研究の情報はもとより日本人研究者の成果も研究資料も手に入りにくくなったため、持ち帰った日本文献だけを頼りに、日本研究のほんの一部、すなわち文献学的研究に重点を置くことを強いられていたことも事実である。

このように主流を占めていた文献学的日本学が厳しい批判を受け始め、大きなパラダイムの転換が起こったのは、第二次大戦中から戦後のアメリカが最初であった。そこから社会科学的な「日本研究」(Japanese Studies)が、イギリスやアングロ・サクソンの国へ広まっていったのである。しかし、早いところでは一九三〇年代から、すでにアメリカだけではなくヨーロッパでもその前触れの動きを見ることができる。J・F・エンブリー(John F.Embree)の *"Suye Mura"*(『須恵村』)のモノグラフは一九三九(昭和一四)年に出版された。エンブリーの現地調査とほぼ同時期に、フランスの民族学者A・ルロア゠グーラン(André Leroi-Gourhan)が国際文化振興会の招きで日本に滞在し、アイヌ調査や民具の収集に取り組んだ。そしてヴィーン大学では日本民族学の生みの親、岡正雄が一九三三(昭和八)年にその画期的な大著 *"Kulturschichten in Alt-Japan"*(『古日本の文化層』)を著した。しかし、一九四六(昭和二一)年にアメリカの文化人類学者R・ベネディクト(Ruth Benedict)の総合的日本文化論 *"The Chrysanthemum and the Sword"*(『菊と刀』)が出版されると、生きている日本文化の内容は、その文学の翻訳や注釈の分析で解明できるような狭い分野ではなく、特に現代日本の理解には文献学的方法よりも、むしろ社会科学的なアプローチが必要であると認識された。これまで主流であった「日本学」はヨーロッパ中心主義の古めかしい「趣味的な」暇つぶしと批判され、打ち捨てられるようになった。そして、新たな専門的かつ科学的なアプローチが求められ、図書や文献に代わり、社会学的な方法で得られた現地調査、インタビュー、世論調査や統計が研究資料として重要視され始めた。

まずイギリスで、一九四七(昭和二二)年のスカーボロー公の報告(The Lord of Scarborough Report)が東洋研究の実態を厳しく評価し、政府がこれ、またその他の報告書を踏まえて一九六六(昭和四一)年にシェッフィルド大学で日本研究講座を設立したことをはじめ、伝統的な日本学を少しずつ新しい日本研究に変えようと努めた。この新しいアプローチの代表的な研究として、主に社会学者のR・P・ドア(Ronald P.Dore)の著作 *"City Life in Japan"*(『日本の都市社会』、一九五〇年)、*"British Factory, Japanese Factory"*(『イギリスの工場、日本の工場』、一九七三年)、*"Shirahata, a portait of a Japanese village"*(『シラハタ村』、一九九四年)等々が知られている。

ヨーロッパ大陸では、イギリスより約二〇年遅れて文献学的なアプローチが疑問視され始めた。ヴィーン大学日本文化研究所が一九六八（昭和四三）年にA・スラヴィク（Alexander Slawik）の指導のもと、熊本県阿蘇地方の総合調査に乗りだしたこと（Slawik他、一九七五年、クライナー、二〇〇〇年）や、フランスのCNRSのグループ（Josef Kyburz, Jane Cobbi他）が信州の木曽谷で共同調査を行ったこともそのきっかけになったといえよう。またドイツでは、一九六八（昭和四三）年の学生紛争が、ベルリン自由大学日本学科の学生の、時代遅れな古典文学を中心とした日本学教授に対する不満により勃発したこともこれを裏付けている。なお同年、日本のGNPが西ドイツ（当時）を上回り世界第二位にまで上りつめ、ドイツ政府も新しい日本研究の必要性を感じ始めた。

社会科学の方法論に基づき現代的な指向を重んじる、この新しい「日本研究」（Japanese studies）は、極めて自然に一元的な説明原理で解明できる日本像と異なった、非常に複雑で多様な日本文化の時代的、地方的または社会的な差異に着目し、それを研究対象として取り上げるようになった。戦前からヴィーンでは岡正雄の影響下で日本民族＝文化の起源が中心的なテーマであり、戦後はA・スラヴィクのアイヌ研究（Slawik 1992）やJ・クライナーの南西諸島調査研究（Kreiner 1965）がそれに続いたことはその好例である。アイヌ研究はヨーロッパでは、イデオロギー的な背景があったことで戦後しばらくは停滞していたが、昭和四〇年代になってから再び注目され始めた（フィレンツェ大学ではF・マライニ（Fosco Maraini）、ドイツ・ボフム大学ではH・A・デットマー（Hans Adalbert Dettmer）のアイヌ語文法研究、ポーランド・ポスナン大学ではA・マイエヴィッチ（Alfred Majewicz）のピウスツキ研究、ボン大学ではH・D・オイルシュレガー（Hans Dieter Ölschleger）のエコロジー研究ほか）。なお、沖縄（西南諸島）研究は、それよりもさらに早い時点から始められていた。ヴィーンではJ・クライナーの研究を皮切りに、オランダ・ライデン国立民族学博物館、後にスイス、チューリッヒ大学のC・アウエハント（Cornelius Ouwehand）の波照間島調査、ノルウェー・オスロ大学のA・レックム（Arne Røkkum）の与那国島調査、フランス・CNRSのP・ベレヴェール（Patrick Beillevere）の多良間島調査、そしてベネツィア大学のR・カーロリ（Rosa Caroli）の琉球王国の歴史的研究等々がそれに続いた。

表:2005年時点のヨーロッパにおける日本コレクション(Kreiner 2005: Ⅱ:xviによる)

国　別	博物館	点　数	国　別	博物館	点　数
リトアニア	3	200	スペイン	44	5,000
スロバキア	4	256	ギリシア	1	5,100
クロアチア	3	285	イスラエル	1	7,000
リヒテンシュタイン	1	350	ハンガリー	6	9,389
スロベニア	3	371	スウェーデン	16	12,000
セルビア	3	417	ポーランド	6	12,133
ラトビア	3	570	ベルギー	6	13,274
エストニア	6	752	フランス	7	16,418
トルコ	1	1,000	スイス	13	18,840
バチカン	1	1,200	チェコ	90	28,876
ポルトガル	17	1,405	オーストリア	3	37,700
フィンランド	5	1,665	オランダ	4	41,350
アイルランド	1	1,775	イタリア	8	46,000
ノルウェー	7	1,800	イギリス	5	63,087
デンマーク	16	3,406	ドイツ	35	86,056
ルーマニア	3	4,530			
計:322 博物館・美術館, 422,205点					

この多様化する日本の社会や文化研究の理論的な基礎をまとめたのは、オーストラリアのR・マウアー(Ross Mouer)とY・スギモト(Yoshio Sugimoto)であった(Mouer and Sugimoto 1986)。ちなみに、日本でも民族学、文化人類学や民俗学の分野において、以前から豊かな地方色や日本文化の地域性についての研究が進められてきたが、それが一般社会に広く知られるようになったのは、主に歴史学の網野善彦と社会学の小熊英次によるところが大きい。

総論として、そのように多様な日本文化を認めた日本研究は、それ自体がすこぶる多様なアプローチを取るようになり、一時期批判された文献学的な日本学でさえも、ある意味では復活させた。しかし、そのいずれのアプローチも、西洋の博物館・美術館で保管されている膨大な点数にのぼる貴重な資料を考慮することはなかった。日本文化をより深く理解し、すでに形作られているヨーロッパの日本観の形成過程を正しく摑むためにも、我々西洋人の日本研究の根本に影響するものとして、そのような資料を見据えること、そして、この二一世紀はじめの現代にもう一度、日本研究のパラダイムの転換が必要となってきているのではないかと思う。

多数の博物館・美術館の日本コレクション担当者の協力を得たにもかかわらず、未だに不十分である調査研究の最初の中間報告(Kreiner 2005)をここに要約すると、ロシア及び独立国家連合とウクライナ

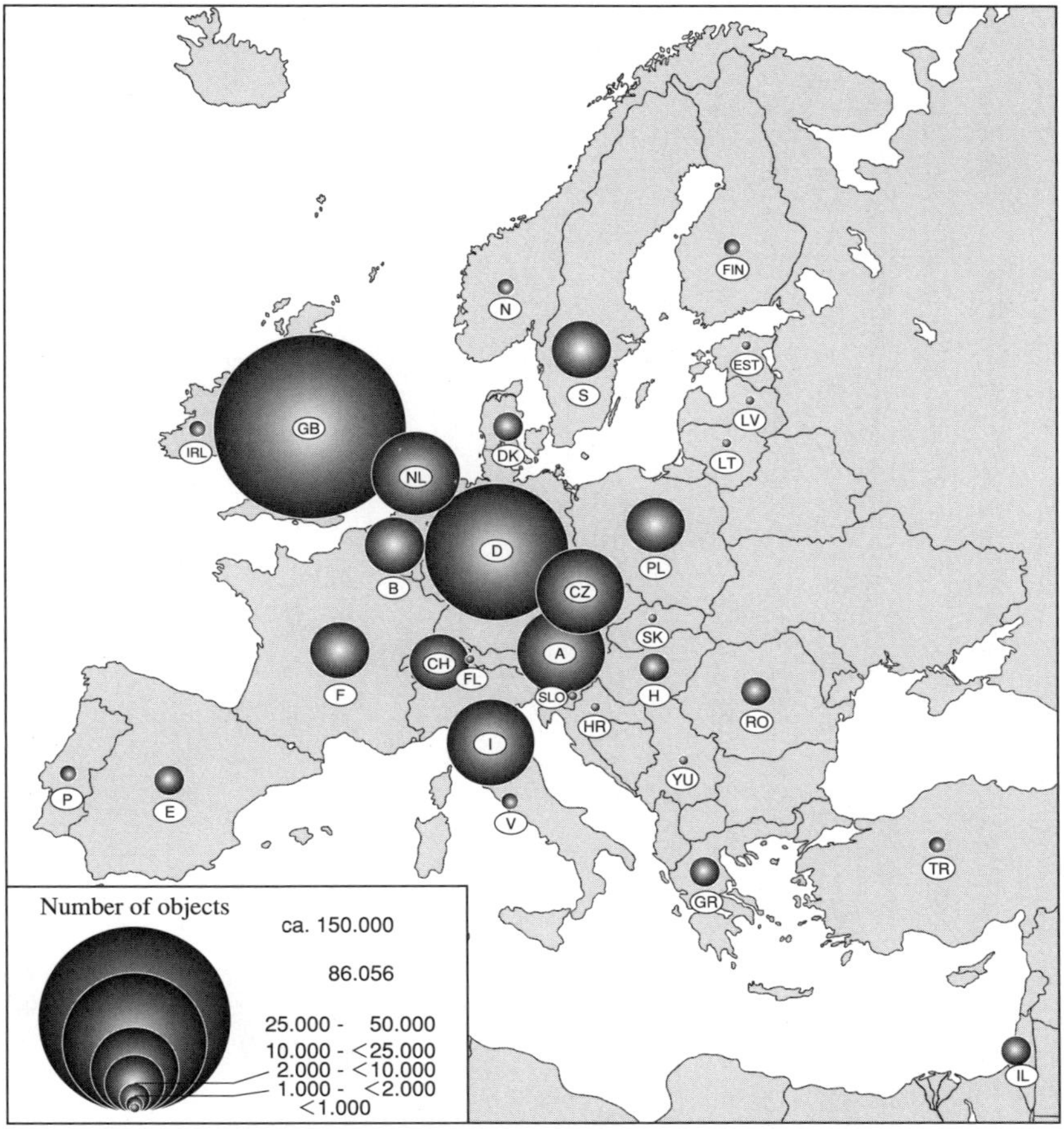

図：2005 年時点のヨーロッパにおける日本コレクション (Kreiner 2005: II :xvii による)

を別にして、トルコとイスラエルを含む全ヨーロッパの三一カ国三二二カ所の博物館・美術館に、およそ四〇万点以上の日本コレクションが保管されている(表及び地図を参照。点数の数え方は各館または時代によって異なっていることに注意する必要がある。なお東欧をはじめ幾つかの美術館の調査は目下、継続中である)。

西洋における日本コレクションの歴史は、大きく二つの時代に分けることができる。その第一期は両文化がはじめて接触した一六世紀半ばから一九世紀中期、いわゆる日本の「開国」に至るまでの約三〇〇年間である。そして第二期はそこから現在までの約一五〇年である。また、そのいずれも、コレクションの内容や数、あるいはヨーロッパの日本観に及ぼす影響力の違いによって、幾つかのより短い時期に区分できる。

室町時代末期に始まり戦国時代から江戸時代の初期まで、すなわち一五五〇年代頃から一六四〇年代に至るまでの「クリスチャンの世紀」ともいわれるおよそ一〇〇年間に、限られた数ではあるが、多様な日本製品が、主に日本の当時の権力者（織田信長、豊臣秀吉、徳川家康、秀忠と家光の三代の将軍を中心に主だった大名等）から法王をはじめヨーロッパの交流相手国スペイン、イギリスやハプスブルクの王家に献上された。また、イエズス会宣教師が修道会本部やバチカンに送ったものや、商品としてヨーロッパに渡ってきたものもある。その内容は仏像、鎧、刀、屏風、着物、漆器などが文献に記されているが、宝飾自体はそれぞれ王家の骨董陳列室（Kunstkammer）に陳列された。これらの宝飾品によってヨーロッパに伝わった日本観はすこぶるポジティブなものとなり、日本は当時のヨーロッパの封建社会と非常に似通った社会、いや、場合によってはヨーロッパのそれを上回る「騎士道」の国として対等な相手と認められた。

一六三〇年代から一八世紀の終わり頃までのいわゆる「鎖国下の」の一五〇年間は、日本の情報と製品はオランダの東インド会社ＶＯＣを通じてのみヨーロッパに伝わった。ロシアあるいは中国経由でヨーロッパに入る情報や、一七二二年からのわずか一〇年間という短期間に、ベルギーのオストエンデに本拠地を置いたオーストリア東インド会社を通じてヴィーンに入ってきた漆器や陶磁器もあるが、これは全体から見ると極めて少数である。

その内容は、およそ二、三種類に限られていた。漆器、陶磁器（有田焼、すなわちヨーロッパで伊万里焼と呼んだものが中心）、そして着物や屏風である。しかし、いずれも日本でヨーロッパの注文に応じて製作されたヨーロッパ人好みのものであり、これを真の「日本美術」といえるかどうかは、近年、疑問視されている（Impey and Fairley 1997:29,30）。また、早くから、この日本の伝統工芸美術品はヨーロッパの文化や日常生活に根を下ろし、「ヨーロッパ化」してしまった。漆器は初めにパリで模倣され、後にベルギーのスパ市に工房ができ、そこからザクセン王国のドレスデンに広まった。技術は日本の水準に達しなかったが、代用品として一応は栄えた。陶磁器はマイセン（Meissen）と取り交わされ、着物はオランダからヨーロッパに大変な流行を巻き起こし、安い代用品がインド・コロマンデル海岸のオランダ商館で大量に作られ、それがヨーロッパのガウンの始まりとなったともいわれている(Lubberhuizen-van Gelder 1947,1949)。この一八世紀の交流を通じて、ケンペルの『日本誌』(ロンドン、一七二七年)の影響も加わり、日本は当時のヨーロッパをはるかに上回る「啓蒙された社会と文化」を持つ国として理解され、模範として見られた。日本から次々と渡ってきた工芸美術品が、このポジティブな日本観をさらに強めていったといえよう。さらにいえば、啓蒙主義がその頂点に急速に現れてきたいわゆるヨーロッパ中心主義とともに、アジア的世界が軽視される傾向にあったが、日本だけはその工芸美術のすばらしさのため、かろうじてヨーロッパと対等に見られた(Meiners 1790)。

一八世紀末から一九世紀前半に入ると、フランスからヨーロッパに広まった百科全書主義の影響で、今度は工芸美術品のみならず日本文化全体を体系的にヨーロッパに紹介するという名目で、今までにない総合的なコレクションが幾つか収集された。収集家はいずれもオランダの東インド会社VOCないし、その後に出島で活躍したオランダ植民地省の商館長(opperhofd)、その他の指導的な立場にあった者や研究者であった。残念なことにI・ティトシンク(Isaac Titsingh)商館長のコレクションは後に散逸し、残っていない(Lequin 2003)。H・ドゥッフ(Hendrick Doeff)商館長のものはヨーロッパに運ばれる途中で遭難事件に遭い、こちらも残っていない。J・C・ブロムホッフ(Jan Cock Blomhoff)、Ph・F・フォン・シーボルト(Philipp Franz von Siebold)及びJ・F・ファン・オフェルメール＝フィッシャー(Johan Frederic van Overmeer-Fisscher)の各コレクションは、一八三七(天保八)年に世界最初の民族学博物館として設立されたライデン国立民族学博物館の基盤となっており、大シーボルトのもう一つの日本コレクションは、ドイツの最も古い民族学博物館であるミュンヘン国立民族学博物館の創立当時から保管されている。一八七〇―八〇年代に日本で収集された小シーボルト(Henry von Siebold)とE・S・モース(Edward Sylvester Morse)のコレクションは、それぞれヴィーン国立民族学博物館、工芸美術館とボストンのピボディ博物館の基盤となっている。この五つないし六つの民族学的・文化史的見地から揃えられた日本コレクションは、非常に体系的な構成で、中でも大シーボルトのライデン・コレクションはその典型的な例であり(Vos 2005)、総合的な日本研究書を目指したシーボルトの大著『日本』(“*Nippon*,” *Leiden* 1832-1852)と合わせて考えなければならない。明治一〇年代以降になると、このような民族学的なコレクションが集められることは、もう二度となかった。なお、一九三〇年代に収集されたフランスのA・ルロア゠グーラン(André Leroi-Gourhan)の日本の職人の工具コレクション(現在Musée du Quai Brainly)、またA・スラヴィク、J・クライナー、E・パウアー(Erich Pauer)、芳賀日出男の農機具コレクション(現在ヴィーン国立民族学博物館)は、いずれも日本研究において重要であるにもかかわらず、狭い範囲に留まっている。

一九世紀半ばから始まる、主に日本美術品の収集で性格づけられている第二期も、やはり幾つかのより短い時期に区分できる。その最初の、日本開国からおよそ第一次世界大戦(日本ではそれはだいたい明治時代に当たる)に至る時期は、西洋における日本コレクションの最盛期でもある。しかし、その収集は日本美術コレクションを目的として来日する者によるものもあった(Henri Cernuschi, Emile Guimet, Otto Kümmel 等)が、主に単なる観光目的の旅行者によるものが多く、その他には日本にしばらく滞在したいわゆるお雇い外国人(Eduardo Chiossone, Ernest Fenollosa)、外交官または商人によるものであった。初期の総合的な民族学・文化史的なコレクションと異なり、体系的な工芸美術コレクションを集めるには、まず日本美術史の研究を前提としているため、古代から明治に至るまでの総合的な日本美術の各分野に跨るコレクションは、非常に稀にしか見当たらない。

この時期の優れた収集家として、まずイタリア生まれのパリで活躍した企業家H・ツェルヌスキー(Henri Cernuschi)を筆頭に(明治三年、現在パリ市立ツェルヌスキー美術館)、彼より五年遅れてフランス文部省から派遣されたE・ギメー(Emile Guimet)が挙げられる。ギメーのコレクションは現在、パリとリヨンの各ギメー美術館に保管されている。そして、最も充実したコレクションを誇る、長年日本に滞在し、日本の芸術家と親しく交流した二人のお雇い外国人、ボストンのE・フェノロサ(Ernest Fenollosa)とイタリア・ジェノバのE・キオッソネ(Eduardo Chiossone)の名を挙げなければならない。単なる世界周遊の旅で日本に立ち寄った貴族や資産階級が持ち帰ったコレクションは、場合によっては膨大な点数にのぼるが(オーストリア・ハンガリーの皇太子フランツ・フェルディナンド(Franz Ferdinand)あるいはオーストリア大公E・デ・ブルボン＝バルディ（Enrico de Borbone-Bardi）のものはいずれも何千点も含まれている）、内容はさほど充実していない。

江戸時代を通じてパトロンの役割を果たしていた幕府や大名などが明治維新と急速な近代化の波でいなくなり、生活に困った伝統的な工芸美術の職人を集め、日本で工場を開き、その製品を万国博覧会で展示・紹介し、パリ、ロンドン、ニューヨークの店舗で西洋コレクターに売る会社も次から次に設立された。一八七三（明治六）年のヴィーン万博をきっかけに、佐野常民の助言で他に先駆けて設立された起立工商会社《きりゅうこうしょうがいしゃ》は、一八九一（明治二四）年まで営業を続けた。続いて一八九四（明治二七）年に中山商会、その後も丸中商会などが活躍するに至った。また、ドイツ生まれの骨董・古術商S・ビング（Siegfried Bing）と日本人の林忠正が、パリにそれぞれ店を開き、主に江戸・明治期の工芸美術品を数十年に渡り、数多く西洋に持ち運んで、パリで売り捌いた。

日本へ旅行できないヨーロッパのコレクターは日本美術コレクションを、ここパリで手に入れることができた。そうして集められたコレクションは、現在のポーランド・クラコフ国立日本美術館「マンガ」が誇るF・ヤシエンスキー（Feliks Jasieński, 号はマンガ）の日本美術コレクションをはじめ、ルーマニアのS・ニコラウ（Stefan Nicolau）やギリシアのG・マノス（Gregorios Manos）のコレクションはそれぞれの国立美術館・東洋美術館に保管されている。しかしそのいずれも、上に述べてきたように、ほとんどが江戸・明治期の工芸美術に限られていて、それ以前の日本美術、とりわけ仏教美術や彫刻は含まれていない。その代わり、ヨーロッパ美術に深い影響を及ぼし、特に印象派に大きく貢献した浮世絵が大量に買い求められている。ロンドンのビクトリア・アンド・アルベルト工芸美術館の四万二〇〇〇点にものぼる日本コレクションのうち、約六六%を浮世絵が占めていることがその好例であろう。

一九〇〇（明治三三）年のパリ万博の総裁に任命された林忠正が、そこではじめて日本古典美術の最も優れた作品を展示し、全ヨーロッパに大きなショックを与えた。E・グロッセ（Ernst Grosse 1903）はそれをこう評した。「我々（ヨーロッパ人）はすでに日本美術の最も優れた作品を手に入れて、自らの博物館・美術館のコレクションに保管していると思い込んでいたが、今となっては、それは全て二流品か三流品だという事実を認めなければならない……」と。

それを受け、特にドイツでは、日本美術史の十分な研究を踏まえた新しい収集活動が開始され、フィッシャー夫妻（Adolf und Frieda Fischer; コレクションは現在ケルン市立東洋美術館）、E・グロッセとO・キュンメル（Otto Kümmel; コレクションは元ベルリン東洋美術館にあったが、終戦当時にサンクト・ペテルブルクに持ち去られた）が明治末期に優れた、そして古代から室町、江戸までに広く行き渡るコレクションを収集することに成功した。時代はおよそ、日本学における古典文学の文献学的研究の最盛期と同時期である。しかし、第一次大戦でヨーロッパの歴史が大きく変わり、ベルリンではF・チコティン（Felix Tikotin; コレクションは現在イスラエルのハイファ東洋美術館）、ヴィーンではW・エクスナー（Walter Exner）父子という古美術商兼コレクターが活躍し続けはしたが、内容のある日本コレクションの収集の時代は一応、一九〇五～一九一四年に終末を迎えた。その後、ほとんどの博物館・美術館はもっぱら「偶然」の寄贈などに頼りながら、少しずつコレクションを増やしていくばかりで、組織的に、ましてや総合的なコレクションを求めるチャンスなどは一切ないといっても過言ではなかった。その上、近年の予算縮小により各博物館・美術館が深刻な経費節減策を迫られ、日本美術専門の学芸員のポストを置くことさえできなくなっている。しかし、このような事情を背景に、ヨーロッパの日本コレクション担当の学芸員らが団結し、二〇〇三（平成一五）年、ネットワークENJAC（European Network of Japanese Art; なお、これに民族学博物館の担当者も参加）を設立すると同時に、各大学における日本学および日本研究機関との協力体制を強めながら、新しい、より幅広い日本研究を目指すことを決議した。この動きが、将来へ向け、日本人研究者とのネットワークをも深めていくだろうと期待する所存である。

参考文献

・BOECKH, August（1886）: *Enzyklopädie und Methodologie der Philologischen Wissenschaften.* Leipzig : Teubner（Ernst Bratuscheck 編、1877.）.

・BOWNAS, Geoffrey（1976）: From Japanology to Japanese Studies. In: Josef Kreiner 他（編）: *Japanforschung in Österreich,* pp.261-279. Wien: Institut

für Japanologie.
・ブラウン・ユーイン（1996）：「日本史」と英国に伝わるケンペル遺産／クライナー・ヨーゼフ（編）：『ケンペルのみた日本』（＝ＮＨＫブックス／七六二頁）、日本放送出版協会、一九六―二二二頁。
・FRIESE, Eberhard（1983）：*Philipp Franz von Siebold als früher Exponent der Ostasienwissenschaften. Ein Beitrag zur Orientalismusdiskussion und zur Geschichte der europäisch-japanischen Begegnung.*（＝Berliner Beiträge zur sozial- und wirtschaftsgeschichtlichen Japan-Forschung; 15）. Bochum: Brockmeyer.
・GROSSE, Ernst（1903）: Japanische Kunst in Europa. In: *Die Zeit* 461, pp.216-219.
・IMPEY, Oliver and Malcolm FAIRLEY（1997）: Frühe europäische Sammlungen japanischer Kunst der Meiji-Zeit. In: Peter Noever（編）: *Das alte Japan. Spuren und Objekte der Siebold-Reisen,* pp.29-36. München-New York: Prestel.
・KREINER, Josef（1965）: *Beiträge zur Religion und Gesellschaft auf den nördlichen Ryūkyū: Der Noro-Kult von Amami-Oshima*（＝Beiträge zur Japanologie; 3）. Wien: Institut für Japanologie.
・KREINER, Josef（Hrsg.）（2005）: *Japanese Collections in European Museums.* Reports from the Toyota-Symposium Königswinter 2003（= JapanArchiv; 5/1,2）. Bonn: Bier'sche Verlagsanstalt.
・KREINER, Josef 他（Hrsg.）（1976）: *Japanforschung in Österreich.* Wien: Institut für Japanologie.
・クライナー・ヨーゼフ（二〇〇〇）：『阿蘇にみた日本・ヨーロッパの日本研究とヴィーン大学阿蘇調査』（＝自然と文化阿蘇選書／12）一の宮：一の宮町。
・LADSTÄTTER, Otto to Sepp LINHART（Hrsg.）（1990）: *August Pfizmaier（1808-1887）und seine Bedeutung für die Ostasienwissenschaften.*（＝Beiträge zur Kultur- und Geistesgeschichte Asiens; 3.= Sitzungsberichte der Philosophisch-Historischen Klasse; 562）. Wien: Österreichische Akademie der Wissenschaften.
・LEQUIN, Frank（2003）: *A la Recherche du Cabinet Titsingh.* Its History, Contents and Dispersal. Catalogue Raisonné of the Collection of the Founder of *European Japanology.* Alphen aan den Rijn: Canaletto/Repro-Holland.
・LUBBERHUIZEN-VAN GELDER, A.M.（1947-1949）: "Japonsche Rocken". In: *Oud Holland* 62, pp.137-152; 64, pp.25-38.
・MEINERS, Christoph（1790）: Ueber die Natur der Völker im südlichen Asien, auf den Ostindischen und Südsee-Inseln, und in den Südländern. In: *Göttingisches Historisches Magazin,* pp.258-306, Hannover.
・MOUER, Ross and Yoshio SUGIMOTO（1986）: *Images of Japanese Society. A Study of the Social Construction of Reality.* London: Routledge.
・SLAWIK, Alexander（1992）: *Die Eigentumsmarken der Ainu.* Berlin: Dietrich Reimer.
・SLAWIK, Alexander 他（Hrsg.）（1975）: *Aso. Vergangenheit und Gegenwart eines ländlichen Raumes in Südjapan*（＝Beiträge zur Japanologie; 12）.

Wien: Institut für Japanologie.

・VOS, Ken（2005）: National Museum of Ethnology, Leiden. In: Josef Kreiner（Hrsg.）: *Japanese Collections in European Museums* II, pp.255-266. Bonn: Bier'sche Verlagsanstalt.

真の異文化理解は可能か

――教室のイメージを例として――

相良　匡俊

よしもとばななの作品「ムーンライト・シャドウ」はフランス語に訳されている（Banana Yoshimoto, "Moonlight Shadow", in: *Kitchen*, Gallimard, 1994）。主人公のサツキと、サツキの恋人（petit ami）であったヒトシの出会いはフランス訳では次のように記されている。「Nous nous étions connus au lycée, en seconde année」。二人はともに高校二年であった。この個所を見るだけで、日本人の読者は、おそらく二人が一六歳であったことを理解し、一六歳の男女のもつ成熟と幼さを無意識のうちに前提として、この短編を読み進めるに違いない。だがフランスの読者はこのしかけに気づくであろうか。

学校教育制度は、現在、世界のすべての国が共通にもっている。その目的、その機構、その活動はどこの国でもほぼ共通している。教室、机、椅子、児童の使用する書籍、文房具にいたるまで類似しており、教室の光景は普遍的なものということができるだろう。だが、それらの機構を構成する人々の出自、その機構を担う人々の中に生まれる関係、外部の人々との関係、その機構の内部で尊重される多様な価値、その機構の内部におかれた人々の行動様式、すなわち学校教育制度を基礎として生まれる文化は同じであるとはいえないだろう。私がここで観察の対象とするのは、同一年齢の児童によって編成されるクラスという、日本の学校の教育社会学的特徴であり、この特徴がどのように成立し、どのような文化が生み出されたか、そしてその文化が日本社会にどのようなアクセントを与えたかということである。いうまでもなく、フランスの学校にはこのような原則は存在しない。一つのクラスの中に多様な年齢の児童が配属されており、落第によって、同じクラスの友人、もしくは自分が、秋からは別の集団に身をおくことになるということは常にありうる。

日本の学校とフランスの学校におけるクラス編成の相違への着眼は個人的経験に基づいている。そこで最初に私の学歴を話すことを許していただきたい。私は一九四八年に東京第一師範男子部附属小学校に入学した。一年生は約一三〇人が三つのクラスに分かれて通学した。全員が一九四一年四月一日から一九四二年三月三一日までの間に生まれた児童であった。転校した数人を除き、私たち全員が一九五四年三月に卒業した。なお、この学校は東京学芸大学附属世田谷小学校と名前を変えて現在も存在している。

私は小学校を卒業したのち、ユネスコ本部に勤務することになった父に連れられてパリに住むことになった。一九五四年秋から私はモンソー・聖マリア学院（Institut Sainte-Marie de Monceau）の七年生となった。このカトリック系の学校は、その当時のリセなどと同様、初等教育課程をもつ中等教育機関であり、七年生は一一年生から始まる初等教育課程の最上級生であった。私のクラスの最年長は一三歳、最年少は九歳であった。一三歳の児童は三人おり、そのうちの一人が私であった。私のパリ生活は一年あまりで終わり、私は日本に帰国した。父の職業が変わったことから私は京都に移り、カナダ系カトリック修道会の経営する中学校（洛星中学校）の一年になった。この中学校と高等学校をもつ中等教育機関は日本では珍しい落第制度をもっていた。中学校の課程を修了する際、成績が良好でない生徒は中学三年の課程を繰り返すよう要請され、これを拒否する際には別の高等学校に進むことを要求された。すでに前年、日本の小学校を卒業していた私は同じクラスの生徒たちよりも一歳年長であった。パリにおいては二ないし三歳年長であることに劣等感を感じなかった私は、ここでは一歳年長であることを意識することが多く、多少の劣等感がないわけではなかった。

年齢と学年の関係は、入学時の年齢がどのように定められているか、進級の規定がどのように定められているかによって決定される。日本では小学校入学の年齢を六歳と定めており、また落第という制度を有していない。一方、日本の小学校の通学期間は六年、中学の在学期間は三年である。さらに日本の義務教育期間は九年とされている。日本の児童はほぼ例外なく六年間で小学校の課程を終え、三年間で中学校の課程を終える。そこで日本では小学校と中学校が義務教育である、という表現が可能になる。だが、フランスにおいてはこうした表現はありえない。フランスの義務教育期間は一〇年であり、初等教育課程は修了に五年を要し、日本の中学校に相当する現行のコレージュは四年制である。日本と同様の進級制度をとれば、すべての児童が小学校とコレージュを修了し、さらにリセの一年を終えているはずである。だが落第によって一〇年間で小学校とコレージュの課程を修了することができず、「資格なし」とされるものがかつては相当の数に上った。現在、この数は減少する傾向にあるらしい。

原理的に見れば、一つの学年を編成するにあたって年齢を基準とするか、知的能力を基準とするかということであり、日本の学校が年齢を基準としてクラスを編成しているのに対してフランスでは一定の知的能力を基準としてクラスを編成している。日本の学校が年齢を基準とするようになったのはいつのころからであろうか。近代日本が最初に公布した学校教育に関する法律である一八七二年の「学制」では初等教育課程は八年制、前期に相当する下等が四年、後期に相当する上等が四年とされた。一年は二学期に分けられており、学期ごとに進級試験が実施された。近代日本の曙において、日本の指導者層は四民平等の実現を夢見て、徹底した能力主義を導入したのであった。だが、現実には「学制」に定められていた学校教育制度は完全に実施することができず、一八七九年にはより実際的な「教育令」が出され、初等教育に関してはさらに一八八六年の「小学校令」が制定され、一九〇〇年に改定された後、一九〇七年に大幅な改正が行われた。八年制小学校は前期にあたる尋常小学校が六年、高等小学校が二年とされ、中等教育機関には尋常小学校修了後に進むことになった。これ以後は第二次世界大戦終了後の「学校教育法」制定までほぼ同じ制度が存続する。義務教育期間は、一九〇〇年に四年とされたものが一九〇七年に六年となった。これは一九四四年から八年に延長されるはずであったが、戦争中であったために延期され、一九四七年から「学校教育法」に基づいて九年となった。

小学校に入学する年齢は六歳とされた。だが実際に児童が入学する年齢は近代学校教育制度設立当初においては雑多であった。一八七九年の京都府においては小学校第一学年には五歳から一五歳までの生徒がおり、七歳、八歳の児童が六歳の児童の数よりも多かったという。六歳で小学校に入学する習慣は就学が義務であることが徹底し、就学率が上昇するのにともなって安定したと考えられる。ちなみに就学率は一九〇二年に九〇パーセントを超え、実際には通学しない生徒の存在を考慮しても、一九〇三年には実質的な就学率は八〇パーセントを超す。

進級試験はきわめて厳密であり、半年に一段階ずつ進級する原則であったが、一度にいくつかの段階を飛び越すことも可能であった。夏目漱石は最初の四段階を一年で修了した。さらに八年間の課程を四年で修了した事例も知られている。一方、落第の状況については、近代学校教育制度開始の時期には三〇から四〇パーセントに上ることもあったらしい。だが一九〇二年の文部省統計によれば、第一学年に入学した児童一〇〇に対して同一学年を繰り返す児童が一七人いたとされており、この数値は五年後には六以下にまで低下する。最近刊行された東京の旧制公立中学に関する文献では二〇世紀の初頭には中学入学者の年齢が一律に一二歳であったと記されている。おそらく一九〇七年の「小学校令」改定までの間に小学校における落第の慣行はほぼ消滅したと考えられる。

進級試験も最終的に廃止される。日本の学校教育を天皇制と深く結びつけた「教育に関する勅語」は一八九〇年に発布されたが、この中では「徳性の涵養は教育上もっとも意をもちうべき」ものとされ、従来の知識重視からの転換が図られる。さらに一九〇〇年になると小学校令施行規則で、進級や卒業については、特別な試験を行うことなく児童の平素の成績を考慮することとされ、進級試験は廃止された。

だが同一年齢の児童が同一の学年に配属されるようになったのはどのような理由であっただろうか。またいつごろからであっただろうか。こうした日本の学校生活の変容に関する研究は多くない。おそらく教育史の専門家も含めて一般の日本人にとっては、同一年齢の児童が同一の学年、同一のクラスに通学することは自明の理であって、そうでない時代があったこと、いつからか、何らかの理由で現在の状況が成立したことは目に入らないのであろう。数少ない研究の中で樋口陽子の論文はこの過程を明らかにしている。

理論的にいえば、当初の八学年、一六段階の児童を対象とする教育を行うためには一つの学校に一六人の教師が必要であった。当時の国と市町村の財政事情からして、これは実現不可能であった。一八九一年に制定された学級編成に関する規則では八年制小学校の前期課程四年間を担当する尋常小学校では、全校の生徒七〇人未満の場合は正教員一名、七〇人以上の場合にはさらに準教員一名を置くことになっていた。七〇人未満の小規模な学校では、一人の教員が八段階にわたる多数の児童を指導しなければならなかった。教員にとって、知的能力の異なる多数の児童の指導は困難であったに違いない。すでに一八八五年には二つの段階を統合して一つにまとめることとされている。それにしても四つの学年に相当する七〇人の児童を教えていたのである。

一方、尋常小学校では一般には七〇人、最大一〇〇人以内の児童が通学する場合にはクラスは一つにすることができた。だが就学率の上昇にともなって、同一の小学校に通学する児童の数は増大し、一九一二年には四つ以上のクラスをもつ学校は四八パーセントを占めるようになった。全校の生徒を年齢に基づいていくつかの集団に分ける方式がとられるようになる。同一年齢、同一学年の始まりである。進級試験を廃止した一九〇〇年の施行規則によって児童は一年を通じて同一のクラスに通うことになり、さらに学年度は四月一日から三月三一日までとされた。こうして二〇世紀の初頭には現在の日本人にとってなじみの深い学校生活が定着する。もとより同一年齢、同一学年、同一クラスの原則をとる場合には同一集団の中に知的レベルの異なる生徒が集まることになり、現在にまで続く学校教育上の問題が生じることになる。

日本の小学校で、年齢を基準とした編成が行われるようになり、これが一世紀にわたって続いている背景には、江戸時代初期、あるいはそれ以前から続く年齢階梯に基づく若者組の伝統があったとも考えられる。長幼の序、などというヨーロッパ系言語に翻訳しづらい価値観の伝統を考えることもできよう。

二〇世紀初頭までに初等教育課程においては同一年齢、同一学年の編成が確立したが、中等教育以上においては熾烈な入学試験と落第制度、さらには飛び級の制度があった。第二次世界大戦以前の中学、高等学校、大学などでは一つの学年に年齢の異なる生徒・学生が在籍することが普通であった。だが、一九四七年の「学校教育法」によって中学校は義務教育制度の枠の中に組み込まれ、一九五〇年の就学率は九九・二パーセントとなり、義務教育の対象とされていない高等学校の就学率も一九七五年には九〇パーセントを超える。おそらく中学校が義務化された段階で、中学校においても同一年齢、同一学年の慣行ができあがり、高等学校就学が一般化した段階で、日本人の意識の中では同一年齢、同一学年という命題が定着したと考えられる。

同一年齢、同一学年の命題の成立は日本の学校教育システムに大きな影響を与えている。

先に述べた学年内部での知的レベルの格差という問題だけではない。同一集団の中で差異が生じることを回避する傾向も生まれる。また、落第制度が実質的に存在しないために大学入学試験に合格しなかった場合には正規の学校教育の外部で独自に学習する必要が生じる。これが予備校の存立の基礎となっている。さらに同一学年の生徒・学生の中で年長であることは例外的であり、何らかの欠陥があることを想定させる。大学においては、高等学校卒業後大学受験に失敗して、一年ないし二年を学校外で過ごしたいわゆる浪人は例外的ではない。とはいえ、女性の多くは浪人することを望まない。希望する大学の入学試験に合格しなかった場合、一年間を大学入学試験の準備のために予備校に通うか、あるいは合格はしたが、入学を希望しない大学に自己の意志に反して入学するか、迷うのである。

すべての日本の大学は進級に関する規定を有しており、条件を満たさない場合には進級できない。すなわち落第することになる。日本の大学生の多くが落第に対する恐怖を強くもっている。それというのも、一般の大学生は卒業とともに企業に就職するのであるが、基準となる年齢よりも三歳以上の年齢を持つ卒業生を喜んで採用する企業はほとんどない。大多数の企業が採用試験にあたって年齢制限を設けている。企業もまた同一年次に採用した社員が年齢を基準として均質であることを望むのだ。

年齢を基準とした秩序の中で、ヨーロッパ系言語に翻訳することが困難な「同期」、「先輩」、「後輩」という言葉が重要になる。さらにはこうした秩序に基づく人間関係の中で敬語が重要な役割を果たす。職場では年少者が年長者の上司となることは嫌われ、「同期」の中では常に「和」、すなわち友好関係と連帯が尊重される。日本の企業について指摘される「横並び」意識、あるいは日本の官庁にとって基本的な政策であった「護送船団方式」と共通の価値観が存在してはいないだろうか。

普遍的に存在する制度の中にこそ、それぞれの社会のクセが現れる。他国の社会と文化を理解することは容易なことではない。だが、他国の制度と自国の制度を詳細に比較分析することによって、他国の社会と文化のクセをよりよく知ることができるに違いない。こうした手法をとる国際日本学研究の進展に期待したいと思う。

参考文献

・天野郁夫『教育と近代化――日本の経験』玉川大学出版部、一九九七年。
・斉藤利彦『試験と競争の学校史』平凡社選書、平凡社、一九九五年。
・仲新ほか（編）『学校の歴史・第1巻　学校史要説』第一法規、一九七九年。
・仲新ほか（編）『学校の歴史・第2巻　小学校の歴史』第一法規、一九七九年。
・中島太郎『近代日本教育制度史』岩崎学術出版社、一九六九年。
・濱名陽子「わが国における「学級制」の成立と学級の実態の変化に関する研究」、『教育社会学研究第38集』教育社会学会、一九八三年、一四六―一五七頁。

伸びゆく日本の文化力
――フランスにおけるマンガの場合――

ジャン＝マリ・ブイス
（翻訳：山梨　牧子）

この論文はマンガ[i]の成功を、他の商品の成功と同じように文化商品の国際市場において分析する試みである。私が注目するのはフランスの場合であるが、それはフランスが私の国であるからというだけでない。おそらく韓国という例外を除けば、フランスがアメリカをはるかに凌ぐ最も活発なマンガにとっての輸出市場だからである。

一九九〇年から一九九一年にかけて、大友克洋の『AKIRA』の翻訳に始まり、マンガはフランスのコミック市場の三八％を占めるようになった。私の推計によると[1]、二〇〇五年一二月三一日までに二三一人のマンガ家による六二八の作品が仏訳され、さらに毎月七〇―八〇あまりの新刊が出版されている[2]。さらにもうひとつ大切なことを述べると、マンガが造形芸術に代わって、若者たちが大学で日本関連の勉強をする主要な動機となったことである。

私の問いは、あるひとつの事実提示から始まる。マンガはある特定の歴史と文化を背景として生まれたものであるということ。つまり、それは、原子爆弾による被爆という例のない体験と、外部からの圧力の下での急速な近代化によって日本社会に課せられたトラウマから生まれたのである。マンガは、長い間その文化の国際的影響がごく限定されていた国から生まれたのであり、それは文化の領域において、かつて日本が輸出したもののいかなるものとも根本的に異なっている。一九世紀末からヨーロッパで好評を得てきた浮世絵という木版画や枯山水庭園などの日本の文化的産物は、最終的には、（受け入れた国と受け入れた人物によって異なり、また、すぐにというわけではなかったとしても）高尚な文化の一環として、平衡、優雅さや精神性などの価値に根ざした美の様態として扱われたのであるが、マンガは主に（少なくともフランスにおいて最も人気のある作品に関する限り）過剰、対立、そして官能的な快楽の様々な形態に基づく大衆文化の一形式である。しかもなお、マンガは非常に広い幅の読者層を魅了する世界的な文化製品となっている。これは興味深いパラドックスである。

ここで、マンガがどのように自国の外で大衆市場を獲得したかという疑問がわいてくる。文化のグローバリゼーションが経済のグローバリゼーションと共に発展する時、この問いの重要性は「日本学」の枠を超えて、「アイデンティティ」や「ソフトパワー」の問題に絡み、国際的現象の専門家の興味を惹くかもしれない[3]。

私は「経済に基礎をおく」アプローチを選ぶこととし、先ず、マンガが国際的文化市場に占める、「純粋快楽商品」（この概念は後ほど叙述する）と私が呼ぶところのものの特殊な地位の分析から始め、作品が「純粋快楽商品」として成功するために満たさねばならない条件を定義し、それがマンガに当てはまるかどうかの判断を下そうと思う。

このアプローチには主に二つの弱点があると見られる。ひとつには、フランス市場において成功したマンガ（特に少年マンガと少女マンガと呼ばれる作品群）にのみ焦点を当てたことである。これは、バンド・デシネ[ii]の国を日本の輸出市場として開放する鍵となったもので、今でも売り上げの大部分を占めている。新しいジャンルであるアダルト向けマンガや歴史物語、社会問題や政治を扱った作品から古典的な劇画もさらに読者層を増やしてはいる。とは言え、私の問いは、なぜマンガが成功したかということであるから、成功したジャンルに限って分析することは、ごく自然なことなのだ。マンガ世界の魅惑的な多様性について証明することはここでの目的ではない。もうひとつの弱点は、私の問題提起の仕方自体が答えを決めてしまうに違いないということである。「純粋快楽商品」としての商業的成功を評価基準と定め、マンガは成功したと判断することで、研究者が陥る危険は、マンガがまさにその事実によってそれらの評価基準を満たすものであると結論付け、そう結論付ける要素を保持するためにマンガ世界を至極単純化して証明してしまうことである。しかしまたここでも、問題になるのはマンガそれ自体ではなく、その消費のされ方である。全ての消費は生来、選択と処理の過程であり、これを「消化」と言い換えるともできる。フランス人読者も、皆と同様、マンガ世界から必要なものだけを取り出し、自分の中で随意変換し消化してゆく。彼らの接し方は、本質的に「自分の中で還元すること」であり、この還元こそが我々の関心を惹くのである。この還元を再現することによってのみ問いに答えることができる。その問いとは「マンガとは何であるか」ではなくて、「マンガはいかにして世界的文化製品になったのか」である。

この疑問に答えるために先ず、アメリカのコミックとフランス・ベルギーのバンド・デシネという二大競争相手との比較においてマンガの利点を分析することで、マンガを他のあらゆる製品と同じように扱ってみた。それから、「文化商品の特性」というものを考慮に入れてみた。マンガ作品は、消費者それぞれの、すこぶる多様な「快楽の必要性」を満たすために使われる商品であり、投資に際しては、様々な意味がこめられ、それによってその商品はあらゆる経済的判断を超えた価値を持つ商品なのである[4]。例えるならば、マンガは「空っぽの形」の製品で、これが様々な使い方をされる中で、その価値が「タダ同然」から「数兆ドル」にまで変化していくのである。読者に意味を与えられてこそ存在するものとして、なぜフランスのコミック読者層においては、マンガは他の文化製品より大きな成功を収めたのかという疑問がここでわいてくる。さらに、マンガの世界的普及による、日本のソフトパワーに注目したい。マンガがフランスの世論に与える潜在的影響力によって、日本が得ることのできる資産についての調査研究を私は試みた。主として国際関係と政治科学専門の研究所に所属する者として、この問題を無視することはできないのである。

この論文の第二、第三の項目では、まだ不完全ではあるが、フランスのマンガ読者について私が行っている調査分析に基づいている。この調査はインターネットを通じて実施した。二〇〇五年の一二月には一二三件（一四歳から三一歳まで、男性読者から六四件、女性ファンから五九件）の回答を得た。回答者の六一・七%は大学生であり、二七・六%は勤労者、一〇・五%は高校生以下である。インターネットだけに依存しているため、この統計は、より知的で物質的に恵まれた読者層への偏りが強く見られるが、それでも幅広い社会階層を包含している。この作業はまだ中途であるが、今後引き続き得られる回答も、この結果に実質的な変化を与えるようなものではないことが既に明らかになっている。

この調査によって、二〇〇五年におけるフランスの学生と勤労者のマンガファンに最も人気のある作品群が明らかになった[5]。おそらく最も興味深い結果は、ファンたちがマンガのジャンルにこだわらずに、あらゆる種類の作品を読んでいるという事実である。若い男女に共通する人気トップ三作品は、『ＮＡＮＡ――ナナ』（矢沢あいによる少女マンガ）、『20世紀少年』（浦沢直樹による青年マンガ）そして『ＧＴＯ』（藤沢とおるによる少年マンガ）の順位である。続いて一〇代向け少年マンガ（尾田栄一郎『ONE PIECE ――ワンピース』、鳥山明『DRAGON BALL ――ドラゴンボール』、岸本斉史『NARUTO ――ナルト』）、そしてもっと年齢の高い層に向けられた作品（北条司『CITY HUNTER ――シティーハンター』）、少女マンガ（高屋奈月『フルーツバスケット』）、そして青年マンガ（浦沢直樹『MONSTER ――モンスター』、北条司『CITY HUNTER ――シティーハンター』、孤立したサイバーパンクサイエンスフィクションである木城ゆきと『銃夢――ガンム』）が来る[6]。従って、ジャンルや年齢さえも「いかにしてフランスにおいてマンガは成功したか」を分析する目的にさほど重要ではないようである。結果として、ジャンルごとではなく、マンガを全体的に分析することが私には適切と思われる。

今ひとつ注意しなくてはいけない点は、トップ一〇作品のうち全ての連載ものは九〇年代に発表されたもの（『DRAGON BALL ――ドラゴンボール』と『CITY HUNTER ――シティーハンター』は一九八五年に日本で連載が開始され九〇年代まで続いた）であり、付録の詳細結果にあるように、これらほとんどが同様である。従って私の分析はやはり、マンガ家第一世代の膨大な生産にあてられることになる[7]。

1　商品としてのマンガ

（1）先進経済の新しい支柱としての文化商品

グローバリゼーションは物資商品生産の脱地域化を導くので、全てのサービスや、技術開発、デザインや文化製品といった「基本的に非物質的な商品」は最先端の経済の支柱となっている。世界の最先端の二カ国であるアメリカと日本が、今日最大の文化商品輸出国となっていることは偶然ではない。これはアメリカについてはずっと以前からのことであるが、日本については最近のことで、日本の文化は、日本人自身から見ても伝統的で特殊なものであり、普遍的価値がある故に当然輸出可能とされてきた西洋文化とは異なるものであっただけに、ますます驚くべきことである。また、文化商品に対する取引の規制緩和が、「グローバル市場」の勝者と「文化的例外性」論の擁護者の衝突を招いたとしても偶然ではない。あらゆる製品と同様、衝突は商業の原則をめぐって生じる。弱体化しつつある文化生産能力を守ろうとする国（フランス）、発展の途次にある自国の立場を守ろうとする国（韓国）などが、強力な輸出国（アメリカと日本）と闘うのである。

経済の観点から見ると、工業製品に比べて、文化商品は多くの利点を提供する。多くの場合、開発と生産のコストが低い。効果と利益をあげるメディアミックスの利点を生かして多様な形態の生産が可能である。一方では、さらなる欲求をかきたてながら直ちに消費されることもあるが、また一方では、ビートルズの曲のように何十年の長きに渡って利益をあげるものもある。文化商品の広まりはいろいろな形をとり、ますます定型のないものになっていて、新しい生産者が既成の統制された流通網を回避することも可能である。しかも生産技術は単純で、完成品を模倣するのは至極簡単なのであるが、それらを発展させるうえに必要なノウハウを獲得して競うのは非常に難しい。

より大きな視点から見ると、文化商品はその市場を支配する国々が、それらの価値体系を普及させる。ということは、ジョゼフ・ナイ（一九九〇、二〇〇四）が示しているように、様々な分野において、その国々の利益を拡大させる「ソフトパワー」が附与されることになる。文化商品のみがソフトパワーの媒体というわけではないが、貢献するところは大きい。近年において、日本の大衆文化が、世界的な規模で急拡大していることと、支配的だったアメリカ文化の影響が、ブッシュ政権の無慈悲な覇権政策への反発として脆弱化していることと関連があるかどうか、と問うこともできるだろう。

（2）世界のコミック市場におけるマンガの相対的有利性

マンガは日本の文化商品輸出の成功を推し進めてきた。西欧市場では、日本のテレビアニメシリーズの方がマンガより早く知られるようになったことは事実だが、その評価は宮崎駿のアニメ映画に匹敵するようなものではなく、収益面では日本のビデオゲームに劣っている。しかし、テレビ番組やアニメ、ビデオゲーム産業に、想像の世界や価値体系、シナリオを提供したのはマンガであったし、これらの産業界にグラフィックデザイナーという人材を供給したのもマンガであった。日本の文化輸出産業は基本的にマンガに依存している、と言っても過言ではない。

第一の利点は、フランスのバンド・デシネやアメリカのコミックという主たる競争相手と世界市場で比較した場合、マンガは、はるかに大きなスケールで生産された大量工業製品だということである。四千万のバンド・デシネ（Caractère 2004, Internet）と一億一〇〇〇万のアメリカンコミックに対して、二〇〇二年、マンガ産業は一五億冊（雑誌と本を合わせて（ＳＫＫ 二〇〇三年））を生産した[8]。結果として、マンガはますます安価になる。フランスの読者は、四六頁のアメリカンコミック本が一二ユーロするところ、三〇〇頁ものマンガを六～九ユーロで買うことができる。さらに、マンガの生産量はその競争相手よりも商業向きの体質にしている。『アステリックス（*Astérix*）』や『タンタン（*Tintin*）』等のフランスやベルギーの人気バンド・デシネのシリーズが、たった全二巻に編集（約三〇〇頁の標準単行本の形式で）されて日本市場に進出し、仮に売れ行きが良くても、一度限りの成功で終わる。これに対して、フランスに輸出される日本の連載物は二カ月に一巻の割合で、数年間も市場に供給できるほど長大である。

日本国内の大衆市場では、日本のマンガ生産者は、消費者を丹念に細分化し、それぞれのカテゴリーに合わせてマンガを生産し販売する戦略を推し進めてきた。フランスでは、市場の狭さが生産者に逆の戦略を取らせた。何百万冊を売る唯一の道は、子供も大人も同時に惹き付けるシリーズを生み出すことである。「七歳から七七歳までの若者の心をもつ読者向け」という漫画雑誌『週刊タンタン』のスローガンがこの戦略を縮約している。よく売れているバンド・デシネは『アステリックス（*Astérix*）』や『ラッキー ルーク（*Lucky Luke*）』のように「一つのサイズで万人向け」シリーズであり、特に子供向けとか大人向けというわけではない。このジャンルをひと言で言い表せば、ずれた味わいのユーモアマンガである。子供市場を失う危険があるので、「アダルト」（深刻なドラマ、愛、セックス、社会的問題）ではあり得ず、大人にも受けるユーモアこそ子供が見ても楽しいというわけである。しかし、この限られたジャンルだけでは、大衆市場を掘り起こすには不十分である。

日本の文化商品産業は、その多様な領域が相互作用して、メディアミックスを発展させている点においても類を見ない。こうしたものはフランスには存在しない。これらのメディアミックスは、利益を上げるだけでなく、保護貿易政策を回避する様々な流通経路を開く。フランスでは、マンガの浸透は完全にテレビシリーズ、または今日の世代の間ではコンピューターカードゲーム（『ポケモン』や『遊戯王』）によっている。私が調査した回答者の九五％がこのようにしてマンガを知ったという。マンガは親や教師、メディアや政府の反対に遭い[9]、大手のバンド・デシネ出版社はボイコットした。だが、テレビシリーズやアニメ映画のOVAやDVDは、若年層の間で直接に需要を創出するという方法で、この敵意を克服した[10]。この需要は、彼ら自身がテレビシリーズや日本アニメ映画のファンであるような新進の出版人によって開拓されたのであった。テレビシリーズ、アニメ映画、そしてコンピューターゲームのメディアミックスは、マンガの需要を生み出し、さらにそれを供給する企業の両方を生み出したのである。

市場開拓を促進するために（あるいは当初、あまり輸出には興味を持たなかったために、または両方の理由で）、日本の出版社は初めのうちマンガの版権を安値で売ったのであるが、市場が確立された今では、もっと高値で売ることができる。四半世紀の間隔をおいて、マンガ産業の成功物語と、自動車など、他の日本の輸出産業の成功物語の間には驚くべき類似性がある。戦略が同じなのである。第一段階では、競争から保護し、国内の市場を確固たるものにし、生産性と価格において比較優位を拡大する。第二段階では投げ売りと革新的手法で保護貿易主義を迂回し、輸出市場をあさる。自動車産業が「敵の縄張り」に生産拠点を持ち込んだのに対して、マンガは新しい流通のネットワークによって内々にその防衛線を突破したのである。

マンガ産業と、他の日本の輸出産業との間にある共通点をここで付け加えるとすれば、それは二重構造（大手出版社と、その下に作られたたくさんの子会社）と熟練労働者の力（クラブや同人誌で仕事の仕方を学ぶ素人マンガ家）[11]である。そこで、海外におけるマンガの成功は、他の全ての工業製品の場合と同じように分析することができる。だが、もしマンガが、「純粋快楽商品」と私が呼ぶところの、文化商品という特殊な分野において優れた質を持つ製品でなかったとしたら、戦略だけでは不十分であったに違いない。

2 〝純粋快楽商品〟としてのマンガ

(1) 〝純粋快楽商品〟とは何か

「文化製品」は、物質の性格(書籍、映画、CD、美術品)によって定義されるものというよりも、購入に際してその必要性が決定的な意味を持たないものとして定義付けられる。これは、食品や繊維製品のような、基礎的な物質的需要を満たす商品と異なるところである。しかしながら、この境界ははっきりしたものではない。いわゆる「文化商品」の購入の中には、物質的な需要を充足する「必需品」としての性格をまったく欠いている場合(三つ星レストランでのディナーや、オートクチュールのドレス)もあれば、実用的な目的(彼、もしくは彼女が、自らの人生をより良いものにできるだろうと期待して購入する「ハウツー」本)を持つこともある。しかし、小説、音楽CDやマンガ本などの商品については、購入するという行為は、購入それ自体の中に目的があるような、快楽の追求によって引き起こされているように思われる。こうした理由から私は曖昧なところのある「文化商品」という観念を放棄し、「純粋快楽商品」[12]という観念を使おうと思う。これは私の定義の拠所とする「基本的必需品」のまさにアンチテーゼなのである。

商業上の領域において、その生産形態に由来する比較優位を超えて、何がマンガをかくも成功させたか理解するために、私たちは先ず手始めに、消費者が何を求めているのかを説明しなくてはならない。言い換えれば、物質的必要の充足からくるのではない「快楽」とはどのようなものかということである。

各人の無意識の中で、「純粋快楽」の錬金術は三つの要素によって成りたつ。第一に、本能的衝動（力への欲望、安全性の希求、性的欲望）、そして社会に生活する全ての人間の成長に共通する筋書き（母親からの離脱という最初のトラウマ、現実の法則についての苦痛に満ちた認識、青春につきものの葛藤、などなど）から構成される不変の要素。第二に、各人の背景によってこれら不変の要素が形作られる中で形成されるもの。そして第三に、教育、年齢、社会階層などの要因と結びついた各人に固有の文化。各人の中におけるこれら三要素の組み合わせによって、何を所有すれば快楽と感じ、何を目にすれば快楽と感じるかが決定され、さらにはどのようなシチュエーション・シナリオを直接的に、あるいは間接的に経験することで喜びを感じるのかが決定される。

そうしたわけで、「純粋快楽商品」は消費者の心を惹き付ける。だが、その心は人類に共通する不変の要素で「満杯」でありながら、同時に、各人が自分自身で描くストーリーや、時と所に応じた各自の文化の固有性によってしか投資しない程度に「空っぽ」でもあるのだ。この意味では、テディベアや人形、兵士や妖精の衣裳などは「純粋快楽商品」の好例であろう。これらは子供たちに、用途に応じて三つの要素を様々な割合で混ぜ合わせ、自由に自分自身の物語を作ることを可能にするささやかな手助けとなる。こうした無限の柔軟性こそが、なぜいつまでもテディベアや、その他の「純粋快楽商品」が流行遅れにならないかを説明するのである。

しかし、「快楽商品」が手助けとなって生まれるストーリーの役割とはどのようなものであろうか。錬金術のイメージを用いて言えば、「それが触媒として機能するところの、この反応の役割は何なのか」、ということになるだろう。これは六つの根本的な心理的欲求を満たすことを目的としている。すなわち、所有や知識を通して支配することを快楽とする権力欲と達成感の欲求（仮に空想上のものであっても満足すべき状況を体験するための）、安心感の欲求（人々に心地良いと感じさせる、慣れ親しんだ状況を再現する）、興奮の欲求、アドレナリンに刺激された荒々しい感覚、ないしその他の感情、さらには逃走の欲求（刺激の少ない、ないしストレスの多い日常からの離脱）、そして最後に、他者とは異なりたいとする願望である。六つの欲求が全て同時に満たされれば、快感はより大きくなるだろう。これは、ある人物がひとつの状況の中で自分が力強くなったと感じ、その状況を認識し、その状況の故に強烈な感情が起こり、日常生活から切り離され、自分がまったく違う人物となったように感じる、そうした状況を経験した時に起きるのである。この意味では、究極の快楽というのは、連続殺人犯や麻薬常習者によって体験されるであろうことは疑いがない。

この最後の指摘は、六つの要求を満たすことは日常の社会生活とは先ず相容れないものであるという事実を明らかにしている。それは、最も日常的な空想上の満足（読書、映画、ビデオゲーム）にしても、連続殺人という極端な逸脱であっても、肉体的な逃避（休暇）であれ、バーチャルな共同体への参加（インターネット）によってであれ、現実からの逃避を前提としている。そこで、逃避は六つの欲求の中のひとつなのではなく、同時により広く、六つの欲求を満たすために基本的な〝技術上の要請〟なのだということになる。

（2）マンガ：高度な質をもつ「純粋快楽商品」

少なくともフランス市場を開拓したタイプのマンガ（多くは『マーガレット』の少女マンガや『少年ジャンプ』の少年マンガ系だが、さらには対象年齢層とジャンルを超えて九〇年代に生産されたもの）はアメリカのコミックやバンド・デシネよりも上質の「純粋快楽商品」であるように思われる。無意識の中の不変の要素により強烈に働きかけ、個々人のストーリーや文化的多様性を受け入れ、六つの基本的な心理的要求をより総体的に満たすからである。

（a）マンガと快楽の錬金術

少年マンガや少女マンガを一瞥した者は気付くはずである。これらのマンガのあらすじは、世の中全体に関する思春期の未熟な欲望や恐れ、トラウマに関わっている。母親からの離別の苦しみや父親との葛藤、権力への抵抗、処女性にまつわる諸問題、少女の場合には強姦、少年の場合には去勢への恐怖、セクシュアリティーや一〇代の若者の人格の不確かさ、そして暴力的な死さえ関係している。古典的な例は、藤沢とおるによる少年マンガ『ＧＴＯ』である。これは私の統計によると、男女共に人気第二位の作品である。少女は皆、強姦されるかその恐怖に晒されており、ほとんど全ての一〇代の登場人物は暴力的な死の可能性に対峙させられている。そして主人公すら、ある時点で殺される（ただし彼は生き返る）。家族は喧嘩しているか片親で、全てのマンガと同様、登場人物たち全員が、処女性の喪失と処女性の保持の妄執に取りつかれている。

一方アメリカでは、これらの内容は「政治的にまっとうな人々」によって検閲されたり、コミック規制によって発禁になったりする。フランスのバンド・デシネは、その芸術的な衒いと、「万人向けに同じタイプのもの」の戦略によって、これらのテーマから距離をおいている。そうしたわけで、マンガのプロットには、ヨーロッパやアメリカの消費者には馴染みのない劇的な強烈さと残酷さが感じられるのである。

この強烈さは、マンガの生産様式にも由来している。ことに、二五〜三〇頁毎に新しいプロットの展開が必要とされる連載という形式、登場人物のキャラクターを次から次へと肉付けさせることを要求する連載の長さが挙げられる。さらに厳しい競争という特徴を持つ市場の条件にも関係している。人気を獲得した連載シリーズの形式は直ちにコピーされる。マンガ作家は、ある意味ではファーストフード市場の競争にも似て、常に先行する作品を上回る成績を要求される。どこのハンバーガーもポテトチップスも似たり寄ったりである。だから競争を勝ちぬくには量で勝負、ということになる（言わば「スーパーサイズ」戦略である）。同じような具合に、多くのマンガ作家は、競争に勝ちぬくためにより多くのドラマ性を付加し、より多くのセックスを付加し、より多くの暴力を付加する。

もし、マンガのあらすじの強烈さが、バンド・デシネのある種の温和さに飽きたフランス人消費者の間で人気を獲得した理由だとしたら[13]、その往々にして残酷な、無意識的なものの表現は、不快、かつ、ショッキングなものとなることもあるだろう。しかし、マンガの巧さは、読者が自分の過去のできごとや自分の文化に合わせ作品を流用し、気に入ってしまうように仕向けるのである。この流用を可能にするために、マンガ作家（ことに現在までフランスで最も高い人気を博している作家）は、バンド・デシネやコミックでは一般に使われない手法を用いている。

第一は、同じシリーズの中に相反するジャンルを混合することから成る——コメディと深刻なドラマ、ありえない状況と日常的な状況、暴力とロマンス、リアリズムとナンセンス――こうした混合によって、読者は各自の好みに応じた雰囲気を楽しめる。これについても、『GTO』は古典的な例である。（特に性的な）暴力と死が絶え間なく描かれるのだが、娯楽的な面白さは妨げられていない。調査の対象となったフランス人ファンの間で第二位の人気を誇るのには理由がある。第二は、ごく日常的な環境（学校や近所）の中に突拍子もないアクションを盛り込んだり、読者に身近な登場人物（小中学生や高校生）に超能力を持たせるという手法である。第三に、読者が誰か一人、登場人物中に共感できる者をもてるように、幅広い登場人物群を設定することである。主要な連載物はすさまじく多くの典型的なキャラクター（ヒーロー、ずるい奴、見せびらかし屋、タフな大男、眼鏡をかけた太った小男）を登場させる[14]。フランス、ベルギー、アメリカの作家たちもこの手法には慣れているが、バンド・デシネやコミックは短く、劇的な物語性の劣るあらすじのために、登場人物に読者が共感することがマンガの場合に比べ難しい。さらに、バンド・デシネとは違って、マンガは悪玉に対してすら共感を覚えさせる。というのも善悪に明確な境界がなく、ヒーローはしばしばその境界を越えるのである。古典的なケースとして、マンガがフランス市場に進出するにあたって、最も大きな功績のあった二つの作品、『AKIRA』の鉄雄と『DRAGON BALL――ドラゴンボール』のベジータのキャラクターがある。さらに、敢えて付け加えれば、大友克洋（ここでも『AKIRA』）が完結しない終わり方を粋な流行として以来、マンガ読者は独自の物語を描くことを許されていることが多い。

このようにマンガは、快楽の錬金術の三つの要素を組み合わせる。そして、一方では誰にとっても不変の無意識的なものが、あらすじに特徴的な強烈さを与える。他方では、マンガは読者一人一人の過去や人格、文化に応じてストーリーの味を決定する自由を与えてくれ、さらに自分にとってのヒーローを選び、物語を完結させることさえ許してくれる。すなわち、マンガは非常に「充実」したものなのであり、同時に、すこぶる「空っぽ」なものでもあるのだ。マンガには、私たちの集合的無意識の中から集めた題材、キャラクター、アクションがぎゅうぎゅう詰めになっている。しかし、その一方で、作品の味わい、ヒーローや作品の一義的な意味を読者に押し付けることがないという限りでは、マンガは「空っぽ」であり、少なくとも無限に融通が利くのである。マンガの持つこの柔軟性によって、以下の理由が理解できる。すなわち、なぜマンガは元々の文化的・

歴史的環境から抜け出せるのか。そしてなぜ、フランスのマンガファンは社会的・文化的に非常に多様でありうるか。私の調査が示すところでは、地方在住の高校生や、さびれたパリ郊外の失業者、さらには有名大学を経て金融界や欧州連合の圧力団体で出世する、いわゆるボボ[15]までいるのである（中には税務調査官までいる！）。

マンガにはひとつの明確な意義が備わっているように思われる。未成年の子供たちに可能な限りの人生道徳を教える。少年には「友情、努力、勝利」（これは『少年ジャンプ』のスローガンである）、少女には「忍耐、友情、結婚」。しかし、この教訓はシリーズを通してあまりにも繰り返されすぎ、読者が慣れてしまっているので、読者たちから見ると、これらの道徳的教訓はお定まりのしきたりや様式化された標語のようなものになっており、極端な場面設定や衝撃的なイメージの組み合わせの中で展開されるプロットを邪魔することなく、簡単に受け入れられるものになっているのではないかと言われている（この問題はより綿密な研究の課題である）。だからマンガは、「無意味」というわけではないのである。マンガは意味を持っているのであるが、その意味が「空っぽ」なのであり、読者が想像力を発揮するのに、邪魔するものはなにもない。

（b）マンガと根本的な六つの心理的必要性

マンガほど広範囲に〝権力への欲望〟と〝達成感の欲求〟を具体化する文化商品を見付けることは難しい。〝夢を叶える〟ことは、ヒーローが内面の葛藤の辛さや、競争相手や悪玉との終わりなき闘いを代償として獲得する究極のゴールである。それは『DRAGON BALL ——ドラゴンボール』、『ONE PIECE ——ワンピース』や『NARUTO ——ナルト』が示している。しかし、孫悟空やルフィやナルトと自己同一化する読者たちは、一瞬にして満足を得ることができる。私たちの調査では、フランスのマンガ愛好家にとっては、自己同一化、すなわち主人公の中に自己投入するというのは、最も普及した消費モードとも言えないのであるが[16]、これは問題ではない。マンガは他の方法で権力欲と達成感の充実を可能にするからである。貪欲なマンガの読者たちは、価格の安さ、一冊の厚さ、何巻にも及ぶ長さ故に、堂々たるマンガのコレクションを築き上げやすく、簡単に権力欲や達成感を得ることができる。これは、薄っぺらなバンド・デシネのコレクターの比ではない。さらにその上には過剰なほどの各種グッズやポスターがある[17]。そしてさらには、自分たちのとは違う国と文化の知識を習得しているというワクワク感があり、最後に今ひとつ大事なことは、少し（決して少ないとは言えない）エロティックな「ファンサービス」がある。

興奮したいという欲求の必要性は強調するまでもない。多くのマンガ、特にフランス人のファンに最も好かれる作品は、お高くとまっている読者、超然たる読者にさえ抜群のアドレナリン効果を発揮する。アクションに満ちたストーリー、誇張された強烈な感情や緊張に満ちた状況設定、そしてエロティックなすぐりは、政治的にまっとうな人々に遠慮してすっかり軟弱になったアメリカのコミックや、芸術的な衒いに満ちたバンド・デシネには見られない。グラン・ギニョル（操り人形）のグロテスクさや血みどろの荒っぽさ、『Friends: フレンズ』などの遠慮のないコメディ、嫌気がさすほど感傷的なテレビのソープオペラなど、こうしたジャンル全てが、かつては広範な民衆的市場を持っていたことを忘れてしまったからである。

マンガはまた、私たちの安心感の欲求も満たしてくれる。それは劇的で暴力的な世界ではあるが、驚きはない。少年少女マンガを通して読者は成長する。それらのマンガは記号や象徴、コードに満ちている。これらはどんなマンガ作家もある程度は使うし、記憶に入れている。読者は何度も同じ状況設定を見出し、主人公が同じような試練と困難に苦しむのを眺め、いつも同じ道徳的メッセージを見出す。出版の間隔さえも、二、三カ月毎に必ず入手できることを保証することで、読者の安心感への欲求を満たしている（これに対して、バンド・デシネのファンは、お気に入りの作家が次の作品を、いつ出すかわからないままであり、何年も待つことさえあるのだ）。

その上、マンガには、バンド・デシネのファンが経験したこともないような、ファン共同体という強力な繋がりがある。私たちの調査は、この世界がどれほどしっかり組み立てられており、どれほどまでに真の社交空間として仲間を集めているかを明らかにしている。インターネットに大幅に依存する調査方法をとったので、質問項目の配布先を考えてみれば[18]、その回答者が熱心なマンガの読者層であり、回答はマンガファンの全体像を反映しているとは言えないとしても、回答者五人につき一人が、ネットのチャットルームを越えて実際の読者サークルに所属しており、彼らの八〇％が「定期的に」、または「時々」ファン同士でマンガを交換し、さらにほぼ全員が他のファンを知っていて「彼らとマンガの話をする」と言っている。

他者とは違っていたいという差異化の欲求を満たせるのも、マンガの主要な快楽の要素であると思われる。ファンは知識を持っており、尋常ならざる専門性を持っている。誰でもマンガを買えるが、誰もが全てのコードを解読し、登場人物たちを掌握し、三〇〇〇頁に及ぶあらすじの紆余曲折を覚え、その有名マンガ家の作品を細部まで知り尽くすことができるわけではない。あまり快適とは言えない手法ではあるが、単行本刊行に先立って、ウェッブ上をサーフして、スキャンレイション[19]という手法で作品を読もうとする傾向も、専門性において差異化を図りたいという同じ欲求の現れなのである。驚くほどの数の読者が日本語を学びたいと言っており[20]、すでにレッスンを受けている者さえいる[21]。

差異がマンガの愛好家を目立たせてしまうということは、マンガがフランスにおいて受け入れられる状況からまだ程遠い、という事実によるものである。半数以上の回答者が好奇の、三分の一が侮蔑の、四分の一以上が非難の目で見られたことがある、と言っている。社会人回答者の半数は、マンガ愛好が社会的リスクを負うかもしれないことを恐れ、同僚から隠している。過去数年間で、マンガはメジャーになった。二〇〇三年のアングレーム・フェスティバル（コミック業界にとってはカンヌ映画祭に相当する）で谷口ジローが受賞し、『テレラマ』紙や『ル・モンド』紙[22]のような洗練された大手メディアでも、時にはマンガに好意的な批評が見られるようになってきている。しかし、このことは、私たちの回答者にはあまり影響していない。私の調査に回答したマンガファンは、権威あるインテリから賞を与えられたマンガ家やマンガにはほとんど興味を示していない[23]。

最後に、もし「逃避」が、上の六つの欲求を満たす最適な手段であるとすると、ここでもまた、マンガはフランスのバンド・デシネやアメリカのコミックに比べて有利である[24]。これは、エキゾチックで非西洋的な歴史、神話や民話を借用していることによるが、また同時に、時空に戯れ、主人公を地球や銀河の各地へ、想像しうるあらゆる時代へ旅をさせるマンガ作家の技量にもよる。私の調査に回答した学生・社会人によって挙げられた一〇作品のうち、僅か二作（矢沢あいの『ＮＡＮＡ——ナナ』と浦沢直樹『MONSTER——モンスター』）だけが実際の現代を設定しており、他は全て、読者をまったくの虚構世界、他の時代、さらには異次元の世界へと誘うものであった。

ここまで、マンガがいかにして、経済のグローバリゼーションに並行して、文化のグローバリゼーションの中で重要な要素になったかを、可能な限り、方法論的に説明するための概略的な枠組みを提示してきた。上に挙げた六つの心理的必要性について、マンガとその競争相手のより念入りな比較が必要とされる。しかし、少しでもコミックの世界に親しんでいる者ならば、誰しも個人的な実例を知っているだろうし、本稿の方法論を当てはめてそれらを比較してみることは可能だろう。

3 ソフトパワーの媒体としてのマンガ

私の調査のもうひとつの目的は、フランスにおけるマンガの流行を契機として、日本が利用できそうなソフトパワーの影響力を分析することであった。驚くべきことに、私が発見したことは、別に新しいものではなく、時にパラドクシカルなものであった。マンガファンの皆が日本好きかと思いきや、それはごく一部でしかないという事実に始まり、老若男女合わせて、日本に「好意的」であると答えた回答者は半分以下で、学生の場合には四〇％に過ぎなかった[25]。このことが意味するのは、ソフトパワーの媒体としてマンガが有効であるかについては未だ確証はなく、マンガファンの間での日本のイメージは複雑なものであるということである。

（1） 新鮮味に欠ける日本のイメージ

先ず初めに記すべきことは、一九七〇年代、すなわち、フランスのメディアや出版において日本が再び目立つようになり、経済成長によって、第二次世界大戦と敗戦以来、日本が引きずっていた悪いイメージが払拭された一〇年間以降（Bouissou 1994）、フランスにおいて日本の伝統的なイメージは、マンガ愛好家の間でも変わっていないということである。フランス人にとって、日本列島は相変わらず「非常に異質な国」であり、また「精神性に満ちた」、「勤勉な」国である。マンガファンに最も人気の高い作品群は（少なくとも一瞥したところ）精神性や勤労の倫理的価値をよく伝えるものというわけではない。マンガ愛好家は、日本については既成のイメージを受け継いでおり、マンガはその上に乗っているに過ぎない、と結論付けたくなる。年齢層の高い読者ほど、この伝統的イメージを強く持っており[26]、マンガによってそのイメージが変えられそうだとは思っていないという事実からも[27]、やはり同様の結論が導き出される。

しかし、伝統的なイメージを構成する重要な要素が欠けている。つまり、調和と総意である。「内面の平穏」と「調和と内部の合意」という二つの要素を挙げる者は非常に少ない[28]。このことを少年少女マンガの筋立てが青春の苦渋や対立に基づいているという事実によって理解したくなるのは自然であるが、最も暴力的な作品でさえも、最後には、共同体の調和が回復し、登場人物それぞれが内面の平穏を取り戻すことによって終わることは多々ある[29]。私がこれまで述べたように、読者は取捨選択し、自分たちに望ましいものを選び取り、要らないものは排除しているように考えられる。フランス人読者は、「精神性に満ちた、勤勉な国」というイメージを日本に対して持ちつつも、その一方で、調和や「内面の平穏」の概念とはおおよそ相容れない異なるもうひとつのイメージも日本に対して抱いている。つまり、「矛盾に満ち」[30]、「ストレスの多く」[31]、そして特に、「性について窮屈な国」というイメージである[32]。

これは、なにも驚くにはあたらない。青春の辛い不安と、恋愛や性をともなう若者たちの体験が、少年少女マンガ生産の原材料である限り、もしこれらのメディアを通して示される日本が、精神的にも身体的にも快適な国であったとしたら、そのほうが驚きであろう。しかし、こうした傾向は全てを説明するものではない。フランス市場が日本のマンガに対して開放されるよほど以前から、矛盾と残酷さというレッテルは既に、日本についての主たる否定的イメージとして、一九八〇年代のポジティブな日本のイメージ（を消し去ることなく）に重ね焼きされており、あからさまな「反日感情」を盛り上げていたのである。その「反日感情」はバブル崩壊以降の日本の景気低迷によって、ようやく消滅することになった（Bouissou 1994, pp.108-109）。この面についても、マンガファンは四半世紀ほど前に作り上げられたイメージを継承しているように思う。こうした否定的なイメージに共鳴する見解が、伝統的な肯定的イメージ同様、なぜ年齢に対応しているのか説明がつくのである[33]。

このように、マンガファンの目に映る日本のイメージは、新奇なものではない。全体として、マンガ愛好家の日本イメージは、一九八〇年代末から、フランスのメディアと世論を支配してきた親日感情と反日感情両方に呼応している。よって、マンガは格別に新しいものを持ち込んだこともなく、現に持ち込んでもいない。この事実は、日本のイメージを汚し、フランスの若者の精神を汚す、と言ってマンガを非難する批評家の警戒感を解消するのではなかろうか。

（2）リバイバルの要素

しかし、結論としては、マンガはやはりソフトパワーの強力な媒体と考えられる。私の調査が示すところでは、日本に対して関心を持つ新しい読者層がマンガによって開拓されている。マンガを読む前から、日本やアジアに全般的に興味を持っていたと答えた人は、最も年齢層の低い回答者のうち僅か一五％であったが、学生層では四六％で半数に足らず、社会人では五七％であった。マンガは新しい日本のイメージを創造している。少なくとも、人々はそう思っており、三分の二近くの回答者が、マンガは「日本を見る目を変える」と考えている。この「新しいイメージ」というのが大方、フランス人の集団的潜在意識に埋もれた古いイメージの焼き直し以上のものではないとしても、あるいは「新しさ」が必ずしも「ポジティブ」な意味を持つものでないとしても、マンガファンが何かしら新しいものを見付け出しているという、まさしくその事実が、時代の変化を証明している。さらに、マンガファンの日本への関心はとても高い。回答者の四分の三（うち若者の九二％）が日本へ行ってみたい、三分の二が日本語を習得したい、半数が日本人に会って「もっと日本のことを知りたい」、そして一五％は日本関係の職に就きたいとさえ言っている。それに加えて、これらマンガの世界の新参者たちは、きわめて強い伝導の精神を持っている[34]。彼らは媒体としてのマンガの影響を拡大したいと考えており、四分の三以上が五〇歳になってもマンガを読み続けると断言している。これは、マンガが今後も長期に渡って、読者に対して影響力を持ち続けるであろうことを示している。

結果としてマンガは、新しい読者層に向けて、日本への注目を促し、日本について学ぶ効果的な媒体となっているようである。考慮しなくてはならないのは、この新しい読者の少なくとも一部（インターネット調査の回答者たち）は、社会的文化的に恵まれた立場にあり、マンガを読むのは郊外のスラム街に住む、識字能力の低い若者たち、というありきたりなイメージとは、明らかに相反していることである。インターネットに依存した調査のため、多くのマンガファンを範疇に入れることができなかったが、調査から外れた対象が年齢の低い、より庶民的な部分であるとすれば、マンガという媒体の本当の影響力は、調査で測られたよりもはるかに強力で、より多様性に富んだものであることは確かであろう。調査結果から見ると、マンガの持つソフトパワーの潜在力は、日本についての知識が少ない低年齢の回答者に最も強く表れる。彼らは、年配者に比べて、既存イメージにあまり影響されていない分、はるかに好意的な日本のイメージを、マンガを通じ作り上げる。つまり、ショックを受けることなく、ストレスや緊張や矛盾の少ない、好ましい日本のイメージをである。残念ながら、今回の調査対象の制約から、統計的にこの結論を導くことは難しい。この点については、高校生を対象とする私が現在進めている別の調査によって裏付けられる必要がある。

注

[1] 一九八九―二〇〇四年の間についてはDUNIS/ KRECINBA（二〇〇四年）とAnimeLand Hors-Série（二〇〇四年一二月―二〇〇五年）に基づいて私が行った計算。

[2] 二〇〇五年は毎月平均七人のマンガ家が、フランスのマンガファンに新たに紹介された。一二月だけでも、一六社から新刊九一冊以上が出版された（既に刊行の八二シリーズに九つの新作を含む）。出典：AnimeLand 117（December 2005）p.99.

[3] 私の研究所（国立政治科学研究所Fondation Nationale des Sciences Politiquesに所属する国際関係研究センターCentre d'Études et de Recherches Internationales）が現在、私のマンガに関する研究を助成してくれているのはこのためであり、政治科学と国際関係両方のフランス学界においてかなり力を入れた初の事例である。

[4] 例えば一九九八年、グロリア・ゲイラー（Gloria Gaylor）のポピュラーソング、I will surviveをサッカー世界選手権の非公式賛歌に換えて、フランスチームの闘志を支え、さらに売り上げ数百万のヒットにさせたのは観衆であった。

[5] 何人かのティーンエイジャーも回答してくれたが、私の世論調査は学生とそれ以上を対象としており、ティーンエイジャーについて、正確な結論を出すには数が少なすぎる。

[6] 詳しくは付録を参照のこと。

[7] 手塚治虫や白土三平、辰巳ヨシヒロ、ちばてつやのような作家の作品がフランスで次第に出版されるにつれて、こうしたことが可能になるのもそれほど遠い未来のことではないだろう。

[8] Schodt（一九九六年）、五〇頁による推測。

[9] フランス政府によってテレビの暴力とポルノの問題を調査するように任命され、フランスのテレビで放映される一〇代向けシリーズ（ほとんどが日本製）を告発したクリエゲル委員会＝Kriegel Commission（二〇〇二年）によって例証された。

[10] これは日本の出版社による意図的な戦略というよりは、事の成行きであった。というのも、九〇年代半ば以前は、輸出品としてのマンガの潜在的能力に十分気付いていなかったからである。

[11] マンガ家とはマンガのアーティスト。同人誌というのはきわめてよく訓練されたアマチュアマンガの世界である。

[12]「純粋」とは、「基礎的な物質的必要性をまったく持たず、またその人物の状況を改善するための必要性ももたない」という意味である。

[13] 私の調査では、これはマンガを好む理由として、二番目に多くのファン（七〇％）が挙げたものである。

[14] 自分の好みのヒーローを決定するために、極度に多様なキャラクターを設定する代表的な連載物は、『ドラゴン・ボール』、『ナルト』、『ワンピース』、『フルーツバスケット』であり、より年長の読者にとっては『20世紀少年』である。これら五つの作品は、全て私の人気作品に関する調査でトップ一〇に入っている。

[15] Bobo。ブルジョワ・ボエーム（bourgeois bohème）の略。カウンターカルチャー的傾向を示すトップ・エリート。

[16] 私の調査では、これはファンが挙げるマンガ愛好の三番目の理由でしかなく（四〇％）、逃避（七〇％）と人物描写と筋立ての強烈さ（六五％）をはるかに下回る。しかし、より低い年齢層や洗練されていない読者層の割合を見れば結果は違うかもしれない。

[17] 私の調査したところでは、マンガファンのほとんどがこれらを買っている。

[18] 回答者の一〇〇％はインターネットの利用者であり、うち八六％は対話の形式で回答してくれた。

[19] 回答者の三分の二がこれを行っている。スキャンレイション（Scanlation）とはマンガを訳し、スキャンし、ネット上で公開すること。

[20] 社会人の三分の二と学生と若者の半数以上。

[21] 回答者の二五％以上（仕事を持っていて時間がない者を除く）。

[22]『テレラマ（Télérama）』誌は週刊の文化誌で、左派のインテリ、特に教員層に愛読されている。『ル・モンド』（Le Monde）紙は最も影響力のある体制支持派の新聞。

[23] 調査の中で、社会人が挙げた一七七作品のうち、谷口の作品はたった二作、学生が挙げた二〇七作品のうちでは一作だけで、どちらとも一度しか言及されていない。

[24] コミックはかつて、ウェスタンものや超能力を持つ主人公を登場させて、バンド・デシネに対して比較優位に立ったことがある。だが、今や共通の文化領域に属している。

[25] 日本を形容するのに、「好ましい」という項目に対する肯定的回答は、社会人では四位、学生では六位にしか入らなかった。

[26] 「異質な国」、「精神性に満ちた国」、「勤勉」の三つの項目を選択した回答者は、社会人で平均六〇%、学生で五七・六%、最も年齢層の低い階層で五三・六%であった。

[27] マンガを見て、「驚くことなく、古典的な」日本を見出す人は、学生では二五%、最年少層では六%であるのに対し、社会人では三七%にものぼる。

[28] 年齢層によるが、平均して二%—七%。

[29] この点で象徴的な作品はまたもや、学生と社会人の男女共の間で二番目に人気のある『ＧＴＯ』である。

[30] 社会人で五七%、学生で五二%、最年少回答者層では三八%。

[31] 社会人のうちの四三%、学生のうちの四二%。

[32] 社会人のうちの四〇%、学生のうちの三七%（そのうち三五%が「抑圧されている」とも考えている）。

[33] これら三つの項目（矛盾に満ち、ストレスの多く、性に窮屈な）は平均、社会人のうちの四六．六%、学生のうちの四三・六%、しかし最年少回答者では僅か二〇・三%にしか満たない。

[34] 約八〇%の回答者は既に、マンガの魅力を他者へ伝えようという意志から自分のマンガを一人、ないし六、七人に貸したことがある。

訳者注

[i] 今や海外でも通用するジャンルの呼称 manga の日本語表記は、本論ではカタカナ表記とする。

[ii] バンド・デシネ（la bande dessinée：フランス漫画とも呼ばれる。フランス語で「描かれた帯」という意味）は、エルジェ（HERGÉ）の『タンタン（Tintin）』などに代表されるフランスとベルギーを中心とした地域の漫画の総称。略してB.D.（ベーデー）とも表記される。本論の訳は、日本のマンガとアメリカン・コミックスとはっきり区別するため、バンド・デシネで統一した。

参考文献

- AnimeLand Hors Série (12.2005) : Manga. L'Année 2005, pp. 137-187.
- BOUISSOU, Jean-Marie (1994) : La représentation du Japon et son iconographie à travers les hebdomadaires français (1979-1993). In: Mots 41 (Décember 1994), spécial issue "Parler du Japan", pp.99-115.
- CARACTÈRE (2004) : http://caractere.net.
- DUNIS, Fabrice/ Florence KRECINBA (2004) : *Guide du manga. France:* Des origines à 2004. Strasbourg : Editions du Camphrier.
- NYE, Joseph S. (1990) : Soft Power. In: *Foreign Policy* 80 (Autumn), pp. 153-171.
- NYE, Joseph S. (2004) : Soft Power : *The Means to Success in World Politics.* New York, Public Affairs.
- SCHODT, Frederik L. (1996) : Dreamland Japan. *Writings on Modern Manga.* Berkeley (Cal.) , Stone Bridge Press.
- SKK - Shuppan Kagaku Kenkyûjô (Publishing Research Institute), www.ajpea.or.jp. Quoted in Stumpf, Sophie (2003) : *Le potentiel de la bande dessinée française au Japon,* unpublished marketing study.

付録

フランスのマンガファンの学生と社会人に最も好まれる作品（シリーズ）
（作品名、作者、掲載誌、連載期間）

男子学生に最も人気のある一五作品（人気順）

『20世紀少年』（浦沢直樹、ビックコミックスピリッツ、一九九九年―）、『GTO ―― Great Teacher Onizuka』（藤沢とおる、週刊少年マガジン、一九九六―二〇〇二年）、『ONE PIECE ――ワンピース』（尾田栄一郎、週刊少年ジャンプ、一九九七年―）、『DRAGON BALL ――ドラゴンボール』（鳥山明、週刊少年ジャンプ、一九八四―一九九五年）、『MONSTER ――モンスター』（浦沢直樹、ビックコミックオリジナル、一九九四―二〇〇一年）、『銃夢――ガンム』（木城ゆきと、ビジネスジャンプ、一九九〇―一九九五年）、『AKIRA ――アキラ』（大友克洋、ヤングマガジン、一九八二―一九九〇年）、『HUNTER x HUNTER ――ハンターハンター』（富樫義博、週刊少年ジャンプ、一九九八年―）、『プラネテス――ΠΛΑΝΗΤΕΣ』（幸村誠、週刊モーニング、一九九九―二〇〇四年）、『CITY HUNTER ――シティーハンター』（北条司、週刊少年ジャンプ、一九八五―一九九二年）、『ＮＡＮＡ――ナナ』（矢沢あい、Cookie、一九九九年—)、『新世紀エヴァンゲリオン—— Neon Genesis EVANGELION』(原作:GAINAX、画:貞本貞行、少年エース、一九九五年—)、『ベルセルク—— Berserk』(三浦建太郎、ヤングアニマル、一九八九年—)、『SLAM DUNK ——スラムダンク』(井上雄彦、週刊少年ジャンプ、一九九〇—一九九六年)、『NARUTO ——ナルト』(岸本斉史、週刊少年ジャンプ、一九九九年—)。

男性社会人に最も人気のある一五作品(人気順)

『DRAGON BALL ——ドラゴンボール』、『GTO —— Great Teacher Onizuka』、『20世紀少年』、『ONE PIECE ——ワンピース』、『MONSTER ——モンスター』、『NANA——ナナ』、『CITY HUNTER ——シティーハンター』、『HUNTER x HUNTER ——ハンターハンター』、『BLEACH ——ブリーチ』(久保帯人、週刊少年ジャンプ、二〇〇一年—)、『ベルセルク—— Berserk』、『BASARA ——バサラ』(田村由美、別冊少女コミック、一九九〇—一九九八年)、『北斗の拳』(原作:武論尊、画:原哲夫、週刊少年ジャンプ、一九八三—一九八八年)、『サンクチュアリ—— Sanctuary』(原作:史村翔、画:池上遼一、ビックコミック、一九九〇年—)、『銃夢—ガンム』、『BANANAFISH ——バナナフィッシュ』(吉田秋生、別冊少女コミック、一九八四—一九九五年)。

女子学生に最も人気のある一六作品(人気順)

『NANA——ナナ』、『フルーツバスケット』(高屋奈月、花とゆめ、一九九八年—)、『X——エックス』(CLAMP、月刊ASUKA、一九九二年—)、『名探偵コナン』(青山剛昌、週刊少年サンデー、一九九四年—)、『CITY HUNTER ——シティーハンター』、『20世紀少年』、『NARUTO ——ナルト』、『ヒカルの碁』(原作:ほったゆみ、画:小畑健、週刊少年ジャンプ、一九九八—二〇〇三年)、『天使禁猟区』(由貴香織里、花とゆめ、一九九四—二〇〇〇年)、『妖しのセレス』(渡瀬悠宇、少女コミック、一九九六—二〇〇〇年)、『ONE PIECE ——ワンピース』、『花ざかりの君たちへ(略称:花君)』(中条比紗也、花とゆめ、一九九六—二〇〇四年)、『DRAGON BALL ——ドラゴンボール』、『GTO —— Great Teacher Onizuka』、『MONSTER ——モンスター』、『ふしぎ遊戯——玄武開伝』(渡瀬悠宇、少女コミック、二〇〇三年—)。

女性社会人に最も人気のある一五作品(人気順)

『20世紀少年』、『NANA——ナナ』、『銃夢——ガンム』、『フルーツバスケット』、『ブラックジャックによろしく』(佐藤秀峰、週刊モーニング、二〇〇二—二〇〇六年)、『ふしぎ遊戯——玄武開伝』、『聖闘士星矢—— SAINT SEIYA』(車田正美、週刊少年ジャンプ、一九八六—一九八九年)、『GTO —— Great Teacher Onizuka』、『花より男子』(神尾葉子、マーガレット、一九九二—二〇〇四年)、『MONSTER ——モンスター』、『NARUTO ——ナルト』、『聖伝—— RG VEDA』(CLAMP、月刊ウィングス、一九八九—一九九六年)、『妖しのセレス』、『新世紀エヴァンゲリオン—— Neon Genesis EVANGELION』、『BLEACH ——ブリーチ』

(Survey BOUISSOU — 2005)

Ⅲ　日本文化をひらく

国民国家をめぐる民族学と民俗学

――柳田国男からの展開――

樺山　紘一

はじめに――柳田国男を世界へ

いうまでもなく、柳田国男（一八七五―一九六二）の存在は、日本研究にあって圧倒的な地位をしめる。かれが創設した日本民俗学は、日本の社会と文化を理解するために、決定的な視点を提供した。けれども、残念なことに柳田国男の諸著作やそれについての注釈は、かならずしも国際的にじゅうぶんな紹介がおこなわれていない。ヨーロッパ語への翻訳は、徐々に進んできたとはいえ、満足できる状況ではない。その理由をさぐることは、あるいは「国際日本学研究」にとって有意義であるかもしれない。あまりに日本独自の事象が対象となったために、外国人研究者の興味をひきにくかったからであろうか。あるいは、日本の側に翻訳や紹介の作業への軽視、もしくは忌避感があったからであろうか。

いずれにせよ、今後にあって努力がかたむけられるべき課題のひとつである。日本研究の国際化の成否をかたる、無二の試金石であるといっても過言ではない。ここでは、柳田が提起した問題群に足がかりを求めながら、二〇世紀以降にあって民俗学（フォークロア・スタディーズ）や民族学（エスノロジー）が直面した状況の変遷をたどりつつ、これからの国際日本学研究の課題をもさぐることにしたい。

1 ジュネーヴの柳田

日本政府の高級官僚であった柳田は、農商務省から貴族院の書記官長をへて退官した。朝日新聞社に入社し、一九二一年には、国際連盟の委任統治委員会委員に任じられて、ジュネーヴに赴任する。周知のとおり、国際連盟は第一次世界大戦の終結にともない、アメリカ合衆国ウィルソン大統領らの提唱をもとに、一九二〇年一月、ヴェルサイユ条約規約にしたがって設立された。それの重要な一機関である委任統治委員会の任務は、大戦の敗戦国であるドイツ・オーストリアとオスマン帝国の領土・植民地のいくつかについて、それらの政治秩序を維持し、将来における正統的な政権の樹立を視野におさめる構想を結実させることにあった。じっさいには、その故地はイギリスをはじめとする戦勝国によって実質的に統治されることになり、委任統治委員会はこれの監視を形式上、ひきうけるものにすぎなかった。とはいえ、世界史上はじめて国際的な合意にもとづいて、形成途上の政治秩序を保障する機関として、期待と信頼を託されたことも事実である。大戦の戦勝国である日本には、この責務への参画が預託された。これは、日本にとってほとんどはじめての国際的要請となった。柳田には、自身が意識するかいなかにかかわらず、その重圧がかかったのである。

一九二一年にジュネーヴに赴任した柳田は、大戦後の複雑で錯綜した国際政治のなかに当然のことながら巻きこまれることになる。高級官僚としての履歴をふんできたとはいえ、柳田にとってはまったく未経験の役務であった。しかも、日本の外交活動にとっても未曾有の局面となった。一九二一年から二二年にいたる二年ほどのあいだ、委任統治委員として、断続的に勤務することになる。ただし、この役務は日本政府の利益を代表するものではなく、あくまでも一般的な有識者として担当されるべきものとされ、柳田もまたその認識を明確にして就任したであろう。ところが、ジュネーヴにおける勤務は、もっぱらフランス語と英語による、ソフィストケートされたディベートについやされ、国際社会にとって新来者にすぎない日本の官僚出身者にとっては、あまりに負担の大きいものとなった。前後二年あまりにおよぶ在任期間のあいだ、柳田はほとんど論議に参加することができず、専門の外交官僚からは侮蔑の批評もよせられたようである。かれの語学力をもってしては、いかようにも対応できないような役務であった。その自尊心の損なわれようはいかばかりであったろうか。

2　民族自決主義と委任統治

さて、この委任統治委員会の成立には、二〇世紀前半の重大な国際政治上の問題がかかわっている。「ウィルソンの一四か条」のうちでも、もっとも意義ぶかい条件、つまり民族自決の原則である。大戦中に噴出した民族問題にたいして、総括的な解答をあたえるべく提議されたものであった。オーストリア・ハンガリー帝国などに包括されてきた中央ヨーロッパの諸民族、つまりチェコ・スロヴァキアやポーランド、そしてユーゴスラヴィア内の諸民族、それに北欧のフィンランドなどもこれに該当し、独立が認められた。さらには、戦前から激烈な独立運動を展開してきたアイルランドは、これと並行するかたちで独立にむかっていった。オスマン帝国下にあった中近東地域でも、シリアやメソポタミア、そしてパレスティナに居住する諸民族・部族が自決の原則を要請する。これらは、いまだ独立の機が熟さないと判断され、委任統治のもとにおかれた。

戦争への協力を条件にいったんは独立を約束されていたかにみえたインドは、それを達成されなかった。日本の植民地である朝鮮にあっては、三・一運動がおこり、独立への要求をかかげたが抑圧された。このように、第一次世界大戦はドイツ・オーストリア・オスマン帝国の軍事的屈服をこえて、世界中に民族問題の展開をうながしたのである。

問題の解決にはいまだ長い時間がかかったが、国家が民族集団という完結した単位によって構成されるべきだとする原則は、国際的に合意された。いまわれわれが国民国家とよぶ主体はここに世界的に認知された。西ヨーロッパにあっては、すでに近世のうちに出現していたものが、大戦の終結とともに、普遍化されたというべきであろう。

こうした事情のもとで委任統治委員に赴任した柳田国男が、どこまで正確な認識をもっていたかは、定かではない。しかし、委員会の議論のうちで現況をさとった柳田は、一九二二年になって、民族問題の現実を直接、見聞したいと希望し、パレスティナと東アフリカへの視察旅行を、日本政府に申請した。その前者はかつてオスマン帝国の、また後者はドイツの植民地であり、委任統治の対象となった地域である。この申請は、かれの役務としてみれば、しごく当然のものであったが、日本政府は躊躇した。しばらく留保されたうえで、うやむやのうちに却下された。おそらくは、微妙な国際関係の影がおちるこれらの地域に、日本が関与することに憂慮がしめされ、委員会における柳田の役割にたいする懐疑もあって、拒絶されることになったのであろうと推測される。もしかりに、柳田のパレスティナ視察が実現していたとすれば、この地域のその後の展開を思うにつけても、日本人にとって有意義な観察がもたらされたのではないかと想像されるのだが。

3　民族学と民俗学へ

さて、いまひとつの側面をつけくわえておきたい。上述のとおり、委員会においてはほとんど重要な役割をはたしそこなった柳田は、その閑暇をついやすためにか、ジュネーヴにあって多数の書籍を購入したようである。当時の日本知識人の通例といってもよく、また一〇〇年を経過した現在にあってもさして変化がないが、口頭コミュニケーションの不得手は、読書によって補われた。おりしも、一九二〇年代初頭のヨーロッパでは、大戦中の不如意をくつがえすかのように、巨大な知性の運動がいっせいに開花していた。国際都市ジュネーヴは、その動向をうかがうに最適な場であった。かれが入手した書籍類は、帰国にあって持参されたようであり、現在もまとまって収納されている。残念ながら、その全容と読書のありさまは未解明であるが。

一九二〇年代の学問状況を念頭においてみれば、柳田の関心が、勃興する民族学、人類学にむけられたとみるのは自然である。おりしも、フランス語圏内にあっては、エミール・デュルケームの社会学が成熟をむかえ、これを社会人類学に適用しようとする一連の構想がみのりつつあった。なかでも、マルセル・モースは世界の諸民族について普遍的に適用可能な理解法をもとめて、フランス人類学を確立した。この動きは、J・G・フレーザーの『金枝篇』にはじまる一九世紀以来の伝統をもつイギリスにおいては、マリノフスキーらの構造機能主義をも刺激して、新生の人類学はすみやかに不動の地位を確立していった。この現象が、国際政治における民族自決主義や国民国家原則と不即不離の関係にあることは、疑いがない。さらには、敗戦後のドイツ・オーストリアにおいて結実した民族学も、文化伝播に主題を集中させつつ、ヨーロッパ学問の広がりをうながしていった。それればかりか、フランスを例にとってみれば、一九世紀から開始されてきた民間伝承の収集活動は、その体系性をそなえるようになり、ポール・セビヨーらによる体系化が進行していた。ヨーロッパ人にとって、たんに非ヨーロッパ世界の未開な風習や制度を調査するための民族学が提起されたのみならず、みずからの足もとにある民間の民俗慣習が探求の対象となり、これらのあいだには方法上も、共通性や連携関係がありうるとの見通しもあきらかになりつつあった。

4 一国民俗学の成立

柳田が、この一九二〇年代の学問状況をどの程度に把握していたか、またどこに特別の関心をしめしたか。確実なところは不詳である。たしかなことは、委員を解任されたのちの柳田はもちかえった書籍を書庫におさめながら、公然とそれに言及することがなかったことである。それにもまして、大正末期から昭和初期にあたるこの時代に、日本人学者がしきりにヨーロッパの最新の学問の輸入と紹介をこころみ、学問の開国現象があらわになるさなか、柳田はつどいくる弟子たちに、それに言及したり、適用したりすることを、厳重にいましめたといわれる。学問輸入の軽佻浮薄さに警鐘をならすという意図からであったとしても、なお現在の視点からすれば、疑念ののこるところではある。

すでに周知のところであるが、柳田国男は国際連盟に参画する以前から、日本の民俗学の形成に意欲をしめしており、農商務省の官僚であった明治末年から日本各地で民間伝承の採集にとりかかっていた。『後狩詞記』（一九〇九年）や『遠野物語』（一九一〇年）は、こころある民間学者に刺激をあたえ、かれのもとには多数の情報がもたらされた。大正年間の柳田にあって、この採集法に一定の方法的な基礎をあたえることが、課題として意識されはじめていたであろう。委任統治委員会から帰国したのちは、その作業に没頭することになる。『民間伝承論』（一九三四年）、『郷土生活の研究法』（一九三五年）は、それのひとまずの成果である。そこでは、研究の対象は日本国内に蓄積された民間の伝承や風習であり、それらを総体として理解し整理することで、日本民族の基層部分を明確化することができると考えた。柳田によれば、これはあらたな意図と方法を完備した国学、つまり「新国学」にほかならない。古来、日本列島には仏教・儒教、そして西洋からの知識や技術が伝来したとはいえ、民族としての日本人の深部には、民間にあって伝承されてきた精神がやどっているとみなした。これに光をあてるとともに、それを日本社会の指導理念として精査し、意識することに、日本民俗学の使命をみいだした。まさしく、「国学」たる所以である。こうして、柳田は日本民俗学を創設し、巨大な学問的水脈をうみおとすことになる。

ときおりしも大正年間には、白樺派の文化運動に刺激をうけて、日本文化にたいする斬新な視点が提唱されつつあった。なかでも柳宗悦の民芸発見は、人びとの日常生活の現場に光をあて、個別の民族をこえた表現や感性の共同性への着目を要請した。ことに、朝鮮半島における民芸や工芸の調査と収集は、いまなお高い評価をうけているほどである。こうして、民族や民俗への関心は広い裾野をおおうことになる。

こうして、日本においては、柳田民俗学が樹立されたのであるが、しかしながら二〇世紀の主要な学問としての世界的視野からの人類学は、第二次世界大戦の終結ののちまで、日本では一部の例外をのぞいては、じゅうぶんの紹介や実践がこころみられることがなかった。他方で、欧米諸国においては、民族学はやがて文化人類学や社会人類学として模様替えをうけながら、隆盛をたどっていく。また民間伝承にかかわる民俗学は、やや素人風の伝統をのこしつつ、人類学とは一定の距離をたもって、存続していった。前者は、アメリカの文化人類学者の主導もあって、人類社会にとって普遍的な構成原理を強調しながらも、一般的には未開社会の解明を主務として、その普遍性を担保するようになる。そのかぎりでは、国際政治原理としての国民国家が方法上は温存された。かたや後者、つまり民俗学については、社会の近代化によってその視野は限定されるようになり、むしろ国民文化論の一部として統括されるようになる。そこでは、民間伝承といった基層だけではなく、サブカルチャーをふくむ現代文化の総体こそが問題であるとされる。このことは、二〇世紀後半の日本においても妥当するであろう。

5 二一世紀からの応答

ところが、二〇世紀も末葉となったころ、あらたな動向がきわだってきた。ひとつには、一九八九年にベルリンの壁が崩壊して、冷戦体制が解除されてみると、それまで国際政治のもとでは覆いかくされていたかにみえる諸要素が、あらためて顕在化してきた。ことに、東ヨーロッパの旧ソ連圏にあっては、社会主義政権が忌避してきた宗教や言語、風俗の多様性が明示されるようになった。これらはかならずしも、民俗学の対象とのみはいえないが、人びとの社会的・文化的生活の基部において、維持され作用してきた重要な要素であることが明白となった。ギリシア・ロシア正教会の信仰と制度、あるいは民間説話の表現力、そして舞踏や音楽などの芸術・芸能活動は、それぞれの国民文化にとって枢要な位置におかれていることも、判明した。また、いわゆる第三世界における社会・文化状況についても、宗教や言語の固有性が想像以上に強烈であり、根強い存在をたもっていることが推知された。これらは、かつては民族学や民俗学が、それぞれの方法によって取り扱ってきたところであるが、冷戦の数十年のあいだにその緊密性やリアリティが認知困難となっていたのである。

いまひとつの動向は、二〇世紀末になって歴然としてきたグローバル化である。グローバル化により、一見するとあらゆる生活の側面において、世界標準が貫徹し、普遍性が極致をむかえたようにもみえる。大量の情報の迅速な流通は、古来の基層部分を洗い流し、共通の基準にもとづく生活様式の樹立を強要するかのようにもみえる。それは、社会編成の多様性を原則としていとなまれてきた世界の体制に、根本的な変更をせまるものである。ここでは、近代社会の成立以降、ますます加速化されてきた世界の一体化が、最終段階を到来させたといっても過言ではない。このような、一方では固有の文化の残存とその意識の強調、他方ではグローバル化という普遍化現象。こうした両極化する世界のなかで、民族学や民俗学はどのような課題に直面することになるだろうか。

まず確実な点についていえば、二〇世紀の国際社会を指導してきた国民国家の原理が、いちじるしく相対化したことである。このことはまず、柳田民俗学における「国学」思想が、日本民族の指導原理として作動しがたくなったことを意味する。グローバル化のもとにおかれた現代社会では、急速な変容があいつぎ、国民国家の枠内だけではその変化をあとづけることが不可能になりつつある。おなじことは、発現形態はことなるとはいえ、欧米や途上国においても生起しつつある。市民生活の諸局面は国民国家よりは、より高速でコミュニケートする国際社会によって左右されるようになったからである。従来の国民国家単位の民族学・民俗学ではなく、むしろグローバル化世界を対象とするあらたな学問形態が必要だとする議論もうなずけるであろう。

しかしながら、これだけグローバル化された諸国、諸地域にあっても、かえってこれに背馳するかのような現象があらわれている。たとえば、ヨーロッパ連合によって統合された国ぐににあって、かえって地方的な独自性への急進的な希求が現実化することもある。例をフランスにとってみれば、ブルターニュやバスク地方、また連合王国についていえば、いわゆるケルト周縁などから、歴史的な基層文化の再評価と復権が要請されたりする。これらは、さかのぼってみれば、近代社会の形成過程で軽視され、もしくは消滅したものと誤解された周辺部分に属していた。現在にあって、ふたたび姿をあらわした文化の基層や周縁は、けっして世界のグローバル化とは矛盾しないとも、指摘される。なぜならば、グローバル化は文化の表層を擦過するが、けっして深層までをも破壊したり、攪乱したりするものではないからだというのである。

このことは、日本文化についても指摘することができる。かつて、柳田民俗学にあっては一元的に整序された日本文化が、そののちの研究によって、ことなったイメージによって語られるようになった。民俗の基層がかりに日本の「常民」のもとに存在したにせよ、現実の現代人はより複雑に成層されており、変化と不変とのあいだには、特有の形式をもとめることもできる。また、日本列島という歴史的個体をとりあげてみれば、その地理的な多様性や差異性によって、複雑な図柄をえがくことができる。グローバル化の風は、こうした凹凸のある地形のうえを吹き抜けるのであって、普遍性を前提とした平滑な原野を吹くわけではない。このように観念することによって、これまで柳田民俗学や文化人類学によって蓄積されてきた知見を有効に利用しつつ、現代の日本像を説得的にえがくことができるはずである。

およそ、日本にかぎらず、世界のあらゆる地域にあって、このような問題性をたてることが可能である。グローバル化の進行を的確にとらえる視座と、他方ではローカルな社会と文化の強固な根をさぐる探査針との併用によって、学問的な方途を開発することが求められている。柳田民俗学は、そのための方法として有効性をいささかも失ってはいないと思われる。というのも、たしかに柳田民俗学は「一国民俗学」をめざしたけれども、その方法的基礎においては、しかるべき再編成と変更をくわえるならば、民族文化や民間伝承つまり民俗の歴史的基層の解明のために、卓越した透徹力を有しているからである。ネーティブな人類学とグローバルな民俗学との結合や併用という、当シンポジウムの主要な論点は、このような文脈のなかで理解される。

6　おわりに

近年、世界の一部にあってつぎのような発想がとなえられている。物資や人間の広汎な移動や情報の流布の時代、つまりグローバル化の完成局面にあって、文化の固有性を強調するのは過剰な「文化的保護主義」であるというのである。貿易上の自由主義に類比させて、保護主義の迷妄をとくのが、この議論の趣旨であろう。芸術や芸能活動の世界的流通に保護主義的障壁をもうけるべきではないと、主張されている。ことに、大衆文化・サブカルチャーにおけるグローバルな産業活動を支援しようとの、明白な意図すらも感得される。よりあからさまにいえば、それはアメリカ合衆国のメディア産業の戦略だとみなすことも、不可能ではない。

貿易における保護主義の抑制については、一定の賛同がえられるにしても、この文化保護主義批判については、いかなる反応がおこるであろうか。たしかに、世界標準のメディア機器が現代世界を格段にゆたかにしている。外来の文化にたいする過敏な警戒が、しばしば政治的意図をもふくめて喧伝されることは、望ましい事態ではない。しかしながら、二〇世紀以降の人間科学、とりわけ民俗学や民族学が解明をめざしてきた人間文化のゆたかな多様性と固有性とに鑑みてみれば、にわかに保護主義批判に賛同するわけにはいかない。文化は、それぞれの社会がその歴史のなかで産出してきた人間存在原理を体現しており、経済的用益も政治的自由も、また社会的結合も、その文化によって担保されている。つまり人間にとってもっとも深い部分に由来するものであるからには、個人もまた社会もその適正な保護のために総力をつくさねばならない。その意味では、保護主義への一定の共感は否定することができない。これは、牢固な文化的保守主義とはまったく異なったものである。

おわりに付言しておきたいのだが、こうした立場をたてることは、それぞれの文化についての研究上の排他性をいいつのることとは、なんの関係もない。固有の文化についての研究は、それの発展のためには、ときには当事者の責務であるが、またときには、他者によって研究されることによって、その独自性が有為に開示されることもある。このたび、法政大学とヨーロッパ在住の日本学研究者とが協力して、日本の社会と文化について、共同の研究プロジェクトを実施することに絶大な期待をよせたいのは、そのためである。もしさらに機会があたえられるならば、日本の研究者がヨーロッパ人と協調して、ヨーロッパ研究のためのプロジェクトを立案することも無益ではあるまい。

言葉から見える江戸時代の多様な人々

田中　優子

1　テーマについて

シンポジウムに参加するにあたって、Josef Kyburz 先生（Centre national de la recherche scientifique）より「翻訳上の問題について」というテーマをご提案いただき、その課題について考えてみた。そして、江戸時代を含む古典文学・古典文化を専門にする者から見ると、「翻訳上の問題」とは、異なる言語間の問題である以前に、古典語と現代日本語のあいだの問題であることに気づいた。世界の多様な歴史や文化が、欧米の歴史観や価値観、常識、感性に収斂されていくことを「グローバリズム」と呼ぶなら、まさに現代はグローバリズムの時代である。現代日本人はその中にあって、ほとんど古典文学を読まなくなり、古典文学どころか明治維新（一八六八年）以降から戦前（一九四五年以前）の文章でさえ、理解しがたくなっている。かえって欧米の文学や文章になじむようになり、現代の小説家たちはその感性で作品を書いている。たとえば村上春樹の小説を欧米語に翻訳するにあたって、そこに大きな翻訳上の問題が存在するとは思えない。『枕草子』や『好色一代男』や『たけくらべ』を現代日本語に翻訳する方がよほど難しいのではないだろうか。時代、文化、社会の様相、価値観、感性の共有圏内であれば、たとえ異言語間であっても翻訳は容易である。翻訳ソフトも有効に働くだろう。逆に、同じ言語間であっても、それらが共有されていない文化どうしであったら、翻訳はさまざまな困難をともなう。

従ってここでテーマにしたいのは、文化や社会が大きく変化したことによって困難になっている事例である。その困難さは、同じ言語による現代語訳の場合も、異なる言語による翻訳の場合も、また比喩としての翻訳（ある事柄の意味を、別の文化圏におけるほかの事柄にたとえて説明すること）の場合も、同じである。異なる言語間の翻訳の場合、どうしても伝わらないものがあるとすると、それは文章のスピードとリズムであろう。しかしそれさえも時代の変化により、同じ言語間で伝わらなくなっていることがある。

時代の変化にともなって理解できなくなっているのは、それが現代で言えば何にあたるのかが探し出せない、ということである。翻訳の場合、現代（もしくは異なる言語圏）に同様のものがないからといって翻訳しないわけにはいかず、結局手近な言葉で間に合わせてしまう。あるいは、他の時代や他の文化に知識と想像力が及ばず、既知の概念に押し込めてしまう、ということが起こる。ほんとうの翻訳上の問題とはそのようなことなのではないだろうか。

江戸時代から明治初期は、もはや現代の日本人ではわからないことが多くある。調べるにあたっても、ある種の情報については獲得が難しい。とくに遊廓や被差別民などについては、歴史の裏側にあるものとして、参照できる資料が極端に少ない。しかし実際に生きていたさまざまな階層や職業の人々を知ることなしに、異なる言語への翻訳はもちろん、現代語でその当時の文学を理解することも、不可能なのではないだろうか。法政大学国際日本学研究センターは、日本の中の異文化に注目している。琉球文化、アイヌ文化、朝鮮文化、中国文化がそれにあたるが、そればかりでなく、農民、漁民、山の民、職人、遊女、芸人、そしていわゆる被差別の職業の生活文化もまた、私たちが理解すべき日本の中の異文化であろう。

2　翻訳上の困難について

まず、一〇〇年以上前の日本の遊廓文化はどのように翻訳されたのか、その一例を見てみたい。樋口一葉の『たけくらべ』

（一八九五―九六年）の冒頭は名文と言われている。「廻れば大門の見返り柳いと長けれど、お歯ぐろ溝に燈火（ともしび）うつる三階の騒ぎも手に取る如く明けくれなしの車の行来にはかり知られぬ全盛をうらなひて」――この文章はRobert Lyons Danly "In the Shade of Spring Leaves" の中の "Child's Play" では、約三倍の分量の文章に翻訳されている[1]。これだけでなく、訳者はこの冒頭の文章のために、二頁におよぶ詳細な訳注をつけている。訳注でもっとも分量が多いのは「遊廓」についてで、一頁半におよぶその解説では、遊女の歴史を含めてかなり正確に説明している。

訳者が次に筆を費やしている訳注は、意味の上でつながっている言葉を連ねて表現効果を出す「縁語」や、ひとつの言葉の二重の意味を使って文章を連ねてゆく「掛詞」についてである。これももっともなことで、まさにそのために、訳は原語の三倍の長さになるのだ。そこでは「長い」という言葉が大門まで廻って歩く距離の長さと柳の葉の長さとの両方を意味していること、「いと」は「非常に」という意味と柳の縁語である「糸」を両方意味していることが述べられている。さらに「お歯ぐろ溝」のお歯黒（平安時代から貴族階級でおこなわれた歯を黒くする習慣）の意味が説明される。非常に丁寧ないい翻訳である。

難しいと思われる翻訳も、意味を分解して長く訳し、さらに解説をつければ理解は深まる。もっとも翻訳が難しいと思われがちな感情や感覚は、むしろ時代を超えた普遍的な側面をもつので、翻訳のしかたによってはかなり近いニュアンスを表現できるだろう。しかしながら、文章にはリズムがあり速度があり音がある。『たけくらべ』の冒頭について言えば、「大門」「見返り柳」「お歯ぐろ溝」「燈火」「三階」「騒ぎ」「明けくれなし」「車の行来」「全盛」という言葉が発する、吉原遊廓の歴史に裏打ちされた豊富なイメージは、短い時間のあいだに非常に速い速度でまるで光のように点滅し、その全体が「賑わいと活気と豊かさ」を意味する。その音やスピード感が生み出す意味は、翻訳の中で失われる、もっとも大きな要素であろう。

翻訳において、音やスピードや微妙な意味を表現できるかどうかという問題の中には、ひとつには極めて具体的、物理的な側面があり、もうひとつには背景の歴史をふまえているかどうか、という側面がある。たとえば俳諧連句（はいかいれんく）の中に、「あつしあつしとかどかどの声」（芭蕉）という七七シラブルの句がある。これは "How hot it is, how hot it is says a voice at every house-gate" と訳されている[2]。意味は正確だが、「あつしあつし」「かどかど」というとがった音の発する、日本人の、京都の夏の暑さと湿気に対するいらだちまでは伝わって来ない。しかしここで問題にしたいのはこのような、言語にかかわるどうにもならない翻訳上の問題ではない。むしろ言葉の背後にある歴史が伝わりにくいために、異なる文化圏の価値観で判断、把握されてしまう事柄について、問題提起したいのである。

たとえば今例に挙げた「連句」だが、これは複数の人々が五七五と七七を交替に連ねてゆく文芸で、俳句のもとになったものである。この「連句」を基本とする「連」という言葉は単なる集団と解釈されてしまうが、実際は集団でも個人でもないそのあいだにある「連」という仕組みであって、この仕組みによって江戸時代は文学や芸術や学問をおこなっていた。この「連」という仕組みもまた、翻訳が極めて難しい概念である[3]。明治以降、日本では連句が欧米文学の仕組みとは異なるために「文学ではない」とされ排除された。結果として俳句だけが近代日本と世界に広まった。これもグローバリズムの結果である。

3 遊女という言葉の意味

冒頭に挙げた『たけくらべ』の事例に戻ってみよう。『たけくらべ』はすでに指摘したように、吉原の賑わいと活気と豊かさが前提になって書かれている。決して貧しさやみじめさがテーマではない。しかし翻訳ではそれを表現するのが難しい。ひとつの理由は文章を短くすることやイメージの列挙が困難であるためだが、もうひとつは、意味を明確にするために、たとえば〝bawdyhouse〟のような表現をせざるを得ないからである。これは「お歯ぐろ溝に燈火うつる三階」の建物をさしている。しかし吉原遊廓の大籬（おおまがき＝大きな店）を「bawdyhouse ＝売春宿」と表現するのは、事実に沿っていない。吉原をそのように解釈すると、同じ樋口一葉の『にごりえ』の舞台との違いを表現できなくなる。『にごりえ』の舞台こそが〝bawdyhouse〟であり、そこに登場人物たちの哀しさを読み取らねばならないからだ。近世から近代初期の文学は、江戸時代の遊廓の多様性を背景に成り立っているのである。

日本人なら日本の歴史を知っている、というわけではない。たとえばここに挙げた樋口一葉は、その肖像が日本のお札に使われているにもかかわらず、そして近代文学であるにもかかわらず、ほとんど読まれていない。大学生も詳細な解説なしでは読めず、現代語訳も刊行されている。しかし現代語で読んでも、イメージはつかみきれない。歴史的背景や過去の生活の実際を知ることなしには、言葉はほんとうにはわからないのである。しかし、歴史の教科書や解説書には、記述されることと記述されないことがある。文学作品にはたびたび、歴史の一般書には記述されない事柄が出てきて、翻訳者を困らせる。遊女や遊廓はそのひとつであろう。

遊女の「遊」は「遊行」「遊山」「遊学」などに使われる言葉で、あちこち移動する、という意味である。「遊女」は各地を移動する女性のことであった。「遊行芸能民」という言葉があるが、芸能者も職人も移動する人々のことであった。彼らの大半が移動しなくなり、都市に定住して生きるようになったのは江戸時代である。その理由の半分は、定住させることによって秩序を保とうとする為政者たちのもくろみであり、半分は、人口が集中する都市で興行するほうが利益が大きいと考える、興行という商売の成立による。

『奥の細道』に、「一家に遊女もねたり萩と月」という句がある。新潟を旅していた松尾芭蕉が宿に泊まったとき、隣の部屋から年配の男性と二人の若い女性の声が聞こえてきた。話をそれとなく聞いていると新潟の遊女たちである。次の朝、送ってきた男性と分かれて、遊女たちは伊勢に旅立ってゆく。芭蕉は「定めなき契り」を生きる彼女たちに哀しい同情の気持ちをいだきながら句を詠む。江戸時代は遊女たちを都市に定住させることによって「遊廓」を形成した時代だったが、まだ遊行の精神は生きていた。芭蕉という人物はその「旅をすみかとする」という生き方をあえて選び、遊行の精神に生きた俳諧師であった。芭蕉から見ると旅する遊女は特別な悲哀を感じさせる存在であった。遊行の時代が終わったにもかかわらず遊行を生きる、そういう自分自身と重なったからである。

遊女は「傾城（けいせい）」とも言う。「傾城」とは中国の故事に出てくる言葉で、城を傾けるほど男性がおぼれてしまう美女のことを言う。また遊女は「女郎（じょろう）」とも言う。貴族や大名の奥向きに勤める女性をさす言葉に「上臈（じょうろう)」があり、それに由来する言葉だと言われている。また遊女の最高位の者を「太夫(たゆう)」と言う。これは一流の芸人をさす言葉で、具体的には能の名人の能太夫あるいは舞太夫に由来する、と言われている。江戸時代の初期に京都四条河原で、遊女が能太夫を勤めたのである。これら四つの言葉は範囲がずれながら、ほぼ同じ対象をさし示しているのだが、太夫はもっとも位の高い遊女にしか使わず、遊女という言葉はこれらの言葉を含めた総称である。

遊女および遊廓は江戸文化の中心であり、それなくしては江戸文学も浮世絵も歌舞伎も成り立たなかった。遊女は武家の女性とともに、「教養のある強い女性」の像を作り上げた。茶の湯、和歌、俳諧、琴、囲碁、時計の調整、そして書の能力をもち、文章力があって、時には漢詩漢文も理解できたのである。また吉原遊廓には文人や知識人が出入りし、春の花見、盆の灯籠祭、夏の「にわか」の祭など、毎月のように祭や年中行事がおこなわれた。着物、建築、内装、提灯、植木の職人たちが腕を磨き、三味線、唄、踊り、幇間(ほうかん：芸を見せるとともに宴席の手配やあらゆるコーディネイトをする男芸者)の芸がそこで生まれ、守られた。それだけに、「娼婦」という側面しか浮かび上がらない翻訳や、娼婦宿の集積地のようなイメージの翻訳は、実態から遠くなってしまうのである。『たけくらべ』の主人公美登利(みどり)は、遊女にあこがれ、遊女である姉を誇りに思っているが、それは遊女の歴史を背景にしている。しかしそのような遊廓は次第に衰退してゆき、一九五八年に閉鎖され、その後は法律で禁じられている。

4 歌舞伎という言葉の意味

遊廓に関係深いものに「かぶき」がある。一六一三年から一〇年間日本に滞在したイギリス商館長 Richard Cocks の日記には、江戸で接待を受けたとき、彼らを泊めた商人が「かぶき」を呼び、踊らせ歌わせ同衾させたことが書かれている。Cocks たちが江戸を出発するときには、「かぶき」がごちそうをもって見送りに来てくれたという。平戸では海岸で演劇や踊りがおこなわれ、登場したのは女性八人、男性六―七人のかぶきだったという[4]。かぶきという言葉はかつては男女の芸能者を意味し、同時に遊女や若衆（芸人であるとともに男性に色を売ることもある美少年）を意味した。そしてそのもともとの意味は「傾き者」つまり、ファッションや振る舞いの上で秩序からはずれた、まっすぐではなく傾いた、いかがわしい、やくざな連中のことである。その傾き者（男性）を、巫女（神の言葉を伝える役割の神社に奉職する女性）でもあり芸人でもあったおくにという女性が男装して演じ、それを傾き踊りと称した。その舞台では男性は女装して女性を演じたのである。それを引き継いだ遊女や若衆たちが、芸人としての「かぶき」となる。

現代日本人はもはや歌舞伎を、特有の様式の演劇としか受けとめていないが、その由来と初期の存在理由は、よく注意すると、言葉の中に読み取れるのである。ところでその後も、遊廓には多様な芸人が出入りしていた。かつての「かぶき」は歌舞伎役者になる者（男性）と、遊女になる者と、踊子になる者とに分岐してゆき、その踊子が芸者となる。芸者とは芸に生きる者という意味である。芸者の中には踊子に由来する女性の芸者と、客を話芸、三味線、唄、各種のお座敷芸で楽しませる男性の芸者（幇間＝太鼓持ち）とがいた。芸者は町の中と遊廓の両方で生まれたが、とくに吉原芸者は、三味線、唄、踊りの技能水準が高く、男女とも色を売ることはなかった。

5 さまざまな芸人たち

吉原芸者は一流だが、吉原にはそれ以外に、ちょっとした芸を見せる芸人たちも出入りした。『たけくらべ』には、吉原に入ってゆく多種多様の芸人の姿が描かれている。「よかよか飴」という飴屋が通る。頭に飴を入れた大きな丸いたらいをのせ、たらいの縁に提灯をつけ、太鼓をたたきながら歌って歩くのである。毬を籠に入れる芸を見せながら大神楽が通る。獅子のかしらをつけた芸人が、大太鼓、小太鼓を打ち、笛を吹いて踊る。角兵衛獅子も通る。二人組の少年が木綿の筒袖に胸当をつけ、くるぶしでつぼまった袴をはき、腰に鼓を、頭に赤い獅子がしらをつけて口上を言いながら逆立ちをするなどの曲芸を見せるのだ。大阪の住吉神社でおこなわれた田植えの儀式に由来する、住吉踊りの集団も通る。巨大な傘をもち、五、六人が揃いの浴衣を着て、三味線に合わせて傘の回りで踊る。人形遣いも通る。首から下げた箱の中に人形を入れ、語りながら大道で見せる。破れた三味線をかかえて、老人が五、六歳の少女と歩いている。軽業師も通る。軽業師は身体をぎゅっと縮めて桶の中に入り、そのまま消えてしまう幻術などをやった。この芸人たちは、「万年町、山伏町、新谷町」から来るのだ、と一葉は書いている。これらの町は東京の貧民窟であり、そこには人力車夫、人足、人相見、羅宇のすげ替えや下駄の歯入れをする職人、古下駄買い、按摩、大道講釈師、屑拾い、便所掃除、軽業、住吉踊りの大道芸人が暮らしていたという。

『たけくらべ』の主人公美登利は、これらの大道芸人たちが目の前を通ってゆくのを眺めながら、その中の一人を呼び止める。「女太夫」と呼ばれる女性であった。彼女たちは菅笠をかぶり、木綿の着物に木綿の帯をしめ、襟や袖口には絹の縮緬を使い、化粧をし、日和下駄をはき、木綿の手甲をつけ、三味線をひき、なまめかしい姿で唄った。「女太夫」は一八七一(明治四)年まで存在した「非人組織」に所属する女性芸人であった。

日本列島には民族で言えば、いわゆる日本民族のみならず、琉球民族とその文化、アイヌ民族とその文化、朝鮮民族とその文化、中国民族とその文化が共存している。法政大学国際日本学研究所は日本研究の基礎として、日本に存在する「いわゆる日本文化」以外の文化研究、とくに沖縄研究やアイヌ研究、そしてアジア研究を重視している。しかし日本民族・日本文化の中にも、非常に多様な生き方や文化があり、それは文学その他のメディアの中にたびたび登場した。ひとつは遊女、芸者、芸人たちであるが、中でも『たけくらべ』に登場してきたような芸人たちは、一八七一年まで「猿飼＝猿使いの芸人」「乞胸(ごうむね)」などという名称で呼ばれる身分に属し、それは広義の「非人」(人にあらず、という意味をもつ言葉)にあたるものであった。「乞胸」という言葉の語源は、志を乞う、という意味であるとも、合棟(つまり長屋)に暮らしたからだとも言われるが、さまざまな種類の芸人がここに入る。乞胸は身分は町人でありながら、芸をおこなっているあいだは非人であり、非人組織の中の乞胸頭・仁太夫に管理されていた。非人という言葉はもともと、仏教では鬼神をさすが、一般には世捨人、僧侶、罪人、生活に困窮して物乞いをする人、などを意味した。つまり人にあらず、という強い意味ではなく、秩序の中の一般人ではない、という意味で長く使われてきた言葉である。江戸時代ではそれが、特定の階級をさす正式な用語になった。

6　非人の世界

井原西鶴の『諸艶大鑑（好色二代男）』には、長崎を舞台に、乞食が遊廓に通った話が書かれている。この作品では乞食と書いているが、貧しいわけではなく、非人頭の支配のもとで仕事をしている非人身分の者、という意味である。その非人は他の客から差別を受け、そのあいかたとなった太夫・金山（きんざん）にも悪い評判が立った。しかしそのとき金山は自分の着物に、非人のシンボルである欠け碗、竹の箸、曲げ物の器の三種の形を布で作って縫いつけ、「世間晴れて我が恋人を知らすべし。人間にいずれか違いあるべし（人間にどんな違いがあるというのか）」と言い放ったのである。人々は「女郎はこうありたいものだ」と感心した、という。

また山東京伝は黄表紙（大人向きの漫画の一種）『孔子縞于時藍染（こうしじまときにあいぞめ）』の冒頭で、非人が集まって橋の上で学問をしている絵を描いた。彼らは腰に曲げ物の器をつけ、横に欠け碗を置き、藁で編んだ敷物である「こも」を背中にかけ、断髪している。実際に非人は髪を結うことを禁じられ、着物は膝上までの長さ、と決まっていたのである。

『孔子縞于時藍染』には、当道座の盲人たちも登場している。江戸時代は福祉というものが存在しなかったが、職種を独占するための組織があった。当道座は全国的な盲人組織の名称で、その頂点に立つ検校は、絶大な権力と経済力をもっていた。当道座の盲人音楽家たちは日本音曲の中心に位置し、とくに三味線音楽の成立は彼らに拠るところが大きい。学問の伝統もあり、歴代検校の中からは塙保己一という大学者も出ている。盲人たちは非常に裕福で、金融業者としても知られていた。検校の下にいくつかの階層があり、そのひとつを座頭という。座頭の人数が多いためか、江戸時代では盲人を座頭と言うようになり、彼らの金融組織が金を貸すことを「座頭貸し」と言った。ちなみに当道座は非人組織支配ではなく独自の組織であり、社会的地位ははるかに高かった。

身分制度外（被差別）の人々は時代によって地方によって、「茶筅」（茶の湯で泡を立てるのに使う竹製の茶筅を作っていた人々）「河原者」（河原で植木や皮革なめしの作業をした人々）、「かわた」（皮を処理加工する人々）、「穢多」（かわたに同じで、皮でさまざまなものを作ることに従事していた人々）、「長吏」（吏は役人の意味だが、やがて地方の穢多をさすようになる）「乞食」（ものごい）等々、さまざまに呼ばれていた。江戸時代になると制度上は「穢多」と「非人」の二種に統一され、それぞれ組織があった。全国の穢多・非人は江戸の浅草弾左衛門に支配されていた。非人はそれぞれの地域に頭（かしら）がいた。江戸には浅草の車善七、品川の松右衛門、深川の善三郎、四谷の久兵衛という四人の頭がいた。これら非人は浅草弾左衛門の組織の下部組織として位置づけられていた。それらが「部落差別」というテーマになって新たに小説に書かれるようになったのが、島崎藤村『破戒』（一九〇六年）や、住井すゑ『橋のない川』（一九五九―九二年）であった。後者は一九二二年に結成された、部落解放運動のための「全国水平社」の成立経緯を描いたものである。法律上は一八七一年に撤廃された身分制度であったが、差別はその後も続いている。

文学にあまり登場しないものに「穢多」がある。非人が職業を変わることでその身分から脱することができるのに比べ、穢多に生まれた者は生涯、穢多から抜けることはできない。また、穢多は非人に比べて職種が明確であり、死んだ牛馬の処理をし、その皮をはぎ、加工することを主な仕事としていた。「えた」という言葉は、鷹や猟犬の餌となる肉の調達に従事した「えとり」に由来する、と言われている。江戸時代は浅草弾左衛門を頂点として組織化されており、その居住地域は広大な「弾左衛門屋敷」を中心に、ひとつの町を形成していた。江戸は浅草、大坂は渡辺村が知られており、研究書も多く、『浅草弾左衛門』という小説[5]もある。放送業界を除いて、タブーになっている事柄ではない。しかし時代小説や時代劇などであまり扱われないテーマではある。むしろ江戸時代の穢多・非人や農民の生活と生き方を詳細に描き、多くの人にそれを知らしめたのは劇画であった。

7 『カムイ伝』に見えるさまざまな日本人

日本文化の歴史の中には、絵と文字が合体したメディアをたくさん発見できる。その中でも絵巻は東アジアでもっとも大量に作られており、のちの鳥羽絵、黄表紙、漫画のもとになった。江戸時代では幾種類もの絵入りの本が作られ、その余白に地の文やせりふが入るようになった。絵入り本の中から大人向きの作品が出現し、黄表紙と呼ばれた。黄表紙の系譜は明治以降に欧米のコミックの影響を受けてコマのある漫画が生まれ、映画の方法を吸収しながら、今日のように世界に進出する漫画、アニメのジャンルが確立する。日本では漫画はこのように長い歴史をもっており、その中に、時代小説や歴史書に迫る内容をもった劇画が存在する。劇画には、小説がなし得ない難しいテーマをもったものがあり。その代表的な作品が、被差別の人々や百姓一揆を扱った『カムイ伝』(白土三平) [6]である。

一九六四年から雑誌連載が始まった『カムイ伝』は、第一部、第二部、外伝がある。舞台は一六五〇年前後の日本である。マタギ(専業の猟師)の活躍する東北地方と、綿花を栽培する関西地方との両方をモデルにして、花巻村という仮想の村を作り、江戸時代の村落のありようを描いた。まずここには「百姓」という言葉の本来の意味を担う農民が登場する。「百姓」とは百の姓のことであり、姓をもっていた多くの官吏を意味した。やがてそれは「さまざまな人民」のことをいうようになり、人民のほとんどを占める農民を意味するようになった。江戸時代の農民は農だけの民ではなく、多様な能力をもちさまざまな産業にかかわっていた。百姓は自分たちの手で家を建て、屋根を葺き、水をひき、道具を作り、田畑を開墾し、布を織り、仕立て、あらゆるものを修理する能力をもっていた。『カムイ伝』は、自らの工夫で桑を栽培し、養蚕を試み、干鰯を手に入れ、便所を作り直して下肥を確保し、綿花を育て、新田開発をおこない、商人を巻き込んで流通をおさえ、圧政に対しては一揆で対決する、そのような百姓の力を漫画によって力強く描いた。そのような点で画期的であり、時代小説ができなかった領域に踏みこんだ劇画であった。

しかし江戸時代の日本は百姓だけで成り立っていたわけではない。漁師、マタギ、商人がいて、そしてなにより「穢多・非人」が、この作品の中心に位置している。題名になっている「カムイ」は、穢多部落に生まれた男児の名前である。カムイはもともとアイヌ語で神を意味する。『カムイ伝』は当初、東北マタギの世界から始まってアイヌの反乱を描く予定で始められたと言われている。背景にはアイヌの世界が隠されているのだ。

この中に、武士と百姓が穢多部落に身を隠すくだりがある。そこでは牛馬を処理し、皮をなめす過程が詳しく描かれていると同時に、その過程が武士や百姓の目にどう映ったかも、具体的に描かれる。そこからは、何が差別の「理由」とされたかがわかる。また、穢多の職業が、いかにこの社会にとって必要なものであったかもわかる。

ここで描かれる穢多集落は、都市ではなく、村落の外側の河原に位置する穢多村である。百姓と穢多とは対立してばかりいるが、やがてその対立は支配側の仕掛けであると気づき、新田開発のための堰の造築などを通して、両者が協力するようになる。百姓と穢多の結婚も、困難ではあるがおこなわれる。

この劇画は穢多から見た江戸時代像ともいうべきもので、そこにはマタギと山の動植物、漁師と海、商人と藩経済、廻船と運送、非人支配下の乞胸の芸人たち、鷹匠（鷹狩りに使う鷹を育てる職人）、サンカ（山を生活の基盤とした漂泊の集団のことで、箕を作り修繕する仕事に従事していた）、野鍛冶（遊行の鍛冶職人）、そして百姓の新田開発、治水事業、養蚕、綿花栽培が描かれている。武士たちも登場する。彼らは一方で百姓を搾取する者たちである。その一方で、百姓や穢多と暮らしを共にした武士が、「百姓がつくり武士が奪う、武士はいったい何のためにあるのだ」という疑問に悩むことになる。このように『カムイ伝』は劇画であることによって、研究書や小説がなかなかなし得ない、江戸時代のさまざまな人間たちとその階級構造を、はっきりとした価値観によって伝えたのだった。

日本の文学は貴族階級から出現し、江戸時代は武士と裕福な町人が担い、明治以降は知識人が担っていた。そのため、実際の社会に生きていた人々について、あまり多くのことはわからない。江戸時代には、現代の日本人に想像できないほど多様な人々がいた。それは現代と異なって階級を形成していたゆえに、歴史の表面に出てこないことが多い。また言葉の辞書的な意味がわかっても、その実態を想像することが難しい。全ページが絵で表現された江戸時代の黄表紙や現代の劇画は、想像の領域を含んではいるが多くのことを語ってくれる。

言葉の本来の意味をたどることや、映像による具体的イメージを発信することによって、より多くの情報が伝わり、日本文化史や日本の生活史は、さらに的確な翻訳が可能になるのではないだろうか。また日本の差別の歴史、階級ごとの組織や生活は東アジア、インドとの比較が可能であり、今日の世界の格差や差別を考える一助になるに違いない。歴史の表面から隠された日本人の生活を具体的に浮かび上がらせ、同時代の世界および、今日と比較することは、日本学の重要な研究になるはずである。

注

[1] Robert Lyons Danly "In the Shade of Spring Leaves" W.W.NORTON & COMPANY, 1982.
[2] Earl Miner "Japanese Linked Poetry" Princeton University Press, 1979.
[3] 田中優子『江戸の想像力』筑摩書房、一九八六年。
[4] トーマス・ライムス「リチャード・コックスの日記」『演劇学』第三一号、一九九〇年、早稲田大学文学部演劇研究室。
[5] 塩見鮮一郎『浅草弾左衛門』第一部—第三部、資料編、批評社、一九八五—一九八七年。
[6] 白土三平『カムイ伝全集』全三八巻、小学館、二〇〇五〜二〇〇七年。

一揆・祭礼の集合心性と秩序
——百姓一揆絵巻『ゆめのうきはし』を素材として——

澤登　寛聡

はじめに

一揆・叛乱と慣習的・習俗的な宗教儀礼としての祭礼には、これに参加した人々に、何らかの共通する集合心性を見ることができる。このような事例は、日本のみならず、ヨーロッパやアジア各地の研究おいても指摘されている。

たとえば、フランスのアンシャン・レジュームの社会においては、謝肉祭や祖霊観念と深く関わる守護聖人祭といった祭礼に際し、ここで醸成される共同体の集合心性が、自治・一揆・叛乱に参加する人々の社会的結合と秩序を生み出す重要な絆となっていた。形成された秩序は、共同体の人々の救済と平和を担保するための慣習と規範意識を内実とした。これらの慣習的な生活を営むうえでの知を組み込んでいた宗教儀礼は、イギリスでラフ・ミュージック[1]、フランスでシャリバリ[2]と呼ばれた共同体の権力装置としての公共的暴力をも同時に組み込んでいた。日本でラフ・ミュージックやシャリバリに該当するのは、町や村の規範を破った人物に対する共同体制裁としての村八分や打ち毀しであり、これらも、また、共同体の慣習的・習俗的な宗教儀礼の中に組み込まれていた。

一方、東アジアでは、一揆・叛乱の集合心性の背景にある救済や再生の観念に注目し、ミロク信仰という慣習的な宗教をめぐって朝鮮半島と日本列島の人々の宗教的世界観についての比較がなされている。これによれば、ミロクの世の到来を通時性をもって表現する朝鮮半島では、世界の交替や社会の変革が、通時的な意識として存在する。これに対し日本列島では、ミロクの世の到来は共時的に意識されていた。世界の交替や社会の変革への意識も、明確な通時性をもった見通しの中で意識されるのではなく、漠然とした共時的な観念の中で意識されていたという[3]。

共同体制裁としてのラフミュージック・シャリヴァリや打ち毀し、規範と秩序、共同体の慣習的・習俗的な宗教儀礼、世界の交替や社会の変革への意識、これらのヨーロッパや日本を含む東アジアの研究は、しかしながらいまだ事例の指摘という段階に止まっている。これらを単なる事例に止めず、日本を含む世界各地の多様な文化の比較という見方から理解するためには[4]、比較のための何らかの基準が必要とされている[5]。

このような作業の出発点として本稿では、天保一一（一八四〇）年一一月から約九カ月半にわたって出羽国庄内藩領分の人々が、主として江戸幕府に対して展開した藩主酒井忠器《ただかた》の転封撤回運動に注目してみたい。この事件は、百姓一揆絵巻『ゆめのうきはし』に記録されているが[6]、この絵巻物に描かれた数々の場面は、江戸時代における一揆を視覚的に検証し、日本の叛乱・一揆を、この当時の世界各地の叛乱と比較・検討するための貴重な画証資料といえる。これによって江戸幕府の天保改革を前にした――一九世紀前半の――日本において、一揆という絆で結ばれた当時の人々の集合心性が、慣習的・習俗的な宗教儀礼としての祭礼を催す人々の集合心性とどのような共通性を持ち、どのような意識的な深層と関連していたのか、また、それがどのような秩序を形成させたのかという問題を検証し、このテーマに接近していきたい。

1 鎮守の宮の宗教儀礼と秩序

❖――――三方領知替えと飢餓からの救済

天保一一（一八四〇）年一一月、江戸幕府は、川越藩・長岡藩・庄内藩を治める三人の大名に所領の交替を命じた。出羽国庄内藩主の酒井左衛門尉忠器《ただかた》を越後国長岡藩主へと転封させ、長岡藩主の牧野備前守忠雅《ただまさ》を武蔵国川越藩主に、川越藩主の松平大和守斉典《なりまさ》を庄内藩主へと領知替えしようというのであった。この三方領知替えの理由には、前将軍家斉《いえなり》から一字を貰って諱を斉典と改め、家斉の二四男大蔵大輔を養嗣としていた松平斉典が、藩財政の窮乏を打開するため、財政収入の多い庄内藩への転封を強引に画策した結果であるという点、また、鎖国制の下で頻繁となってきた外国船の来航に対する沿岸防備のためだという点があげられている。

こうした事情の中で庄内藩領分の人々は天保の飢饉によって藩から食糧を始めとする多くの救済政策を受けていた。一方、藩は、領分の人々が供出し、緊急の食糧を備蓄する郷蔵の管理権を握っていた。人々は酒井家ならば、この食糧を緊急の時、人々のために使うであろうと天保飢饉の対応を見て予想していたのである。だが、新たな藩主となるかも知れない松平家は財政窮乏に苦しんでおり、酒井家と同様な姿勢で、人々の安全で平和な暮らしや飢えからの救済を保証してくれるのかどうか、領分には不安感が漂っていた。また、人々は、酒井家に対しても、転封費用が嵩むために、郷蔵の備蓄米を返却してくれないのではないかという一抹の不安を持っていた。人々にとって藩主の転封という事態は、突然にして思いも寄らぬ出来事だったからである。そして、人々は、このような不安感から藩主の転封の撤回を求める激しい訴願運動を展開させたのである。

❖――――『ゆめのうきはし』という百姓一揆絵巻

百姓一揆絵巻『ゆめのうきはし』は、この天保一一年一一月から藩主の転封が撤回された翌一二年七月中旬までの約九カ月半におよぶ庄内藩領分の人々の訴願運動の過程を、詞《ことば》と絵とによって描いた絵巻物である。百姓一揆の絵巻物は、現在の日本に、これ一件しか確認されていないという意味で、大変に貴重な画証資料だといえる。

しかし、それ以上に重要なのは、この絵巻には、撤回運動の様々な場面が描かれている点である。前書によれば、一揆を結成した人々は、藩主が、領主として人々の安全と平和のために統治を行い、また、人々が生活の危機に際して領主の救済を受ける権利を持っているという意識を基盤として運動を展開していた点がわかる。このようなモラルエコノミーに基づく運動は、藩主が、人々の伝統的権利を擁護してくれる限りにおいては、これに服従しながら自分達の権利を守っていくという服従の均衡関係（＝パターナリズム）に基づく運動であった[7]。この意味で、一揆に参加した人々にとって訴願運動は、自分たちの生存をめぐる権利のための闘争であった。

❖――藩主転封撤回運動の経過と戦術

天保一一年一一月一日、幕府から出された転封命令が、一一月七日、国元の鶴ヶ岡城に伝えられると同月後半から訴願運動が組織化されていった。これ以後、藩主転封撤回運動は、翌天保一二年七月一二日、幕府の転封撤回令が出されて人々の訴願目標が実現し、七月一六日、この情報が国元に伝えられて一揆が祝祭へと転化するまで続く。転封撤回運動の戦術は、訴願と藩領分での大小の規模の集会（＝寄り合い）の開催を軸としていた。以下、簡単に、この藩主転封撤回運動の経過を述べておきたい。

運動は、藩領分の地域社会を単位として展開した。庄内藩は、領内を流れる最上川の右岸を川北、最上川の左岸を川南といった。川北の地域は遊佐郷・荒瀬郷・平田郷の三郷、川南の地域は、鶴ヶ岡城から放射状に走る街道に沿った京田通・中川通・山浜通・櫛引通・狩川通の川南五通と称される地域から構成されていた。これらの郷や通は組と称される地域から構成され、組は村を基礎単位としていた。これらの地域には、大庄屋―大組頭―村肝煎という職務の百姓身分の中から命じられた郷村の役人が存在した。この人々が管轄する地域は、藩の立場から見れば、地方統治の単位であったが、藩領分の人々の立場から見れば、村を基盤とする地域自治の単位であった。

訴願では主として越訴や愁訴の戦術が採られた。越訴とは、正規な手続きの訴願が、管轄の役所・役人への受理されない場合や妨害された場合、訴願の趣旨を、所定の役所以外の機関に訴えることをいった。箱訴をふくむ直訴、駕籠訴・駆込訴が、越訴に含まれ、幕法では差越訴・筋違訴とも称された。この一揆では藩を越えて幕閣に対して実行された。幕閣を対象とした最初の越訴は一一月末に大庄屋書役本間辰之助を中心とする京田通西郷組の人々によって開始されたが、失敗に終わった。しかし、翌一二（一八四一）年の一月二〇日には、川北の人々一三人が玉龍寺住職文隣の指導で、大老井伊直亮・老中水野忠邦・太田資始・脇坂安董、水野忠邦家来の中山備中守への駕籠訴を成功させた。川北の人々一七人は、二月九日にも二度目の駕籠訴にも成功している。また、川南の人々八人も三月一六日、大老・老中・若年寄、将軍の側用取次への越訴に成功している。

愁訴は一般に苦しみや悲しみを嘆き訴えることをいうが、この一揆では、東叡山寛永寺貫首に仕える役僧ならびに奥羽・関東の大藩の藩主を対象として実行している。寛永寺役僧への愁訴では三月三日、藩領分寺院惣代の僧侶と川北一八人・川南一三人の人々が江戸へ登って試みた。訴願のために江戸に登った人々で、庄内藩が江戸屋敷に引き取った人数は六月二二日の段階で二二三人にのぼったという記録もある。このように訴願のために江戸に登った人々の数は極めて多数であった。また、四月に水戸、五月に仙台、六月に秋田と会津、七月に米沢へと関東・奥羽の大藩の藩主への愁訴も実施された。これらの越訴・愁訴は、前将軍家斉による三方領知替政策が不当な命令だという武家社会内部の世論形成へも大きな影響を与え、幕閣の三方領知替継続への政策決定を阻む政治的効果を生み出したのであった。

集会も、大小を問わず、波状的に開催された。殊に大規模な集会は「大寄《おおより》」と称した。大寄は数次にわたって最上川を境界とする川北・川南の地域を単位に開催されている。

川北については、まず、天保一二年閏正月二八日、酒田五丁野の谷地に酒田町・平田郷・荒瀬郷・遊佐郷の人々が集結した。絵巻によれば「惣人数」は「〆七万六百人余」と記録されている。次いで三月二三日、酒田大浜でも大寄が催された。二月二一日は、藩主の酒井忠器が参勤交代で鶴ケ岡城を離れ、江戸へ向かって出発する日であった。川南の大寄は二月一五日から一六日および二月一九日、中川通の藤島村のはずれにある六所神社の社頭で開催された。この大寄は忠器の江戸「発駕」を差し止めようとする目的を持っていた。人々は、江戸へ出府した忠器が、幕府の命令を受けて転封の準備をすすめてしまうのではないかという危惧の念を持っていたからである。

二月一九日の大寄に集結したのは中川通・狩川通・櫛引通・京田通および庄内藩の預地となっていた丸岡・余目の幕領の人々であった。この時の人数は「〆五万五千人余」と記録されている。この日の夜の大寄は川南のみに止まらなかった。絵巻には「所々方々合図之火ノ出ニ而大寄之図」として、川北・川南を問わず藩領分の三二か所で篝火を焚いた様子が描かれている。篝火は、忠器の江戸出府を指し止めたいという意志の象徴的な表現であり、絵巻は、これを「廿一日御発駕御指留之為、国中一統群集之図」としている。

四月二〇日には、中川通の荒屋敷や藤島村六所神社で、川北・川南が合同する大寄が開催された。ここにおいて藩主の転封撤回を求める人々の地域的結合は藩領分の全域におよんだのであった。また、村の集会については、川南京田通黒森村の鎮守山王社での寄合の場面が描かれている。

以上の経過に見られる特徴は、この一揆が、単に藩主の転封撤回を求める訴願運動や集会によって構成されていたというだけでなく、これらが転封撤回を祈祷・祈願する極めて呪術性の強い、慣習的・習俗的な宗教儀礼を伴っていた点にある。以下、これらの持つ意味を百姓一揆絵巻『ゆめのうきはし』を通じて見ていきたい。

❖——起請文を作って一揆を結ぶ人々

庄内藩領分の黒森村の人々（＝百姓身分）は、一揆を結ぶために神仏に誓約し、この誓約を起請文という形で書き表した。第1図の絵は、このときの場面を描いている。絵の右下には画中詞とでもいうべき詞があるが、ここには次のように書かれている。

天保一一（一八四〇）年一一月七日、藩主の転封が伝えられると京田通りの黒森村では、村の人々が鎮守の山王堂に打ち寄

第１図

り、酒井忠器の転封先である長岡まで付き添って行こうと相談した。このとき頭取の本間辰之介から幕府に愁訴するために江戸に登ろうという提案が伝達された。山王堂の中では、彦右衛門という百姓が、この呼び掛けを受けて江戸に登ろうではないかと声を発した。黒森村の人々は、この彦右衛門の発言に共感・共鳴し、山王堂という宗教的な空間の中で、起請文という神仏への誓約書に署名し、互いの結束（＝一味同心）を誓い合った。

絵は、このときの場面であり、誓約は一味神水と称された。一味神水は、人々が神前で、もし、互いに約束を違えたならば、神仏の罰を蒙っても止むを得ないという旨を書いた誓紙に署名し、これを焼いた灰を清浄な水にまぜて飲み交わす儀式であり、類感呪術《シンパシティックマジック》的な性格をもった宗教儀礼といってよい。神仏が祀られた村の鎮守は、人々が一味神水して神仏に互いの人的結合を確認する誓約の場であった。村の鎮守は、その土地で生まれた人々の産土神であり、平和で安全な暮らしを保証する守護神であった。一揆を結んだ人々は、この守護神に関する習俗的な宗教儀礼を催し、互いの日常的な生活の結び付きを確認し続けた。この意味で、村の鎮守の宗教儀礼は、人々の日常的・慣習的な秩序を年中行事として定期的に確認する場であったといってよい。

山王堂という鎮守の宮での起請文の作成は、人々の類感呪術的な心性をともなう習俗的な宗教儀礼を媒介としており、その儀礼は、人々の日常的・慣習的な社会的結合の絆・紐帯を確認し、これを基盤に一揆としての非日常的な結合を改めて生み出していくという意味を持っていた。

❖——裸参りして転封撤回の成功を祈願する人々

黒森村の鎮守の山王社は、前述のように人々が寄合をしたり、起請文を作って一揆の誓約をする場であった。この意味で、この山王社は、人々にとって大変、霊験あらたかな産土神を祀る空間であった。第2図の画中詞には、人々が村単位に黒森村の割ケ山という場所に集まり、雪の中でも鎮守の山王社に「不動明王・国家安全」という幟を立てて裸参りをしたとある。裸参りは心身の穢れを避けて寒中などに裸で神仏に参詣し、願い事の成就を祈る呪術的な宗教儀礼である。絵には八人の百姓達が藩主の「永城」・「武運長久」を祈り、裸で参詣・祈願している様子が描かれている。

この人々は、自分たちを「誠心一同」と称し、互いの名前を刻んだ石碑を建立し、毎月一日と一五日には、訴願運動について評議をし、川に入って水垢離を取ったともある。水垢離は水によって心身から穢れを祓い浄める儀式である。神事・祭礼は、これを開始するために神霊を呼び迎えねばならない。また、この神事・祭礼を執行する人々は穢れを避けて物忌し、これによって心身を潔めなければならなかった。この場面でも、人々が、水垢離で穢れを流し去り、心身を浄祓して願い事を叶えようとしている姿が確認される。ここでも人々の社会的結合にとって呪術的な宗教儀礼が重要な紐帯＝絆となっていた点が確認されよう。

❖——川越藩に内通する人物の家に押し寄せた人々

港湾都市酒田の秋田町に白崎五右衛門という人物がいたが、五右衛門は、川越藩に内通しているという風聞の人物であった。大浜の大寄（＝大寄合・大集会）に参加した人々は、この五右衛門宅に向かった。これが第3図である。画中詞には「惣勢」が押し寄せて「大乱」になってしまったので、これを役人が制止したと書かれている。

絵を見ると人々はみな同じように蓑と笠を身に纏っている。「遊佐郷」・「平田郷」などというように、五右衛門宅に向かっ

第２図

第３図

た人々の郷の幟や梵天もみえる。「乍恐御永城」・「なんても御居り」という運動の目標を記した幟、「いなり《（稲成・居成）》大名仁《（明神）》」・「不動大明王」と神仏の尊名を書き、「神力堅固」などと神仏の効験を表象する幟が翩翻と棚引いている。ここには掲げなかったが、

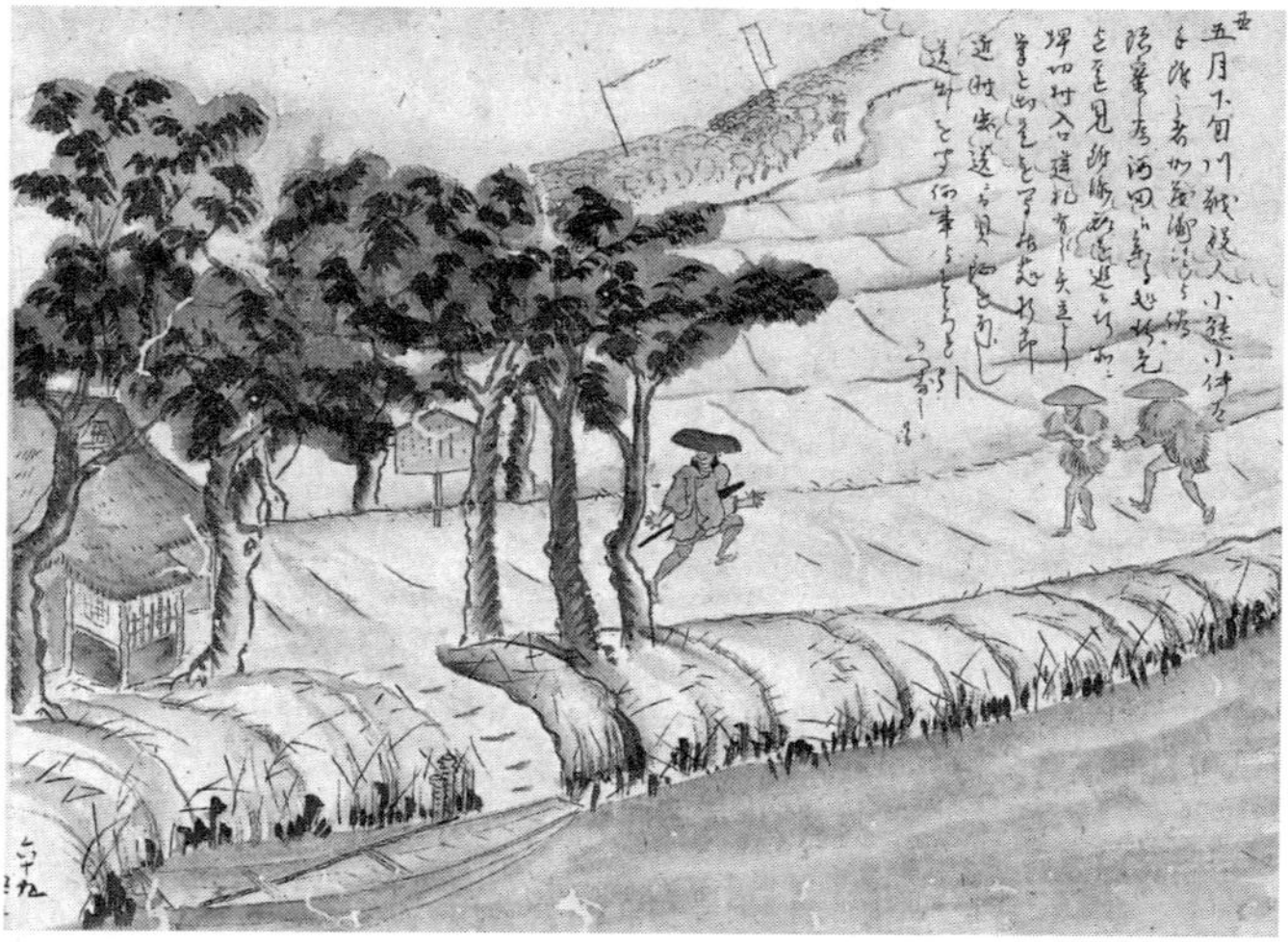

第４図

『保定記』という記録によれば、この場面で人々が、五右衛門家に向かって石を投げ付ける石打という集合的・身体的暴力による制裁（シャリヴァリ）を実行した絵も描かれている。一揆という絆で結ばれた人々は、一揆の目標に敵対する人物に対し、言語的・身体的な集合的暴力によって制裁をくわえたのであった。

このように人々は、運動の主張を簡潔に示した言葉や運動組織の名称、その主張と組織を守護してくれる神仏の名称を書いた幟を持参し、これらに加えて攻撃的な言葉と石打という集合的・公共的暴力としてのシャリヴァリによって五右衛門の川越藩への内通を批判したのであった。これらは、後述するように、村の鎮守を中心とする宗教儀礼を前提とし、この儀礼を執り行ったうえで参加した大寄を踏まえての行動であった。「いなり《（稲成・居成）》大名仁《（明神）》」や「不動大明王」や「神力堅固」などの神仏の幟は、このような集合的暴力をともなう行動が神仏の意志の結果なのだという人々の観念を表象していたのであったが、また、同時に宗教儀礼の中に社会権力の本源的な力としての集合的暴力が装置として組み込まれていた点を示していたといってよい。

❖――虫送りの儀礼と一揆

天保一二（一八四二）年五月下旬、一揆についての情報を得るために川越藩の隠密が酒田に侵入した。第４図の絵は、この事情を描いている。

画中詞によれば、押切村の入口には一揆の立札があった。隠密は矢立から筆を取り出し、この立札の内容を書き留めようとした。その時ちょうど、近くの村で法螺貝を吹いて鉦を鳴らす虫送りの神事が催されていた。村の人々は笠を被り、蓑を着けて隠密の近くを通りかかった。隠密は、これを一揆の人々の自分に向けられた行動と勘違いし「何事とをどろき《（驚）》引かへ《（返）》」した。絵は、蓑を着けて笠を被り、旗を持って吹き流しを靡かせ、太鼓を叩く人々、および、隠密が驚いて立札から逃げ去る場面を描いている。

当時、虫害は悪霊の仕業だとも考えられていた。虫送りの儀礼は、藁で人形を作って行列の中心に据え、籠や草葉に包んだ害虫を、この藁人形の中に包み込み、あるいは、藁人形に持たせ、この霊を村の境で祀り捨てようとする鎮送呪術である。こうした習俗的な宗教儀礼には雨乞い・風祭・虫送り・疫神送りなどがあるが、これらは法具・祭具や衣装において一揆と同様の象徴的な表象をとった。この意味で川越藩の隠密が驚くのは当然であった。こうした鎮送呪術と一揆との表象における類似性は、これら習俗的な宗教儀礼を担う人々と一揆に参加した人々との基層的な集合心性の同一性を示唆していたと考えられる。

なお、紙幅の都合で、これ以上の例示は割愛せざるをえないが、このような呪術に類似する絵巻物の場面には、一揆を結んだ人々が盗人を取り締まり制裁する図、幕府や川越藩への内通者を制裁する図などがある。ここからは一揆を結んだ人々がシャリヴァリと同質の集合的暴力によって一定の社会的・政治的な権力秩序を形成させていた点が読み取れると共に、これが鎮送呪術という宗教儀礼を媒介として形成された集合的な儀礼の秩序と極めて類似する点も指摘しておきたい。

2　鎮送呪術の集合心性と大寄の秩序

❖ 大寄に向かう人々

一揆としての人的な結合を確かめ合った人々は、藩主の転封を撤回させるという共通の目標を達成するため、郷や村を単位として大寄という大規模な集会に参加した。第5図は、異時同図法といって一つの段の中に、三つの時間的に異なる場面を描き、事件の推移を説明するという絵巻物表現の手法をとっている。

この最初の場面が第6図である。この場面では、一揆という人的・社会的結合の誓約をした人々が、大寄の場所へ向かおうとしている。掲載したのは酒井神社所蔵本であるが、致道博物館所蔵本によれば画中詞には「酒田岸通」の場面で「三方ヨリ大濱江御百姓打寄之図」という説明がある。梵天や旗や幟を賑々しく掲げながら大寄の場へと向かう人々（＝百姓衆）、また、これを見守るかのような神仏を祀る山王社・稲荷社などの様子が描かれている。ここでは、大寄に集合しようとする人々の心性が、山王社や稲荷社といった産土神・地主神としての神仏の霊験への期待と深く結び付いていた点を読み取ることができる。

梵天については、悪霊や怨念が憑依していると観念されていた。というのは、梵天は、第7図の場面で祈禱された巻数と共に、第8図で船で海に流されてしまう。すなわち、梵天には人々の日常の様々な怨念や穢れが憑依していると観念されていたが、大寄に集まった人々は、これを海へ流し去るという呪術的宗教儀礼によって祀り棄てたのであった。

❖——柴燈護摩を焚いて祈禱をする人々

次の第7図は、この大寄の様子を示した絵である。ここで注目を引くのは、柴燈護摩を焚いている光景である。絵の右上の詞には次のように記されている。

第５図

第８図

第６図

第７図

大浜において上寺という地の三三坊の山伏と遊佐郷の修験四〇人余が集まって絵のように柴燈護摩を修した。四方から村々の旗印を立てて集まった人々は「凡一万人余」であった。

絵には、川北通りで一揆を結んだ人々の象徴として「川村北之助」という人物の作り物を据えられている。「川村北之助」は「武者人形也」と説明されている。武者人形は、絵にもあるように、鎧や兜を着けた武士の人形で、兜人形とも称され、年中行事としての端午の節句に飾られる。また、これを機能的にみると人形は本来、神霊を呪術的な意味を込めて憑依させた。この絵の場合は「大将分」であるとも説明されており、一揆の頭取の身代わりとして災禍を憑依させる形代であった。

柴燈護摩とは護摩壇を設け、ここにおいて柴で神仏の燈明となる火を焚き、悪霊降伏・所願成就などを神仏に祈る宗教儀礼である。中央には護摩壇が北の鳥海山の方角に向かって設置されている。護摩壇の手前には閼伽と称される水と火箸、大小の護摩木が置かれている。北門に向かって正対する護摩供養の導師は、清水坊という山伏である。これに表白・経頭の山伏が付き随い、護摩壇を権先達・柴燈先達・閼伽先達・小木先達が取り囲んでいる。導師の正対する北の門には、護摩檀、神仏の依代である大幣束、そして、遙か北の向こうには鳥海山が聳えている。人々にとって鳥海富士・出羽富士と称される鳥海山は悪霊退散・所願成就の祖霊・神仏の存在する霊山としての意味を持っていた。また、山伏の所属する修験道は山岳信仰と密教の呪法・修行法が習合した宗教で、里山伏は、不即不離の関係にあった呪術と医療とを使って人々を救済する立場にあった。

❖——巻数と大梵天を河口から海に流す人々

ところで、山伏を招いた護摩祈禱、これを開催した大寄にはどんな目的があったのだろうか。第8図を見れば、これを知ることができる。

ここではまず、祈禱のために読誦した経典・陀羅尼経などの名称と回数を書いた目録としての巻数を川に流し、次いで大梵天を船に乗せて流したとある。神霊の憑いた依代が流されているのを確認しておきたい。浜辺では多数の山伏が居並んで読経したともあるが、それも第8図に描かれている。

梵天も、また、神霊の依代である。したがって、この儀式は前述したように大梵天という依代に憑いた怨念や悪霊を、流し去る儀礼だと観念された。しかも、ここには村や郷の名称が書かれた幟が数多く描かれている。したがって、この場面は村や郷を単位に一揆を結んで集まってはみたが、それ以上には統合されていない不均質で分散的な人々の心性をさらに統合していこうとする場であり、このような社会的・文化的装置としての儀礼の空間であった。それは、また、村や郷を単位に分散している力を集中させて社会的な権力を創出する装置としての儀礼の空間であったといってもよい。第7図の柴燈護摩祈禱は、このような意味を持つものとして藩主の転封という不幸な事態を引き起こした悪霊を、この大梵天に憑依させるための儀礼であり、この後、悪霊の憑依した梵天は、柴燈護摩祈禱の大寄に集合した人々によって祀り棄てられたのであった。

宮田登は、これらに類する宗教儀礼を鎮送呪術と定義し、この鎮送呪術が、当時の共同体に暮らす人々の年中行事の中の世直し観念と深く結び付いていた点を指摘した[8]。

そして、筆者は、このような呪術的な宗教儀礼が、前述したように、産土神をまつる郷村の鎮守を中心に執り行われた点に、その重要さがあると追加して指摘しておきたい。これら郷村の鎮守は、日本列島に暮らす人々の産土神であると共に、皇祖神ともされた伊勢神宮を中心とする明神信仰へと習合・統合されていた。この統合は、創始も古く、霊験にも優れた明神を、国郡を単位として祀る社に、郷村の鎮守を合祀するという方法によって進められた。また、これら郷村の鎮守は、別当寺の僧侶が関与するという形で、人的にも修験道や顕蜜の仏教と分かちがたく結び付いていた。

このような鎮守の産土神を中心とする年中行事には、たとえば、悪霊（疫神）を追放し、幸せな年を迎えようとする小正月の予祝行事の飾り物に、不老不死の豊かで楽しい幸福な世界としてのミロクの世を重ねてイメージさせようとする観念、また、ミロクの世の幸福さのイメージを、悪霊を追放しようとする年中行事に使う道具や空間の華やかさに表象させようとする観念が存在していたとも指摘されている[9]。宮田登は、産土神としての鎮守を中心とする年中行事と渾然一体となりながらも、ここに人々の心性の深層としての日本型ミロク信仰の存在を見ていた。

3　世直し明神の観念と再生の心性

このような日本型ミロク信仰と一揆との関連を示す景観を絵巻物の中から示しておきたい。それが前掲の大寄を催して柴燈護摩を焚きながら祈禱する場面の第7図および巻数と大梵天を最上川の河口から流す場面の第8図である。

これらには遙か遠くに鳥海山が描かれている。注目しておきたいのは、この鳥海山が、救済を求めて集まった人々の大寄の空間を見守るかのように描かれている点である。鳥海山は飽海嶽とも称され、出羽富士・鳥海富士とも呼ばれていた。絵師は、鳥海山を、人々の救済願望を叶えてくれる聖なる山として象徴的に描いたのだと考えられる。

❖――鳥海山と富士山の弥勒浄土信仰

鳥海山ばかりでなく日本の山々は、各々の地域社会に根ざした特徴を持っている。地域にとっても代表的な山々は、日本六十余州の国を単位に、例えば、鳥海富士・出羽富士と称すように、富士の前に国や山の名称を冠して呼ばれている。これらを調べて約五〇前後の山々を検出した井野辺茂雄は、これを異称富士と呼び、富士山は日本の山の中で最も高く美しい山であり、日本を代表する聖なる山として列島に住む人々の憧憬の対象であり、このような意識が異称富士を生み出していったと述べている[10]。

宮田登は「修験が濃厚に関与した山岳には必ず蔵王権現が祀られ、御嶽の美称が与えられている。御嶽は地方修験の拠点として、各国に一山ずつ存在したため国御嶽とも号されていた。中央の御嶽が金御嶽であり、その山頂には弥勒浄土が出現すると予想された時期が歴史上あらわであった。」と述べ[11]、金峰山や富士山を始めとする数々の国御嶽が、現世の救済を約束する弥勒の住む浄土、すなわち、兜率天と観念されていた点を明らかにした。人々は、この国御嶽を富士山への憧憬を込めて何々「富士」と称したのである。

鳥海山も、また、略縁起によれば「殊更吾日本にて富士に次たる高山なれば」として富士山への憧れを示すと共に、役小角による開峰伝承を持ち、人々の不幸を取り除く大物忌信仰の霊場であった[12]。この意味で鳥海山は、当時の地域社会の人々に、浄土を約束する霊山だと観念されていたのである。

それでは、このように形成された日本列島の人々の救済観念はどのような内容だったのか。ここでは、これを富士山の頂上をめぐる人々の宗教的観念を通じて見ておきたい。

ここで取り上げるのは、芳賀登によって紹介された「富士山禅定図」という木版印刷物の図である[13]。当時、大宮口や村山口からの富士山登拝の案内書として配られたのだが、この案内書は、江戸時代の後期においても、富士信仰の中世的伝統すなわち修験道を受け継ぐ信仰形式を示している。ここでは富士山の頂上に次の九つの尊格がまつられていたのが確認できるが、いま、これを示すと次の通りである。

一ノ嶽　地蔵　　二ノ嶽　阿弥陀　　三ノ嶽　観音　　四ノ嶽　釈迦
内　院　両界曼陀羅　　中　央　胎蔵界大日如来
五　嶽　弥勒　　六　嶽　薬師　　七　嶽　文殊　　八　嶽　宝生如来

この案内図は、中央に胎蔵界の大日如来が勧請され、内院には金剛界・胎蔵界の両界曼荼羅が配置されている。これらは富士山の本地が大日如来であるという中世的富士信仰の伝統を表しているが、同時に、五の嶽に弥勒菩薩が入っている点にも注目しておきたい。富士山は小御嶽社を祀っている点からも御嶽と呼ばれ、平安時代の末期から修験の道場であったと考えられている。また、富士上人と呼ばれた末代という聖が、富士山頂に埋経した時の願文に「三会立初、値慈尊之出世」とある[14]。慈尊とは弥勒菩薩の異称であり、三会とは、後述するように、弥勒菩薩による竜華樹の下での三度の説法をいうので、ここでも富士山の頂上を弥勒浄土に措定している。そして、末代は頂上に大日寺という寺を建てたが、その後も頼尊という人物が出現し、富士行人と称する修験の祖となった。

❖――弥勒下生信仰と富士講信仰

江戸時代の富士講信仰は、このような修験道の信仰の中心であった内院を、神道でも儒教でも仏教でもない、慣習的・習俗的宗教としてのミロクの浄土である兜率天に通じる空間に措定したのである[15]。富士講信仰は、戦国時代末期の長谷川武邦（角行藤仏）を祖としたが、この角行の伝記は「駿河国不二仙元大日神と奉申は、天地開闢世界の御柱として月日・浄土・人体の始也」と述べ[16]、また、この仙元大日神は「万物の根元」であり、この神をもって「日本人王の御始也」としている。藤谷俊雄は、この記述によって富士信仰は天皇神話と接合されていたと指摘している[17]。筆者は、天皇をめぐる神話を、列島の人々の地主神への習俗的な信仰とも習合していると理解しているが、こうした観点から見ると人々の郷村の鎮守を中心とした基層的な日常的・習俗的な信仰は、天皇神話と習合した山岳信仰としてのミロク信仰によって背後の深層世界から秩序づけられていたといえるのである。

ところで、このような富士講信仰は享保一八（一七三三）年七月、富士山七合五勺の烏帽子岩で入定した伊藤伊兵衛（食行身禄）の登場によって本格的な展開をみた。食行身禄の「身禄」は弥勒菩薩を比喩した表現である。弥勒菩薩は、釈迦に次いで仏になるとされる菩薩で、釈迦が入滅してから五六億七〇〇〇万年後、この世に兜率天から下生して竜華三会の説法――華林園の竜華樹の下で三回にわたって説法して人々を救済する――を行い、釈尊の救済から洩れて苦海に沈む人々を解放・救済するという尊格である。食行身禄は、富士山の頂上を弥勒の浄土に措定し、自分こそが、ここから弥勒＝ミロク＝身禄として下生し、人々を救済する救世主だとして富士山七合五勺の烏帽子岩で入定したのであった。

宮田登は、このような食行身禄の信仰思想を弥勒下生信仰との関連で解き明かしたのである。くわえて、朝鮮半島において東学党に結び付く様々なミロク系の信仰と日本列島の習俗的な弥勒信仰の違いを次のようにも述べている。

日本におけるミロク信仰は「豊年の世」と「飢饉の世」とで共時性をもって表現され、「ミロクの世の到来は漠然としか意識されない」が、朝鮮半島におけるミロク信仰は「通時性をもって表現」され、ミロクの世の到来はシャカの世からミロクの世として「明確に意識されている」のだ[18]。朝鮮半島と比較すると日本の人々の弥勒信仰は、表層としての国家や社会の政治的な激しい変革に直接的な影響を与えず、人々の日常生活を民俗的な宗教儀礼を通じ、それらを深層から秩序づける役割を持った。

このように、日本のミロク信仰は、社会の緩やかな変動を、当時の人々が各々の深層世界において共時性をもって秩序づける機能を持っていたというのが、氏の見解である。とすれば、ミロク信仰は、政治的な変動と如何なる関連をもっていたのか。この点について宮田登は、当時の「凶年を払い豊年を待望する農耕儀礼と、悪霊のこもる世を払い幸運を迎えようとする鎮送呪術の中に、ミロク信仰をうかがえる」と述べ[19]、筆者が産土神と指摘した鎮守神を中心とする年中行事や世直しの観念とミロク信仰との深い結び付きを示唆した。

とはいっても、宮田登の指摘は、習俗的・慣習宗教的な再生観念の次元に限定されているのであり、これが、どのように社会的な秩序を形成させる再生観念と関連していたのかを明らかにはしていない[20]。一方安丸良夫は、宮田登の研究から多くを吸収すると共に、これと通俗道徳という政治的・社会的な道徳意識とを接合し、この地点から日本における変革の特徴を探ろうとする当時としては極めて優れた成果を提示した。しかし、この研究は、私が、ここで述べるような視点、すなわち、一揆に参加する人々によって表象された集合心性が、宗教的な秩序、社会的な秩序、政治的な秩序、これら各々の秩序と如何なる関係にあったのか、また、それは、表象の母体としての儀礼が生み出す秩序と如何なる関係にあったのかという視点から深められる必要があった。また、この社会秩序が政治的な秩序の変動とどのように連動していたのか。宗教的な意味だけに限定された世直しでなく、社会的・政治的な意味での世直しを含む政治文化形成の集合心性とどのように関連していたのか。この意味で宮田登や安丸良夫の研究は、慣習的・習俗的な宗教儀礼という視点から我々に改めて検討しなければならない課題を提起していたのだと考える[21]。

おわりに

今回の報告は、百姓一揆を描いた絵巻物『ゆめのうきはし』を取り上げ、一九世紀前半期の日本において一揆という絆で結ばれた人々の集合心性が、習俗的な宗教儀礼としての祭礼を催す人々の集合心性とどのような共通性を持ち、また、それが、どのような秩序を形成させたのかという問題を検討した。この結果、宮田登・安丸良夫の残した課題に対して次のような結論を得られたと考える。

当時の人々による一揆という人的結合を基礎とした運動は、習俗的な宗教儀礼にもとづく集会や訴願という運動秩序の形成を媒介として進展した。その宗教儀礼は、産土神としての鎮守の宮への習俗的な信仰を集合心性の基層として持っていた。また、この基層的な集合心性は、山上を祖霊の存在する霊地と観念する意識的深層と結合したミロクの世を願う救済願望を背景としていた。アジア社会の中で広汎な信仰の跡を遺すミロクの世への救済願望は、産土神としての鎮守の宮への習俗的な信仰儀礼へと展開し、ここでの宗教儀礼の担い手が一揆的な人的結合によって社会秩序を生み出していた。この社会秩序を生み出した人的な結合こそが、地域的な政治秩序を形成させていく集合心性と組織の力を生み出す契機・原動力となっていった。百姓一揆絵巻『ゆめのうきはし』は、このことを如実に証明する絵巻だといえる。

スザンネ・デサンは、E・P・トムスンやナタリー・デーヴィスの群衆・共同体・儀礼に関する研究の意義、および、今後の研究の可能性について重要ないくつかの点を指摘しているが[22]、ここで検討した一揆・祭礼の集合心性と秩序に関する問題も、その重要な検討課題の一つとして指摘している。また、宗教儀礼としての祭礼と一揆の集合心性に関する事例は、イギリスやフランスのみならずヨーロッパの各地、また、宮田登が指摘した朝鮮半島だけでなくアジアの各地で見られる現象である[23]。したがって、最初に述べたように、この報告では、これらの中に日本の事例を置き、これを比較史的・文化多元主義的な立場から比較・検討してみる必要があった。今回は、日本の事例を議論の俎上に載せるための作業に終始せざるをえなかったが、これによって国民国家史としての国史や日本史という研究上の限界を乗り越え、国籍を越えた市民社会のための歴史研究[24]、すなわち、世界・アジアの中の地域史としての日本列島あるいは日本列島の中の地域史研究が可能なのであろうという見通しを述べて本稿を終わりたい。

注

[1]エドワード・P・トムスン「ラフ・ミュージック」二宮宏之・樺山紘一・福井憲彦編『魔女とシャリバリ』新評論、一九八二年、七九頁。同「一七九〇年代以前のイギリスにおける社会運動」『思想』第六六三号、一九七九年。近藤和彦「民衆運動・生活・意識――イギリスの社会運動史研究から――」『思想』六三〇号、一九七六年。同「一七五六〜七年の食糧蜂起について（上）・（下）」『思想』六五四―六五五号、一九七八―一九七九年。

[2]クロード・ゴヴァール、アルタン・ゴカルプ「中世末期のシャリヴァリ」、二宮宏之・樺山紘一・福井憲彦編『魔女とシャリバリ』新評論、一九八二年、一三九頁。ロランド・ボナン＝ムルディク、ドナルド・ムルディク「ブルジョワの言説と民衆の慣行」（同書）一六三頁。イヴ＝マリ・ベルセ『祭りと叛乱――一六〜一八世紀の民衆意識――』井上幸治監訳、新評論、一九八〇年。立川孝一『フランス革命と祭り』筑摩書房、一九八八年。

[3]宮田登『ミロク信仰の研究』未来社、一九七五年、三二四頁。

[4]この点については、分野も専門も異なるが、柴田三千雄・遅塚忠躬・二宮宏之の鼎談「『社会史』を考える」『思想』八一二号、一九七九年、二宮宏之編訳『歴史・文化・表象』岩波書店、一九九九年、所収の二宮宏之の立場ならびに青木保『多文化世界』岩波書店、二〇〇〇年、の見解が参考となる。

[5]これまで筆者は、このような視点から下記の研究を報告してきた。澤登寛聡「『一揆』集団の秩序と民衆的正当性観念――安永七年五月 都市日光の惣町『一揆』を中心として――」『歴史学研究』第五四七号、一九八五年。同「一揆・騒動と祭礼――近世後期から幕末期の神による相互救済・正当性観念と儀礼・共同体について――」地方史研究協議会編『宗教・民衆・伝統』、雄山閣出版、一九九五年。同「祭と一揆――水戸藩鋳銭座の打ち毀しと磯出祭を中心に―」赤田光男・他編『身体と心性の民俗』講座、日本の民俗学2、雄山閣出版、一九九八年。

[6]『ゆめのうきはし』には三巻に軸装された致道博物館所蔵本と五巻に軸装された酒井神社所蔵本とがある。酒井神社所蔵本はもともと真柄直國が所有したが、松井憲禮という人物の手に移り、明治時代の後半に、須佐太郎兵衛親恭が譲り受けて酒井神社の宝物とした。本稿が使用したのは、この酒井神社本である。澤登寛聡「百姓一揆絵巻の成立――『ゆめのうきはし』の制作の背景について――」『法政史学』第四九号、法政史学会、一九九七年、八八頁。このほか、この絵巻や一揆についてのデータは、国立歴史民俗博物館編『地鳴り 山鳴り』国立歴史民族博物館、二〇〇〇年、に集約されている。本書は、同館の企画展示「地鳴り 山鳴り――民衆のたたかい三〇〇年――」に伴う展示図録であるが、その多くを、この絵巻物の解説に費やしており、貴重な文献といえる。その後の研究としては、齋藤悦正「百姓一揆にみる寺院と地域――天保一一年三方領知替反対一揆を中心として――」『民衆史研究』第六四号、二〇〇〇年、久留島浩「移行期の民衆運動」『近世の解体』日本史講座、第七巻、東京大学出版会、二〇〇五年、がある。また、百姓一揆の研究成果については、保坂智「百姓一揆研究文献総目録」三一書房、一九九七年、が刊行されており、これまでの研究文献をほとんど網羅していて貴重である。

[7]柴田三千雄『近代世界と民衆運動』、岩波書店、二〇〇一年、二二四頁。

[8]注[3]宮田登前掲書、一八七頁。

[9]注[3]宮田登前掲書、九四頁・三二七頁。

[10] 井野辺茂雄『富士の歴史』古今書院、一九二八年、三六五頁。
[11] 注[3]宮田登前掲書、一三九頁。
[12] 五来重『修験道史料集』〔Ⅰ〕東日本篇、山岳宗教史叢書17、名著出版、一九八三年、六六頁。
[13] 芳賀登『世直しの思想』雄山閣出版、一九七三年、一九六頁。
[14] 注[3]宮田登前掲書、一三九頁。
[15] 富士山への信仰については、富士山信仰・富士信仰というタームが一般的だが、藤谷俊雄は、『神道信仰と民衆天皇制』法律文化社、一九八〇年、一四八頁で、江戸時代の富士講系統の富士信仰を、特に富士講信仰と呼んで、それ以外の富士山をめぐる信仰と区別している。
[16] 村上重良・安丸良夫編「民衆宗教の思想」『日本思想体系67』岩波書店、一九七一年、四五二頁。
[17] 注[15]藤谷俊雄前掲書、一四八頁。
[18] 注[3]宮田登前掲書、三二四頁。
[19] 注[3]宮田登前掲書、三九〇頁。この点について宮田登はどちらかというとミロク信仰のほうに重心をおいて説明するが、本稿では、人々の産土神・鎮守神の宗教儀礼への関わりに比重をおいて理解し、これと社会的・政治的変動とのシステムとしての関連を普遍化して理解した。
[20] 氏は、インドや朝鮮においてシャカの世とミロクの世は通時的な変化の結果として観念されるが、日本においては共時的に捉えられる。この「ミロクの世」に対する日本の人々の観念が、日本において通時的な意味での世直しの世界観を確立させえなかった要因だとする。この意味で、日本の民衆運動は、僅かな例を除いて矮小化し、早期に体制化したとも述べている（『ミロク』の世の構造」、『編集のしおり』日本庶民生活史料集成、第一八巻、一九七二年）。筆者は、これを矮小化・体制化したと捉えるよりも、こうした「ミロクの世」に対する日本的なユートピアの世界観、ならびに、このような共時的な世界観を含んで形成される江戸時代社会の文化構造が、当時の人々の自主的・自律的な自治を媒介とした権利のための闘争とどのように関わっていたのか、また、これによって形成される日本的な政治文化にどのような影響を与えたのかについて関心を持っている。
[21] 安丸良夫『日本の近代化と民衆思想』青木書店、一九七四年。
[22] スザンネ・デサン「E・P・トムスンとナタリー・デーヴィスの著作における群衆・共同体・儀礼」リン・ハント編・筒井清忠訳『文化の新しい歴史学』岩波書店、二〇〇〇年、六九頁。
[23] これに関わって例えば宗教思想という視点から世界各地の事例を集めた論文集に、歴史学研究会編『再生する終末思想』青木書店、二〇〇〇年、がある。また、歴史学研究会は、二〇〇五年度大会の近代史部会において「近代化における『伝統的』民衆運動の再検討」『歴史学研究』八〇一号、二〇〇五年、というテーマで報告と討論を行い、この成果を公表している（『歴史学研究』八〇七号、二〇〇五年）が、これらとの比較は今後の課題としなければならない。
[24] ユルゲン・コッカ、松葉正文・山井敏章訳「歴史的問題および約束としての市民社会」『思想』九五三号、二〇〇三年、三四頁。

伝統と同時代性
――能楽研究の国際化は可能か――

山中　玲子

はじめに

「日本学とは何か」というタイトルのシンポジウムに参加せよと言われて、正直なところ少々困惑した。日本文学、特に能を専門に研究している者が何か発言しても、それは「日本学」という学問の抱えている問題やその将来を考えるという今回のテーマとはあまり結びつかないだろうと思われたからである。以前、留学生に日本語と日本文化・日本事情を教えていた時、うんざりするほど何度も聞いたのは「日本文化というと、能だ歌舞伎だお茶だお花だというのでは困る」という科白だった。留学生教育に携わっている人たちだけでなく、文化人類学の研究者にせよ、国際関係論の専門家にせよ、Japanese Studies の専門家たちは、必ず同じことを言うようだ。今回、このシンポジウムの発表準備のため、青木保氏の著書を読んでいたところ、やはり似たようなフレーズを見つけ[1]、苦笑した。

「能」は早くから外国人にも注目されていた分野で、そこにはたしかに一種の異国趣味もあった。したがって日本学の関係者たちが言いたいことはよく判るし、ここで能についての細かい話をするつもりはない。とは言え、自分が長年続けてきた能の研究を離れ、「日本学」（自分はこれを、日本の政治や経済の仕組みを支えている文化の特徴を明らかにするような研究という風に理解しているが）の将来についての展望を示すことはできないので、今回のシンポジウムのテーマを、「日本に関わる学問、たとえば日本の文学や芸能の研究のように、日本が中心であるような学問の国際性をどう求めていくか」という風に拡大解釈したうえで、能楽研究の場で今起こっていることをご報告し、一種のケーススタディとして役に立てればと考えている。

1　能楽研究の現状

とりあえず、誤解を恐れずに、先の意見に対して開き直ってみせるところから始めたい。たしかに現代の日本の政治とも経済システムとも関係がなく、またアニメのように世界的な広がりを見せる文化でもなく、現代の日本人の中でもごく一部の限られた人間しか興味を持っていない「能」の研究をしても、日本文化（あるいは日本人）への理解が得られたり、現代の国際社会における日本の位置をどう定めていくべきかが見えてきたりするとは考えられない。しかし、そもそも「日本」の経済も政治も社会の構造も、研究対象とはならなくなる日も、来るかもしれないのだ。それでも、たとえ日本が中国大陸に張り付いた小国としてほとんど研究に値しなくなったとしても、能は、現代に生きる世界の重要な演劇の一つとして残るはずである。「日本」と言えば「能だ歌舞伎だ……」では困るかもしれないが、「日本はどうでもいい」けれど「能の持つ特性や可能性は人類の文化遺産として大切」と思われる日は近いかもしれない。

と、アジテーション風に言ってみたが、ここで確認したいのは、アジテーションの中味よりも、今このような反論をしている私は「能」を現代に生きる同時代の演劇として捉えその価値に拠っている、ということである。とすれば、我々の研究も現代に生きる「能」としっかりと関わる視点を持つことが必要だということだろう。ところが、従来の日本人による能楽研究の主流は、そうした視点をほとんど持ってこなかったのである。

これには、我々日本の能楽研究者──「国文科」出身者が大多数を占める──は外国語が苦手、ということも大きく影響している。外国の日本研究者は日本語の文献をよく読んでくれるし、日本語での会話も堪能なことが多いが、日本語で論文を書くということはほとんどない。外国語で論文を書くのは非常に難しく時間のかかる作業であるうえ、そんなに苦労して日本語の論文を書いても、外国の学界では読んで評価してくれる人がごくわずかしかいないからである。独仏や中国などを別にすれば、能に関する論文など、自国語で書いてさえ、評価してくれる研究者がいない国も多く、そうなるとどうしても、共通言語は英語となりがちである。EAJS（the European Association for Japanese Studies）においても、日本人以外の研究者はほぼ全員英語で発表し、論文も英語で書かれている。英語で書けば、世界中の研究者に読んでもらえるからなのだが、但し、少なくとも日本文学や芸能等の分野では、従来、その「世界中の研究者」に日本人の研究者が入っていなかったこと、しかも「数に入っていないこと」に何の痛痒も感じなかったことが問題なのだろう。他の分野の研究者なら「私は日本人なので英語が苦手で……」などと言っていられないはずだが、能の研究の場合、中心と周縁ということで考えれば、我々日本人が中心である（と思っている）ため、外国の研究に目を向けずとも、日本の中だけで十分やっていけるし、それでよい、という発想である。

但し、少し言い訳をさせて頂きたい点もある。身体芸術である能に特徴的なこととして、能に興味を持ち学びたいと思って来日する外国人は、日本文学や日本文化に十分な理解があったり、日本語を十分に理解する力があるとは限らないという問題がある。これは同じ日本文学でも『源氏物語』や和歌の研究とは決定的に違う面である。もちろん見事な日本語を操り、我々の研究成果にも目を通し、有意義な議論を仕掛けてくれるような優れた能楽研究者もいる（但し彼らの業績は外国語で書かれているため、日本人研究者にはほとんど影響を与えないこと、前述のとおり）が、その一方で、謡曲の本文も世阿弥の伝書も原文で読めないのはもちろん、日本語は「こんにちは」しか知らないような人たちも、身体芸術としての能に興味を持ち、たとえば能楽研究所にもやって来る。もちろん、能が演劇である以上、世阿弥伝書の諸本研究や謡曲テキスト（原文）の詳細な分析とは違う形でのアプローチ、西欧で演技や演出の勉強をしてきた人たちによる独自のアプローチも十分あり得るはずではある。だが、後に述べるように能の研究はあくまで国文学中心に行われてきたため、こちら側に受け皿（意見を戦わすことができるような共通の土俵）ができていなかったということもあり、文字通り、コミュニケーションが取れなかったのである。極端な言い方をしてしまえば、外国の人たちは禅や能やわび・さびが好きなようだから勝手にやってくれてかまわないが我々とは関係ないという態度が、日本の能楽研究者の基本的なスタンスだったのではないか。

だが、今やそういう時代ではない。現代の社会とかけ離れ、国際的な広がりも持たず、内側に向いて細かな問題を扱っているような日本文学研究は、日本国内でも居場所を失っている。我々が中心だなどとうそぶいているうちに、存亡の危機を迎えているのである。我々能楽研究に携わる者も、現代に生きる世界の演劇の一つとしての能にコミットできないような研究に意味があるのか、我々の能楽研究はどこまで国際的になりうるか、といった問題を真剣に考え始めるにいたった。

そのように考え始めた我々能楽研究の世界で、実際に私が経験している最近の動向を、以下で三つ紹介したいと思う。それぞれがどう結びつくのかよく判らない面もあるし、ここに現れてくる問題が、本当に西欧と日本の研究土壌の違いによるものなのか、それとも能というジャンルの特殊性や、あるいは英米語圏とそれ以外のヨーロッパとの違いなども考慮に入れるべきなのかも、まだはっきりしない。が、とりあえず、三つの例を並べてみたい。

2　現代劇としての能楽

一つ目の例は、トリア大学のスタンカ・ショルツ・チョンカ教授を中心に進められている明治の能楽の研究である。トリア大学では早稲田大学演劇博物館と協力して明治以降の能の研究を進め、データベースを作っている。実は日本人も明治の能楽についての研究が必要だということに気づき始めてはいながらも[2]、なかなか手が回らなかった。どうしても、古い時代のことを明らかにした方が業績として高く評価されるような状況があり、後回しにされていたのである。

一方、外国人研究者の方は、癖のある非常に読みにくい文字で書かれた江戸時代の資料や伝書・型付類を解読したり、謡本の諸本調査をして定本を確定するような研究が難しいこともあり、活字資料で読むことができる分野から手を付け始めるというような事情もあったろうし、また、彼らが能に興味を持つのは現在演じられている能に惹かれるからで、現に目の前にある能の姿に近いところから明らかにしていこうという発想もあるだろう。特に、日本人研究者が古い時代ばかり扱っていることに対する異議申し立てというような意味はなかったと思われるが、いずれにせよ、こうした外国人研究者の動向に刺激され追い立てられるようにして、ようやく日本でも、明治の能に関する研究が始まりつつある。

同時に、現代に生きる同時代の芸術としての能の研究も、外国人主導で盛んになっている。数年前、ピーター・ブルックが世阿弥の能楽論についての深い洞察を語ったインタビューの翻訳が雑誌『文学』に掲載された[3]。これは世阿弥の言う「花」についての最も深く最も正しい理解の一つで、日本の研究者に大いに刺激を与えると同時に、世阿弥の芸術論が現代の第一線で活躍する演劇人にも通ずる普遍的なものであることを再認識させるものでもあった。

二〇〇六年三月には、やはりショルツ教授たちが中心になって、現代における能についてのシンポジウム"Nō Theatre Transversal : Crossing Borders between Genres, Cultures and Identities"が開催され、日本からも能楽師、演出家、研究者等が参加した。外国からの参加者にも能楽研究の専門家はいるが、多くは演劇学や音楽学の研究者や演出家で、日本語をまったく解さない人たちも多かった。能を日本文学史の中の一ジャンルとして、室町時代の芸能として見るだけでなく、世界に数多くある現代劇の一つとしてみるという視点を明確に示してくれることが期待できるプロジェクトであるが、まったく異なる分野の人間が集まってどれだけ有益な議論ができるか、「能」という総合芸術に関する互いの認識の仕方について、どれだけ寛容かつ建設的な受け止め方ができるか、参加者全員が試されたとも言えよう。

ところで、なぜ、能を現代劇として見る視点が日本で育たなかったのか。それは、日本人による能の研究が「国文学」の一つとして行われてきたことに起因している。我々は、能についてあくまで「文学史上の位置づけ」という視点で考えてきたと言ってよいだろう。日本文学全体の歴史の中で、能という芸能はどうやって成立したのか。本来の形はどのようなもので、当時の社会・文化状況や他の同時代の文芸とどう関わっているのか、どのような素材を利用しているのか、という研究である。

現代の舞台でどんなに人の心をつかむ演出でも、それが新しいものならば「これは本来の演出ではない」という理由で、研究の対象とはなりにくかったのである。江戸時代末期にできた演出について調べるよりは、まだ新作も行われていた戦国時代の能について何かが判った方が価値ある研究に見える。もしも世阿弥時代の資料が見つかったり世阿弥がある作品を作る際に直接に典拠とした素材が確定できたりしたら、その方がもっと良い成果と考えられる。常に古い形に戻ること。世阿弥時代の状況をできるだけ正確に知り、そこからどのようにして能が創られてきたかをあぶり出すのがよい研究だった。

こうした考え方は我々の中に深くしみ込んでしまっており、なかなかそこから抜け出すことはできない。だが、上述のような、日本人の文学研究者による研究とはまったく違う視点に触れることによって、個々の論文や学説の細かな点ということではなく、学会としての視野が広がってきた面は、たしかにある。具体的な研究成果が出てくるまでにはもうしばらく時間がかかるかもしれないが、間違いなく変わっては来ているのである。

3　番外曲研究

二つ目の例として、最近の英米語圏の研究者による番外曲研究を挙げたい。能に限らず、最近の特にアメリカにおける日本文学の研究は非常に緻密になってきている。彼らは日本の大学に留学し、日本人と同じように写本や版本を扱い、古い資料を読みこなし、いわゆる国文学の手法を身につけている。もちろんヨーロッパからも少数であるがそういう留学生たちはやってきている。たとえばドイツやハンガリーからの留学生が早稲田大学の大学院で世阿弥の伝書を読んでいる。彼らは徹底的にこちらの手法を学び、日本人と同じ土俵に立とうとしてくれている。第一の例で挙げた演劇学の研究者や演出家たちとは異なり、同業者として話ができるのである。

その一方、そもそも、なぜ彼らが番外曲にそれほど興味を持つのか、日本人には理解に苦しむ部分もある。特にアメリカでは、カノンの問題とも絡み、いわゆる名曲とされてきた作品ではない、途中で捨てられてしまった番外曲が注目されるということもあるだろう。アメリカの研究者は他人が手をつけていない分野を研究したがる傾向が強いので、厖大な数の論文が書かれている夢幻能や物狂能の名作ではなく、番外曲に手をつけようとするのだと、アメリカ人自身の口から聞いたこともある。また、番外曲の多くは単純な対話劇になっており、世阿弥の完成した詩劇よりも外国人にとっては読みやすいというような、消極的な理由もあると思われる。

だがそれだけでなく、夢幻能や現在人気のある歌舞中心の能とは違う、演劇としての能、現実の人間の生々しい感情や悲劇を扱う作品を掘り起こそうという積極的な理由もあるようである。日本でも、堂本正樹という演出家が番外曲に注目し、詳しく調査、研究している[4]。彼も、能を美しい古典芸能としてだけでなく、現代にも通じる「演劇」として捉え直そうという目的で、番外曲に注目したのだった。

一方、日本の研究者は、番外曲というのは周辺にある、作っては捨て去られてきた価値の低い作品が多いという認識を持っている。もちろんなかには復活させることに意義のあるものもあるが、多くは駄作で、だから番外曲だけを扱っているような研究者は中心的な存在にはなれない、というのが一般的な捉え方である。こういう我々の立場に立てば、あれほど日本語が読め古い資料も扱えて鋭い分析ができるアメリカの研究者たちが、なぜこんなつまらない番外曲ばかり扱っているのか、やっぱり外国人の研究者がやることは判らない（だから勝手にやってもらえばいい）というようなところに落ち着いてしまいがちである。

だが、こうした見解の相違に気づいたこと自体が、我々にとっては重要な一歩だったとも言える。能を伝統芸能として（あるいは文学作品として）見る以外に、現代に生きる同時代の劇として見る立場もあるのだということを、我々は彼らの番外曲に対する態度から学んだのである。初めから〈井筒〉のような夢幻能の詩劇を最高傑作としてそれと比較してしまう我々には気づきにくい魅力、たとえば恩や孝のために命を捨てる人間の姿や「悲劇と救い」といったテーマを描く劇としての面白さが、文学的な完成度では遥かに及ばない番外曲にもあるのかもしれない。外国人研究者が、番外曲のどんなところに魅力を感じるのか、番外曲研究にどんな意義を認めているのか、もう少し対話を重ねていきたいと思っている。

4 創られた伝統

最後の例として、「創られた伝統」(Invented tradition) の問題にも触れておく。外国人の能楽研究者は、文化人類学、歴史学、社会学等さまざまな分野で注目されたこの概念を用いて、伝統芸能である能楽の解明を試みている。たとえば、カンザス大学のエリック・ラス氏は最近の著書の中で、「創られた伝統」という視点から「能が幕府の式楽であった」という言説が明治時代にどう形成され広まっていったかを分析しておられる[5]し、また、池畑ルクサンドラ・ヴァレンティナ氏は、能役者の演技や作品解釈について、「能における伝統の創造――『井筒』の場合――」[6]という論文を書かれている。前出のスタンカ・ショルツ氏も、『能楽研究』二九号に寄せられた「能楽の国際化――その一〇〇年(外国人による能楽の研究)――」という文章の中で、この「創られた伝統」という概念が非常に注目されていることを述べているが、同時に、それが日本の研究者の間ではほとんど関心を持たれていないことも指摘しておられる。

これらの論文の中で言われていること自体はどれも納得のいくものなのだが、その一方ごくわずかであるが、西欧の、あるいは他の学問で有効な理論をそのまま応用されることに対する違和感が残ることも事実である。実は、ショルツ氏からは別の機会に「能の伝統と言われているものも、みんな明治に作られたものでしょう」と言われたことがある。その時は私自身、この有名な「創られた伝統」という言葉を知らなかったので、ただ「そんなことはない」と反論するだけで、かえって「創られた伝統の根は深い」と確信させてしまったようである。だが「創られた伝統」という理論について知った今もやはり、ショルツ氏の言い方(日本語での表現の問題に過ぎないのかもしれないが)は、能についても日本の能楽研究についても、少し違っていると思う。

まず第一に、能の世界で「伝統」を口にする時、それは民族運動や権力に対する抵抗のような要素をほとんど含んでいない[7]。ラス氏が研究対象とされた「式楽」に関する言説は、明治になって西欧の列強と文化的にも対等であることを示すため、政府や御用学者の戦略として新たに創り上げられ政治的に利用された「伝統」の数少ない例の一つであり、したがってラス氏の慧眼には敬意を表するが、能の世界で能役者たちが大切にしている「伝統」は別のところにあると言うことができる。むしろヴァレンティナ氏が扱った能の演技や作品解釈に関わる「伝統」の方が、「能の伝統と言われているもの」として能役者や日本の能楽研究者がイメージするものに近いが、しかしヴァレンティナ氏が言われる「伝統」は、政治運動に利用されたり民族意識を高めたりするようなものではない。もしもここまで「創られた伝統」の概念を広げても良いのなら、すなわち、古くから伝わってきたものが同時代の人々の関心や社会状況を微妙に反映しながら少しずつ変わっていく様相をも「伝統の創造」と呼んでよいのなら、そうした変遷の様子を資料によって跡づける作業こそ、筆者も含め、戦後の日本における能楽研究が進めてきたことである。

これを、「創られた伝統」という言葉は知らなくてもそうした事象についてはきちんと研究して押さえていると言うべきなのか、まさに「創られた伝統」に相当する事象を研究していながらそれがどういう意味を持っているのかきちんと理論化していない、と言うべきなのか、微妙である。我々日本人の研究者が世界の研究情勢に疎いままでいたせいで、このように有名なタームを海外の研究者と共有していなかったことは、大きな問題とは思うが、逆に、外国人研究者の方も、資料的な制約から来る誤解を残したまま、何でもかんでもこの「創られた伝統」という魅力的なタームでくくってしまっているような印象を抱かされることもある。そもそも、本当に「創られた伝統」という理論を能の「伝統」に当てはめて良いのか、そこから議論を始めていく必要があろう。

江戸時代、各家が幕府に提出した資料等を見ればすぐ判ることだが、先祖の才能を誇示する逸話や系図を捏造するのは能の世界ではごく普通のことで、特に政治的な目的がなくても頻繁に行われてきた。舞台上での失敗を咎められぬよう「替の型」ということにしたり、他の役者の失敗をかばってごまかした演奏法が習事になったりというエピソードも残っている。そのような「小手先の処理」まで含めて、さまざまな教えや型や演奏法が「伝統」として脈々と伝えられているのである。政治的な要素とは別に、代々伝えられてきた大切な習事があり、能楽師たちが「伝統」という言葉を聞いてまず思い浮かべるのはそういうことである。しかもそれらの習事も、決して六百年前から変わらないものではなく、その時代時代の要請や、もちろん権威付けのために、さまざまな変容を蒙っていることは、我々も注意して研究している。結論を先に用意して切り分けていくのではなく、細かな資料の調査を重ね能の側に寄り添いながら、そのうえで他分野の優れた研究成果を踏まえ、伝統が創造されていくプロセスを明らかにしていこうというのなら、まさにこういう領域でこそ、内外の研究者の協力による効果は期待され得るのではないだろうか。

終わりに

能楽研究所にいると、外国人研究者の方とさまざまな話をする機会が多くある。そういう時この「創られた伝統」の場合のように、相手の唱える説が新鮮な指摘であればあるほどこちらの驚きも大きく、すぐには受け入れられないことも多い。彼らの説の新鮮さに刺激されつつも、どこかで競争心をかき立てられて「それは違うのではないか」「こういう反例もある」「そのように単純化はできない」と、細かな資料を挙げて疑問を呈し続けてきた気がする。大きな展望に対して細かな反例を挙げてブレーキをかける、つまらない役割である。言うまでもなく、いつもこちらが正しいわけではない。むしろ、いくつかの反例にもかかわらず、やはり相手の主張にも一理あり、最初に聞いた時に反発を感じたのはこちら側にそうした視点が欠けていたに過ぎないのだと気づかされることも非常に多い。「だから日本人の研究は細かくて面白くない」と言われても仕方ない面も、たしかにあるのである。

が、その一方で、斬新な視点からすばらしい論を展開している外国人研究者が、日本人の研究者できちんと活動している者なら誰でも知っているような基本的な事柄について誤解をしていたり、ひどく古い説に基づいてモノを言っていることが判って驚くこともある。もちろんそれは、こちら側からの情報の発信が不足だということの現れでもあり、言い換えれば、我々がいかに外国の研究者のことを気にしていなかったのかと思い知らされ、反省させられる点でもあるわけなのだが。

しかし、だから、外国人の研究者が資料不足のせいで犯した間違いを指摘しては失礼だと考えたり、悪条件の中での研究なのだからと、手加減して対応するようなことは、してはいけないのだろう。能は日本の芸能なのだから、とりあえず日本人の学者が言うことはたてておこうというような態度も、同様に避けるべきなのだと思われる。日本にいて資料も豊富に手に入る我々の方が、正確な情報を持っているのは当然である。もちろん、その情報を世界の研究者と共有すべくさまざまな努力をしていくべきだが、インターネットがどんなに発達しても、発達すればするほど、生の情報の価値は高くなるだろうし、生の情報を入手できる機会は中心にいる我々の方が圧倒的に多いという状況は、どうしても起こる。それなら我々は、正確な資料に基づいてどんどん外国人研究者の誤解を指摘すればよいし、外国人研究者も、日本人研究者の知らない情報や理論をどんどん突きつけて、議論すればよいのではないだろうか。そうしているうちに、必要な情報が双方に流れ、問題点もより明確になっていくのではないかと思われる。

このような議論をするには勇気がいる。あくまでも学問上の論争であって互いの人格に関わるものではないのだと、割り切るしかない。自尊心の強い学者という生き物にとっては難しいことかもしれないが、研究上の国際交流を単なる社交、親善に留めず、本当に研究全体の向上につながるような有意義な結びつきにしようとするなら、そういうタフな議論ができるよう、我々ももっとタフになる必要があるのではないかと考えている。

注

〔1〕いま、こうした生活の中にあって、何をもって『日本文化』『日本の伝統』とするかは、決して容易なことではない。……茶道に華道に能や歌舞伎という答えは、本当のところ答えにはならない。生活の中にある「文化」でなければならない。その生活の中あるものは、およそ『伝統』とは遠いものばかりである」（青木保『「日本文化論」の変容　戦後日本の文化とアイデンティティー』一六頁、中公文庫、一九九九年四月）。

[2] 倉田喜弘編著『明治の能楽(一~四)』及び『大正の能楽』(日本芸術文化振興会発行、一九九四~九八年)によって、明治・大正期の貴重な資料がまとめて簡単に見られるようになったことの影響も大きい。
[3] ピーター・ブルック氏インタビュー　世阿弥と能について」(聞き手・訳)河合祥一郎、二〇〇三年七月、一八八—一九八頁。
[4] 一九七九年六月から九〇年九月まで、全一三四回の連載。「……苦労して読み、演出を類推し、空想舞台を頭の中に組み上げる所に、番外曲水脈をたどる真の楽しみがある」とし、「デウス・エキス・マキーナ型の能」「勇辨の能」「異類打ち合いの能」「ドンデン返しの能」「ペェージェントの能」等、独自の分類を用いながら番外曲を読み込んでいる。分類の名称を見ても、堂本氏が謡曲を「劇」のテキストとして、広く他の演劇ともつながる視野の中に捉えようとしたことは明らかである。
[5] *"The Ethos of Noh: Actors and Their Art"* (Harvard University Asia Center, 2004) pp215-238.
[6] 演劇研究センター紀要・早稲田大学21世紀COEプログラム〈演劇の総合的研究と演劇学の確立〉』、二〇〇五年三月、一一五—一二三頁。
[7] 以下の論は、学会当日の発表後、ベフ・ハルミ氏から「創られた伝統」とは本来、政治運動に利用されるような「伝統」のことだと教えて頂いたことによって、自分の中で明確になってきた問題意識である。また、島田信吾氏からは、従来の「創られた伝統」の議論では、民族衣装などが問題にされることはあっても身体芸術やパフォーマンスの伝承についてはあまり考えられてこなかったので、能における伝統の問題は、今後新たな立場で考えてみる必要があろうとのご指摘を頂いた。併せて感謝申し上げる。

和辻哲郎の哲学のポテンシャル

星野　勉

1　ハイデガーの問題提起

ドイツの哲学者、M・ハイデガー（Martin Heidegger 1889-1976）は、日本人訪問客（ドイツ文学研究者、手塚富雄）との間で一九五四年三月末頃に交わされた対談を機縁として、日本の哲学者、九鬼周造（一八八八―一九四一）への回想を中心とする対話篇「ことばについての対話」[1]を著している。そこでハイデガーは、「ことば」の本質に思索を凝らしながら、異文化理解について、重要な問題提起を行っている。

九鬼は、二度目のドイツ滞在期間中（一九二七―二八年）にマールブルク（Marburg）のハイデガーのもとで学んだが、時折夫人を連れて彼の自宅を訪ね、「いき」について語り合ったという。当時のハイデガーは、「いき」に関してはただ漠然と感じ取ることしかできなかったようであるが、九鬼が「いき」についてヨーロッパ哲学の概念と論理を用いて語ろうとしていたことに危険を感じたと述懐している。「いき」という日本の芸術と文芸に本質的なものを東アジアの思考とは根本から異なるヨーロッパの「美学的考察方法」の助けを借りて「言おう」とする九鬼の試みそのものが、事柄そのものを明らかにするというよりも、かえって隠蔽することになりはしないか、と危惧したのである。

ハイデガーは、日本人が自分の伝統を語るのにヨーロッパ哲学の概念や論理をなぜ必要とするのか、と問うことからこの対話の口火を切る。これに対して、対話の相手である日本人は、日本の研究者がヨーロッパに由来する概念や思考を補助手段とするのは日本とヨーロッパとの出会い以来避けがたいことであって、概念規定や表現における曖昧さという日本語の「非力さ(Unvermögen)」がそうさせるのである、たとえそれが世界を席巻している現代の欧化主義、すなわち、一切を対象化し、客体化して主体の制圧下に置こうとする、それはそれで危険な技術化への同化の方向であっても、止むを得ないことである、と返答している。これをうけて、ハイデガーは、「諸対象を明確に秩序づけて、それらの相互の間の関係を表象するべき、限定する力」[2]を欠くという「非力さ」なるものがはたして本当に日本語の「欠陥」なのか、むしろ、ヨーロッパ的な概念や思考のあとを追うということが日本人の求めているものを何か漠然としたあやふやなものに貶めることにはならないか、東アジアの芸術と文芸の本質的なものを言い表そうと試みるにあたり、その「ことば」を「ヨーロッパ的なもの」から調達するかぎり、それは言い表そうとしたことを言い表す可能性をたえず破壊することにはならないか、と反問する。他方でまた、東アジアを含む全世界を押し流しつつある「技術の世界の影響は皮相な部分にだけ限られる」[3]のではないか、「その結果、(東アジア、日本と)ヨーロッパ的なあり方との真の出会いは、あらゆる同化と混和にもかかわらず、実は起こっていない」[4]のではないか、と問い質している。

ここでハイデガーが危惧しているのは、ひとつは、九鬼を含む日本人研究者のヨーロッパ的な概念や思考のあとを追う姿勢に対してであり、もうひとつは、全世界を押し流しつつある技術を生み出す一方、「ことば」の本質を隠蔽する、ヨーロッパの形而上学的な思考、すなわち、科学・技術主義に対してである。これには、異文化の間での「共約(=翻訳)不可能性(incommensurability)」の問題と、欧化主義によって覆い隠されつつある根源的な言語経験の問題がともども絡んでいる。ハイデガーは、形而上学的な思考によって覆い隠されつつある「ことば」の本質をその根源に遡って問い求めるなかで、はたして、ヨーロッパと東アジア、日本という「共約(=翻訳)不可能に見える異文化間の対話」そのものを導くような地平を切り拓くことができるものかどうか、もしできるとすればどのようにしてなのか、という根本的な問題を提起しているわけである。

2　和辻哲郎の解釈学

和辻哲郎（一八八九—一九六〇）は、ヨーロッパ哲学の伝統のなかでも、近代自然科学に代表される近代的な知のあり方に異を唱えるディルタイ（Wilhelm Dilthey 1833-1911）、ハイデガーらの「解釈学（Hermeneutik）」を、みずからの方法論的な枠組みとして取り入れている。しかし、このヨーロッパ哲学に出自をもつ解釈学をそのまま受容するのではなく、独自の観点から組み替え、それによって学問の新しい可能性を切り拓こうとしている。和辻が展開する解釈学については、意図的にあえて日本語に寄り添い、日本語に埋め込まれている隠れた実践を内側から読み解くことを目指しているという点に、その特徴を認めることができる。もっとも、この特徴は、学問のそなえるべき普遍性という観点から見ると、日本語という特殊な言語とそこに埋め込まれた同じく特殊な実践とに依存するわけであるから、大きな障害であると見なすこともできる。しかし、こうした一見問題ありと見なされうる独自の解釈学によってこそ、和辻はヨーロッパの哲学者たちの解釈学的な前提を批判することができたばかりか、近代ヨーロッパの個人主義的な人間概念に取って代わる「人間」概念を、さらには、時空複合体にかかわる「風土」概念を提示することができたとも言える。

ここでは、ヨーロッパと東アジア（なかでも、日本）の哲学について、相互に批判的な理解が、特殊な諸言語に取って代わる架橋的な理論という形式においてではなく、特殊な諸言語に埋め込まれている諸実践間の対比において、いかにして可能であるか、という問題が改めて提起される。以下においては、その点を、和辻哲郎の哲学に即して検討する。

3　和辻哲郎の倫理学

和辻の解釈学理論の独創性は、それを倫理学および風土論として定式化したことにあると言える。そこで、まず、彼の倫理学を取り上げる。

和辻は、ハイデガーの『存在と時間（Sein und Zeit）』を出版年の一九二七年、ドイツ留学中に読んだ。ハイデガーは、『存在と時間』において、解釈学を歴史学や人文学の方法論としてではなく、「現存在（Dasein）」の「存在」を解釈する存在論として提示している。ハイデガーにとって、解釈学とは、何よりもまず、解釈の技術に関する方法論ではなく、解釈そのものを意味する。しかも、そのさい、解釈とは、あらかじめ確立された方法もしくは原理を探究の対象に外側から適用することではなく、探究対象の内在的な構造をその内側から理解することにほかならず、そのかぎり解釈学とは哲学的解釈学なのである。

和辻は、このハイデガーの哲学的解釈学を受け容れるが、その一方でハイデガーが『存在と時間』において「共存在（他者と共に在ること［Mitsein］）」の本来的あり方を解明していないことを強く論難する。ハイデガーにとって、十全な意味で人間であるということは、「本来的な自己」、すなわち独自の個人であるということである。確かに、『存在と時間』七四節では、現存在にとって不可避的な「歴史性」が「運命」として「共存在」のあり方に即して解釈されてはいる。しかし、ハイデガーは、結局のところ、本来的な歴史性を、決然とした死への存在、個人だけがそれでありうる存在の仕方に繋げて解釈することに向かう。

これに対して、和辻は、解釈学を人間存在の内在的なあり方を理解する一種の自己解釈として受け止める。そのさい、人間存在の概念を再定義するにあたり、日本語という特殊な言語と、そこに埋め込まれた同じく特殊な実践とに依拠する。まずは、「人間《にんげん》（human being）」を「人間《じんかん》（the interpersonal or interhuman）」と読み替える。そして、「人間《じんかん》」の時間的含意から空間的含意へと強調点を移し、「世の中」、「ひと」という日本語の用法を活用する。そのさい、前者（＝「世の中」）が公共世界を、後者（＝「ひと」）が個人を意味する。そして、「人間《じんかん》」は公共世界と個人との具体的な統一を表現することばである、と再定義される。これに対して、「ひと」はそのたんなる抽象であるとされる。

和辻の倫理学の概念は、実践的な言語における、秘匿されたり忘れ去られたりした意味を読み解く、解釈学的方法によって得られる。ちなみに、倫理学の「倫理」とは、「人間の共同的存在をそれとしてあらしめるところの秩序、道」[5]にほかならず、すでに一定の「行為的連関の仕方」として「有る」とともに、また実現されるべき「当為」でもあるとされる。また、「学」、「学ぶ（learn）」とは、もともと「まねぶ（follow）こと」、「模倣する（copy）こと」であって、他人との間に行われる相互行為であり、それを通じて「考え方を習得して自ら考え得るに至ることである」[6]とされる。

和辻が解釈学的方法によって明らかにするのは、「人間《じんかん》」が個人的なものと社会的・全体的なものとの「あいだ（between）」であるということである。そこでは、より抽象的なものとされる二つの項（個人的なものと社会的・全体的なもの）の「生ける動的なあいだ」に具体的実在性が認められている。しかし、この流動的な中間は、「空《くう》（nonentity）」とも言い換えられている。そして、この「空」という「否定性」こそ、個人的なものと社会的・全体的なものとの真相にほかならないとされる。

ところで、ディルタイから受け継いだ「表現［Ausdruck, expression］」理論は、和辻が個人と社会の関係を考える上で重要な役割を果たしている。しかし、和辻は、次の二つの理由でディルタイを批判している。ひとつは、ディルタイが、「生」を「人的・社会的・歴史的現実」として力説しながら、それを「自他の分裂や合一を含む主体的な間柄」として把捉していないという点である。つまり、「社会は彼にとって結局外的組織であり、従って対象的な社会であって主体的人間存在ではない」[7]。もうひとつは、ディルタイの「生」が個人的体験をモデルとして考えられた「生」にすぎず、その意味で、「生」や「体験」の概念が個人主義的でしかないという点である。ディルタイの理論では、「体験」は個人に独自のものであり、共同存在と正反対のものである。しかし、それにもかかわらず、その表現は共同存在を獲得する。この逆説を解き明かすことができない点に、和辻はディルタイ理論の難点を嗅ぎつけるのである。

和辻において、倫理学の対象は「主体的人間存在」の「表現」と見なされなければならない。そのさい、和辻の用語の定義はディルタイのそれと根本的に異なっている。まず、「主体（Subjekt）」とは、個人のことではなく、一種の関係、つまり、「実践的行為的連関」のことである。そして、「表現」とは、作者や行為者の自己表現、自己客体化であるというよりは、これらの「実践的行為連関」の客体化である。そもそもディルタイが「表現」と呼んでいるものが可能なのは、すなわち、「体験」が個人に独自のものであり、共同存在と正反対のものでありながら、その表現は共同存在を獲得するということが可能なのは、和辻に言わせれば、私たちがあらかじめ「実践的行為的連関」、すなわち「間柄」のうちに生きているからにほかならない。

和辻は「世界」の解釈をハイデガーに倣う。しかし、そこから導かれる結論はハイデガーと好対照をなしている。ハイデガーは「現存在」を「世界内存在」と呼ぶ。この新語を和辻は「世間」や「世の中」という日常語に翻訳する。和辻にとって、「世間」や「世の中」という用語は、社会全体、公共的なものという意味での世界を表示している。そのさい、「世間」は、個人的な主体を超える共同的な主体として機能しうるものを含んでいる。しかし、「世間」は諸個人を超えて諸個人に対立しているわけではない。なぜなら、それは「人間《じんかん》」を構成する「あいだ（between）」を含んでいるからである。また、「世間」は人間的なものと非人間的なもの（＝客観的自然）とを截然と画するわけでもない。和辻は、「世間」を「ひと」の「あいだ」に広がった「空間」と解釈するが、個人が「人間《じんかん》」としての私たちの現実のあり方からの抽象であるように、「人間《じんかん》」から独立の客観的自然と解釈されるような世界もまた抽象である。さらに、和辻にとって、世界は、諸個人の社会的実践からなる構成物であるわけでもない。なぜなら、「世間」という世界は、私たちを構成する相互行為の現実的空間もしくは「間《ま》（interval）」と見なされるべきだからである。

ハイデガーはドイツ語の「Welt」のひとつの意味を選び取る。それはそのうちで現存在が生活する「世界」を意味する。そして、公共性と人の環境とを含意する。和辻は、「世界」よりも「世間」という用語を選び取り、その通常の意味を解明することにエネルギーを注ぐ。ところで、和辻は「世間」を人間の本来的な社会性として語ることができたのに対して、ハイデガーの「現存在」の本来的な存在の仕方は「唯一の自己」、すなわち個人であることに制限される。そして、ハイデガーは、社会的存在のポジティヴな意味を認めることができなかったがゆえに、社会的な全体がいかに強力な行為者でありうるかを見誤ることになったというのが、和辻のハイデガー批判の要点である。ちなみに、K・レーヴィットによれば、和辻はハイデガーの『存在と時間』の倫理学的な問題点を指摘した最初の人物である。

もっとも、和辻の倫理学理論にも問題がないわけではない。確かに、和辻の選択肢は、共同的、社会的存在の本来的なあり方の可能性を示唆している。共同的、社会的存在の本来的なあり方は、個人的意思と集合的意思の相互的否定を含意しているはずである。先ほど言及した「空」はこうした文脈で用いられる概念である。しかし、彼の倫理学理論では個人の自己否定が集合的全体の自己否定によって必ずしも補われてはいない。また、和辻は、すべての権威を国家に置く危険性よりも、個人に優位を置く危険性により多くの注意を払っている。こうしたところに、和辻の「国家（nation-state）」を基盤とする国家主義もしくは全体主義への傾斜という危険性を指摘することができるかとも思われる。

また、ここでは詳しく触れられないが、「人間《じんかん》」と「世間」という和辻の観念には、自己と他者のあいだの適正な関係を、そしてまた、他者性の重要さを無視しているという批判もある[8]。

4 和辻哲郎の風土論

続いて、和辻の『風土』を取り上げる。和辻の「風土」概念は、文化と自然との伝統的な区別を掘り崩す概念であるという点で注目に値する。

それは、ハイデガーが人間存在の空間性をほとんど無視して時間性を強調していることを批判する文脈において提出される。「風土」は、空間性を基盤とするが、近代自然科学が前提とする純粋空間のもとに構想される、容れ物としての自然環境を意味するわけではない。坂部恵が指摘しているように、「風土」とは、内と外との区別が判然としない基層的な経験において「生きられる空間」であって、時間や歴史の重層をもそのうちに含み込んだ「時空複合体」にほかならない[9]。個人の身体がたんなる物体ではなく、他者や物との実践的・行為的な連関の主体的な表現であるように、私たちの身体として生きられる「風土」も、「間柄」としての「人間存在」の人や物とのかかわりの主体的な表現である。「風土」は、具体的には、共同体の形成の仕方、意識のあり方、言語の用い方、さらには生産の仕方や家屋の作り方などにおいて表現されるが、こうした「風土」の現象は「間柄」としての人間存在の主体的な表現であると同時に、そこに住まう私たちの「自己了解の仕方」でもある。

もっとも、「自己了解」とは言っても、身体を基層とする「風土」とのかかわりの主体的な表現のうちに示されている「自己了解」であって、「客観」と対立する「主観」としての「われ」を理解することではない。家屋の様式を例にとれば、それは、「家を作る仕方の固定したもの」であるが、そのかぎりまた、身体を基層とする「風土」とのかかわりにおける「間柄」としての人間存在の「自己了解」の表現にほかならない。しかも、そのことは、家屋の様式に限らず、着物や料理の様式についても、さらには文芸、美術、宗教、風習などあらゆる人間生活の表現についても言うことができる。これに対して、自然環境と人間との間に影響関係だけを見て取ろうとする常識的な立場は、「風土」の現象から人間存在あるいは歴史の契機を洗い去り、それをたんなる自然環境とのみ見なそうとするが、それは和辻に言わせれば大いなる誤解である。

ここで和辻が問題とするのはヨーロッパ近代の伝統に内在的な二項対立的な発想である。和辻によれば、主体と客体、精神と身体、個人と全体、文化と自然の二項対立は原初的な関係から派生したものである。この原初的な関係の次元を、和辻から着想を得て独自の風土学を展開しつつあるオーギュスタン・ベルク（Augustin Berque）は「通態性（trajectivité）」[10]と呼んでいる。

ベルクの「通態性」という概念は、ヨーロッパ近代の伝統に内在的な二項対立的な発想を乗り越えようとするかぎりで、和辻の意を汲み、それを体するものであると言える。それは、主体と客体の中間にあって、両者を相互に媒介し結び付ける「精気に満ちた交差」の場を示唆している。しかし、空間性よりも時間性にややウエイトを置くベルクの「通態性」という概念には、和辻との批判的な距離が窺われもする。

ベルクにとって、「風土」という現実は、社会とそれを取り巻く環境、人々と事物、主体と客体が、その風土に固有の「おもむき（sens）」に従って相互に構成し合ってきた長い歴史の、ある時点での結果にほかならず、それゆえ風土の研究にはこの構成過程の研究が不可欠となる。しかし、ベルクから見ると、和辻の風土論は、時間性と空間性、歴史性と風土性が相即するとしながらも、実際には発生のプロセスそのものである「通態化」を省みることなく風土の現象を考察している。そのかぎりで、歴史的な産物である社会的な秩序を自然の秩序のように見えさせてしまう、神話の機能が果たすのと同じ効果を、それは狙っているというのである。

また、和辻が「自然の感覚的な現れを何か抽象的な原理に還元するのではなく、そうした現れそのものに密着する」[11]傾向を強めている点に、ベルクは警鐘を鳴らす。実際、『風土』の本論にあたる箇所では、歴史的・風土的現象を存在論的に考察するのではなく、特殊で具体的な「風土の型」をいわば比較文化論的に展開している節が認められる。そこには、ヘーゲル（G.W.F.Hegel）の歴史哲学の二元的な原理の展開との対比において、特殊なものを特殊なままに認める文化多元論に道を拓く豊かな可能性が認められるとも言える。しかし、ベルクが指摘するように、構成過程を考えることなしに風土性を考えることは歴史の産物である風土をあたかも自然の秩序のように見えさせることになるが、このような偏向が、和辻自身の意に反して、彼の記述を自然による歴史や文化の決定論に傾かせているようにも見える。さらに、和辻は「特殊な風土現象の直観から出発して人間存在の特殊性に入り込もう」とするが、一定の社会がその環境と取り結ぶ関係ではなく、彼の旅の「直観的な印象」を「風土性の具体的地盤」と取り違えてしまっている節が見受けられなくもない。その結果、カント（I.Kant 1724-1804）がヘルダー（J.G.Herder 1744-1803）の「人間の精神の風土学」を「学的労作ではなくして詩人的想像の産物に類したものとなってしまった」[12]と批評していることが、皮肉なことに、その危険をあえて承知の上で挑んだ和辻の『風土』にそのまま当て嵌ってしまっている、とも言える。

おわりに

和辻は、『倫理学』序論冒頭で、ヨーロッパ哲学に対する彼の批判の要点を次のように宣言している。

倫理学を〈人間〉の学として規定しようとする試みの第一の意義は、倫理を単に個人意識の問題とする近世の誤謬から脱却することである[13]。

これは、デカルトからカントを経てハイデガーに至るまでの近代ヨーロッパの人間観、つまり「個人主義的人間観」を訂正し、人間存在をまさに人と人との「間柄存在」として捉え直すことを宣言したものである。このような立場から語りだされる和辻の「風土」は、「主体的な人間存在（間柄存在）の表現として」、主客の明確な分離以前の基層的な体験において、親密性、あるいはまた敵対性の相貌をおびてたちあらわれてくる、時間や歴史の重層をもそのうちに含み込んだ「生きられる時空複合体」以外の何ものでもない。

その際、和辻は「日常直接の事実」としての「風土」にあくまでも寄り添おうとする。ここにハイデガーの発想との、ひいては近代ヨーロッパの発想との根本的な差異がある。しかし、それはベルクが批判するように、構成過程を考えることなしに風土性を考えることにほかならず、歴史の産物である風土をあたかも自然の秩序のように見えさせることにもなる。そして、そのことが、和辻の記述を自然による歴史や文化の決定論に傾かせたばかりか、自然の感覚的現れそのものに密着させもしたのである。

しかし、私たちはここに次のような逆説（paradox）を認めるべきだと思われる。例えば、ベルクが批判している「自然の感覚的現れを何か抽象的な原理に還元するのではなく、そうした現れそのものに密着する」傾向（これを日本的なもののひとつと言ってよいと思われるが）に認められるような、和辻をしてヨーロッパの近代哲学への批判を可能とした当のもの、言い換えれば、普遍的なもののモデルとされる欧米的なもの（＝科学・技術主義）の特殊性を照らし出し、それを相対化する当のものが、同時にまた和辻の哲学の限界を示し、その特殊性・相対性を照らし出すことにもなっているという逆説である。あくまでも和辻のヨーロッパ哲学批判に傾聴すべきものがあるという前提に立ってのことであるが、『倫理学』、『風土』に代表される和辻哲郎の哲学には、特殊性を超えて普遍性に繋がる可能性と特殊性に閉塞する限界とが、しかも切り離せないかたちで示されている。こうして、私たちは冒頭のハイデガーの問題提起へと再び引き戻される。

人間存在について語ることは、日本語、英語、フランス語、ドイツ語などそれぞれ特殊な言語で語ることである。中立的もしくは架橋的概念を供給しうるような言語が、それら特殊な諸言語を超えたところに存在するわけではない。したがって、私たちとしては、特殊な諸言語を架橋する解釈ではなく、特殊な諸言語間を横切る解釈をこそ、そして、その種の解釈に必要な特殊な諸文化間の対比・比較をこそ、探究するべきだと思われる。そして、日本語の特殊性にこだわった和辻哲郎の哲学は、そのような解釈、対比・比較の可能性を私たちに示唆していると言えないであろうか。ここに、私たちは和辻哲郎の哲学のポテンシャルを認めてよいであろう。最後に、還元・構成・破壊からなる解釈学的方法について和辻自身が解説している箇所を引用して、この論を締め括りたい。

> 日常的表現における伝承的なるものをその作られた源泉に返し、批判的に掘り起こさなくてはならない。そこには恐らくまず人間存在の特殊性が見いだされるであろう。しかし特殊性の自覚こそ特殊性を超える唯一の道である。それによってかえって解釈学的方法の歴史的風土的制約が打ち克たれるのである。なぜなら、歴史的風土的に限定せられた表現から出発しつつ、しかも直ちに普遍的な人間存在の構造を解釈し出したと自信するとき、この方法は歴史的風土的制約のただ中に陥ってしまうからである。そこで解釈学的な破壊は伝統を発掘することによってかえってそれぞれの特殊性を正しく把捉し、またそれによってかえって根源的に人間存在の構造を構成し得るのである[14]。

注

[1] Martin Heidegger, Aus einem Gespraech von der Sprache, Zwischen einem Japaner und einem Fragenden, (1953/54), in: *Martin Heidegger, Gesamtausgabe,* Bd.12, Vittorio Klostermann, Frankfurut am Main, 1985.
マルティン・ハイデッガー『ことばについての対話』(手塚富雄訳)［ハイデッガー選書21］理想社、一九六八年。

[2] *Ibid.* S.82（翻訳、六頁)。

[3] *Ibid.* S.83（翻訳、七頁)。

[4] *Ibid.* S.83（翻訳、七頁)。

[5]『和辻哲郎全集、第10巻、倫理学、上』岩波書店、一九六二年、一三頁。

[6] 同上、三一頁。

[7] 同上、四七頁。

[8] 湯浅泰雄『和辻哲郎——近代日本哲学の運命——』ちくま学芸文庫、一九九五年、三四九—三五〇頁参照。

[9] 坂部恵『和辻哲郎』岩波書店、一九八六年、一〇五〜一一三頁参照。

[10] オーギュスタン・ベルク『風土の日本——自然と文化の通態——』(篠田勝英訳) ちくま学芸文庫、一九九二年、一八五頁。

[11] オーギュスタン・ベルク『日本の風土性』ＮＨＫ人間大学テクスト、一九九五年、二八頁。

[12] 和辻哲郎『風土——人間学的考察——』岩波文庫、一九七九年、二八頁。

[13]『和辻哲郎全集、第10巻、倫理学、上』岩波書店、一九六二年、一一頁。

[14] 同上、四九頁。

趣味の国民性をどう扱うか

――九鬼周造の日本、ベルクソンのフランス――

安孫子　信

1

趣味の国民性・民族性の問題を、ベルクソン（一八五九―一九四一）の『笑い』（一九〇〇年）と九鬼周造（一八八八―一九四一）の『「いき」の構造』（一九三〇年）を取り上げて考えていきたい。九鬼周造は、ベルクソンその人、さらにはフッサール、ハイデガーからも直接の薫陶を受けつつ、ヨーロッパで哲学を学んだ。帰国後には、「偶然性（contingence）」の概念に立脚した独自の実存思想を打ち立て、西田幾多郎らとともに哲学の京都学派を代表する一人となった。彼のそのような思想の全体像はただ今日は扱わない。ベルクソンについても同様で、彼の〈生の哲学〉の全体像は扱わない。以下では、二人の小著を、しかも趣味判断と国民性・民族性との関わりの観点だけから問題にしていきたい。

さて、趣味ということでふつう問題にされるのは、そのプライベートな性格である。趣味は皆に共有されるというわけにはなかなかいかない。趣味判断にも、ア・プリオリで普遍的な部分が存在しようが、我々が経験するのはむしろ、それが時代ごとに社会ごとに異なり、またグループ間、個人間でもきわめて多様で、ぎりぎりの場合、相互に伝達不可能でさえあるということである。この伝達不可能ということでは、「感じないひとに感じさせるには際限のない苦労がいる」（『パンセ』ブランシュヴィック版、断章1）という、「繊細の精神」について語ったパスカルの言葉が思い出される。また、趣味は「区別（distinction）」の指標であり、それは個人と個人、グループとグループとを決定的に分かっているという、社会学者ブルデューの主張も思い出される。九鬼も趣味が通約困難な体験であることを語り、その際に、次のメーヌ・ド・ビランの言葉を引いている。「生来の盲人に色彩の何たるかを説明すべき方法がないと同様に、生来の不随者として自発的動作をしたことの無い者に努力の何たるかを言語をもって悟らしむる方法はない」（「い」、八五頁）。そしてこの点で、ベルクソンに関しても、自由について語る彼の次の言葉を引くことができるであろう。「多くの人たちはこのように生き、真の自由を知らないまま死んでいく」（時、一九九頁）。つまり、この一節の中の「真の自由」を何らかの趣味体験（たとえば「真のワインの味」）に置き換えても、おそらくはベルクソンをそう裏切ることにはならないと思うのである。

こうした趣味体験は排他的で閉じたものである。このことは趣味体験が一見広がりを持ち、ある一定のグループや社会に共有されている場合にもそうなのであって、その際には、当該の趣味を共有しているグループ・社会と、それを共有していないグループ・社会とが互いに排他的な関係に置かれることになる。問題となるグループ・社会が国民や民族であり、問題となる趣味が高度な価値――つまりは文化的・芸術的価値――に結びつくような場合には、当該グループ・社会の一員がそれについて語るときに、その排他性はどうしても〈文化ナショナリズム〉の主張にまで発展させられていくであろう。すなわち、そのとき、その趣味は誇るべきものであり、しかもそれに通じているのは彼らだけなのである。

こうして、趣味体験の閉鎖性は〈文化ナショナリズム〉の問題に我々を導いていく。自らもその一員である国民や民族の趣味体験について語るということと、〈文化ナショナリズム〉、この両者のつながりは避けられないものなのかどうか。もしこの両者の結びつきが不可避ならば、自国の趣味判断、ひいては自国の芸術・文化について語ることは決して〝客観的〟には行いえないことになろう。それは大なり小なり〈文化ナショナリズム〉に侵されざるをえず、〝国際的〟にはなりえないことになる。この問題を以下では、趣味判断をめぐる二人の哲学者の二つの小著、ベルクソンの『笑い』と九鬼の『「いき」の構造』の読解を通じて考えていきたいと思う。

2

ここでベルクソンと九鬼周造の関係について、改めてひとこと述べておきたい。一九二一年から一九二九年までのヨーロッパ遊学の間に、九鬼は前後二回（一九二四年秋—一九二七年春、一九二八年春—一九二八年冬）パリに滞在し、その間に二度ベルクソン宅を訪れている。九鬼に最も影響を与えた思想家がハイデガーだったにしても、九鬼が、日本人として、ベルクソンの最良の理解者の一人であり続けたことは動かないし、九鬼に対するベルクソンの影響も絶大なものであったことも確かである。

『「いき」の構造』に関してそれを言えば、「いき」というのも、まずは「生」であり、それは「息」、「行」であって、さらに「意気」を意味していた（「い」、九七頁）。「いき」は、「生理的」レベルから「精神的」レベルに至る「生きる」ことの全体を含んでいた（同上）。この小著の企図はこうして、ある意味でベルクソン流の〈生の哲学〉の展開だったのである。実際、この書と、ベルクソンの『笑い』との類似点は数多く存在している。内容的に見ても、『笑い』が扱う「滑稽（comique）」が、生の本来の「しなやかさ（souplesse）」によってあぶりだされた実生活上の「こわばり（raideur）」を笑うものだったとすれば、九鬼の言う「いき」も、「京阪の女の濃艶な厚化粧」を卑しむ江戸の「薄化粧」の様なのであり、「不粋」や「野暮」を笑う「いき」なのであった（「い」、五五頁）。そして、ベルクソンが、フランス喜劇の伝統中に傍証を固めつつ「滑稽」を論じたとすれば、九鬼が「いき」を論じるのは、文化文政期（一一代将軍家斉治下、一八〇四—一八二九）の江戸文化（浮世絵、人情本、歌舞伎）に深く沈潜しつつなのであった。「滑稽」も「いき」も、特定のグループ・社会の趣味体験と結びつき、そこでの具体例から、ベルクソンに言わせれば「理論的定義」としてではなく「親密な知識」の形で（笑一二頁）、九鬼に言わせれば「形相的」にではなく「解釈的」に（「い」、一九頁）、論じられていくのである。こうして、主張内容においても、また論の構成においても、両著は重なり合っており、九鬼がベルクソンの『笑い』の影響の下に『「いき」の構造』を構想したことは否めないことと推測される。

そうだとして、『「いき」の構造』と『笑い』が全体として与える印象はかなり異なる。「滑稽」も「いき」も趣味判断として一定のグループ・社会に結びつけられるが、このグループ・社会の扱われ方、押し出され方が異なるのである。この点では、両著書の末尾の一文が象徴的である。すなわち、『「いき」の構造』は、「「いき」の核心的意味は、その構造がわが民族存在の自己開示として把握されたときに、十全なる会得と理解とを得たのである」（傍点著者。「い」九六頁）という一文で終わっている。他方、『笑い』の末尾は、笑いを打ち寄せる波がぶつかり合い浜に残す「泡」に譬えつつ、波の「陽気さ（gaîté）」をではなく、波が残す海水の「苦味（amertume）」を言って終わるのである。すなわち、「それを味わうためにこの泡を採集する哲学者は、時としてそこに、ほんの少量だが、一抹の苦味を嘗めさせられるであろう」（笑一八二頁）。

九鬼の趣味論は言わば定石通りに、「いき」を「わが民族存在の自己開示」とみなすことで、つまりは〈文化ナショナリズム〉の心情吐露で終わるのであるが、ベルクソンにおいては、笑いの「しなやかさ」は、必ずしも社会の幸福な「自己開示」とは見なされず、笑いの「陽気さ」を称えてではなく、その「苦味」を言うことで論は終わるのである。こうしてベルクソンの趣味論においては、社会との関係で、距離が保たれることになっている。それはどうして可能になったのか。その経緯を確かめることが以下の課題である。しかしそれに先立って、まずは九鬼の〈文化ナショナリズム〉の、論としての当否確認から作業を始めたい。

3

この点での九鬼の立論はむしろきわめてシンプルである。「いき」が趣味体験として「民族的特殊性」を有することは、言語と民族との関係から主張されている。すなわち、言語と民族との関係について、まず、「民族の生きた存在が意味および言語を創造する。……一民族の有する或る具体的意味または言語は、その民族の存在の表明として、民族の体験の特殊な色合いを帯びていないはずはない」（『い』、一二頁）と主張される。言語は「民族の体験」の産物であり、「民族の存在」の忠実な映しとなっているのである。であるから、言語のあり方から遡って「民族の体験」のあり方を確認しうる。こうして、「いき」という趣味体験については、「もし「いき」という語がわが国語にのみ存するものであるとしたならば、「いき」は特殊の民族性をもった意味である」（『い』、一一頁）と言われることになる。そして実際に chic, coquet, raffiné といった語との比較がなされた後に、「「いき」は欧州語としては単に類似の語を有するのみで全然同価値の語は見出し得ない。従って「いき」とは東洋文化の、否、大和民族の特殊の存在様態の顕著な自己表明の一つであると考えて差し支えない」（『い』一七頁）と結論づけられるのである。

さてそうであるとして、そのような「いき」を理解し、「いき」について語るということはどう可能になるのか。それについては「抽象化」の反対の「存在会得」ということが言われることになる。九鬼は次のように言う。「意味体験としての「いき」の理解は、具体的な、事実的な、特殊な「存在会得」でなくてはならない。我々は「いき」の essentia を問う前に、まず「いき」の existentia を問うべきである」（『い』、一八頁）。この「存在会得」という形での「いき」理解の試みは、(A)内的に、「いき」の「意識現象」を探って、その(a)「内包」と(b)「外延」を明らかにしていく作業（第二章・第三章）と、(B)外的に、「いき」の「客観的表現」を、(c)「自然的表現」と(d)「芸術的表現」の順にたどっていく作業（第四章・第五章）とに分けて遂行されていく。

(A)「意識現象」としての「いき」の、(a)「内包」として示されるのは、その「質料」を形成する①「媚態」（異性との二元的関係）と、それの「形相」を形成する②「意気」（異性への反抗心）と③「諦め」（異性への不執着）である。「意気」は「武士道的理想主義」に、また「諦め」は「仏教的現実主義」につながるとも指摘される。「いき」の(b)「外延」を確定する作業は、「いき」を「上品／下品」、「派手／地味」、「意気／野暮」、「渋味／甘味」といった類似概念中で位置づけることでなされていく。次に、(B)「いき」の「客観的表現」の分析は、まずはそれの(c)「自然的表現」、つまりは「身体的表現」に即して行われていく。「いき」の表現が、全身、顔面、頭部、頸、脛、足、手にそれぞれ即して、西洋のデコルテの「野暮」に対する抜き衣紋の「いき」といった対比を通じて、示されていく。それの(d)「芸術的表現」でも議論の様は変わらない。絵画、彫刻、詩、模様、建築、音楽の順に、「いき」の表現が、たとえば横縞より縦縞のほうが「いき」――なぜなら、二元の対等性、二元の乖離性、重力に沿った軽味という、①「媚態」、②「意気」、③「諦め」に重なる三点で、縦縞の方が優るから――といった議論で示されていく。

ただこのような徹底した説明作業も、実は、「いき」という趣味体験を開きはしないのである。この作業の果てに九鬼が主張するのは、このような作業は「存在会得」へ導くものでは決してなく、それは逆に「存在会得」を前提にするということであった。すなわち、まず、(A)「意識現象」としての「いき」に認められた、「内包」としての三つの概念（①「媚態」、②「意気」、③「諦め」）も単に「契機」であって、「概念的契機の集合としての「いき」と、意味体験としての「いき」との間には、超えることのできない間隙が［やはり］ある」（［ ］は引用者。「い」、八七頁）のである。「日本文化に対して無知な或る外国人に我々が「いき」の存在の何たるかを説明する場合に、我々は「いき」の概念分析によって、彼を一定の位置に置く。それを機会として彼は彼自身の「内官」によって「いき」の存在を味得しなければならない。……概念分析は、……「機会原因」よりほかのものではあり得ない」（「い」、八七―八八頁）と言われるのである。同じことは(B)「いき」の「客観的（自然的・芸術的）表現」を扱う際にも言われている。「客観的表現は「いき」の象徴に過ぎない。……。……これらの客観的形式は、個人的もしくは社会的意味体験としての「いき」の意味投入によって初めて生かされ、会得される」のである（「い」八九頁）。つまり「「いき」の研究をその客観的表現としての自然形式または芸術形式の理解から始めることは徒労に近い」のであり、まず「意識現象としての「いき」の意味」を「民族的具体」において前もって「会得」していなければ「客観的表現」の理解は始まらないのである（「い」、九二頁）。

こうして、「いき」は改めて「民族的特殊性」に閉じていることが確認される。「いき」の研究は、それの先行的理解に立脚し、それを解釈するという形でのみ成立しえるのである。つまり、「「いき」の研究は民族的存在の解釈学としてのみ成立しえる」(「い」、九二頁)。これは〈文化ナショナリズム〉に人を導いていかざるをえないことであろう。

4

しかし九鬼のこの「民族的特殊性」の主張は言わば二つの弱点を有していた。彼自身がそれを認め反撃を試みている。まず第一に問題となるのは、「いき」は本当に「民族的に規定」(「い」、八七頁)されているのかということである。たとえば九鬼自身が、「いき」とボードレール『悪の華』の「ダンディズム」の近さを問題としている。「かようにダンディズムは「いき」に類似した構造をもっているには相違ない」(「い」、九三頁)。すなわち、ボードレールの「わが心、諦めよ」などの句は「諦めの気分を十分に表している」し(③「諦め」の条件に対応)、「ダンディズムは退廃期における英雄主義の最後の光であって……熱がなく、憂愁に満ちて、傾く日のように壮美である」はボードレール自身の言葉であって、ここには「意気地」もこめられているのである(②「意気」の条件に対応)(「い」、九三頁)。「しかしながら、……」と九鬼は続ける、「[ダンディズムは]ほとんど男性に限り適用される意味内容である。それに反して「英雄主義」が、か弱い女性、しかも「苦界」に身を沈めている女性にまでも呼吸されているところに「いき」の特殊がある」([ ]は引用者。「い」、九三頁)。

ただしこのような反論はまた別例によって崩されるであろうし、九鬼はさらに後退を余儀なくされていくであろう。そこで彼は次のような最後の防衛線を設定することになる。すなわち、「例外的に特殊の個人の体験として西洋の文化にも「いき」が現れている場合があると仮定しても、それは公共圏に民族的意味の形で「いき」が現れていることとは全然意義を異にする」(「い」九四頁)。ここでは民族の体験を個人の体験から分け、前者については改めて、「いき」に該当する語が西洋にはないことを上げて、九鬼は、「いき」=「民族的特殊性」の主張の維持を図るのである。ただここでは「いき」が、所属グループの如何を問わず、すぐれて「個人の体験」となりうると認められている点が重要であろう。

さらに第二に、ここで九鬼はこんどは内側からの脅威にも触れざるをえないことになる。「民族的体験」としての「いき」を口にするのはいいとして、そのようなものが事実なお存在していると言い得るのか。「我々は抽象的、形相的の空虚の世界に堕してしまっている「いき」の幻影に出逢う場合があまりにも多い。そうして、喧しい饒舌や空しい多言は、幻影を実有のごとくに語る」（「い」、九四—九五頁）と、九鬼自身が認めるのである。現実の民族集団に見出されるのは「いき」の「幻影」であり、「出来合いの類概念によって取り交わされる flatus vocis（声の息、無意味な音）」である。真の「いき」はそれではどこにあるのか。それは「かつて我々の精神が見たもの」（「い」、九五頁／『パイドロス』二四九c参照）、「想起」されるべきものであり、「個別的特殊」であるとは言え、「理想主義的非現実的」なものとしてある、と指摘されている（同上）。それの本体は「「意気地」の自由」である。「運命によって「諦め」を得た「媚態」が「意気地」の自由に生きるのが「いき」である」（傍点筆者。同上）。「いき」は「魂の自由」なのであり、我々はそれを「憧憬」し、それに対して「熱烈なエロス」を持ち続けなければならないと説かれるのである（同上）。こうして、かつては「恋の真剣と妄執」（「い」、二八頁）を「野暮」として退けた「いき」が、ここでは自身が「幻影」に化すことを回避すべく、「熱烈なエロス」を求めている。九鬼はここでなお「民族」を言うが、「いき」をこうして支えるのは民族一般ではない。それは「民族的自我」（「い」、九七頁）と言われるようなものであり、「魂の自由」、「熱烈なエロス」の主体であるようなものである。それは助六や揚巻（「い」、二四頁）といった、現実の民族社会の下では、反社会的でさえあるような「自我」のことであろう。ここでも「いき」は、むしろすぐれて「個人の体験」とならざるをえないものになっているように見えるのである。

5

さて、九鬼の論のこの事情はベルクソンの『笑い』が解明してくれよう。ここではまず、『笑い』には『「いき」の構造』とは違って「民族的特殊性」といったことへの固執がない、ということの意味を考えたい。このことについては、〝それは当然だ。「いき」はいかにも日本的なものであるが、それに対して、「笑い」や「滑稽」は万国共通のものだ〟という主張がすぐになされよう。ただしこの主張には留保を述べなければならない。すなわち「滑稽」はまさにローカルなもので閉じているというのがベルクソンの主張であった。ベルクソンによれば、「多くの滑稽な効果は一つの国語から他の国語に翻訳することのできないものであり、従って一つの特殊社会の習俗なり観念なりと相関的なもの」なのである（笑、一六頁）。「笑いは常に集団の笑いである」が、その集団は常に「囲われている」（笑、一五頁）。だからこそ『笑い』はもっぱらフランス喜劇を論じているのであり、だからこそ言語の違いも尊重して、フランス的「機知（esprit）」はイギリス的「ユーモア（humour）」と区別して論じられるのである（笑、一一九頁）。こうして『笑い』も、原理的には、「民族的特殊性」を掲げるものとなりえた。しかしそうはならなかった。それはなぜなのか。

ここで重要なのは、のちに『道徳と宗教の二源泉』（一九三二年）で展開される（すでに『笑い』でも前提されている）、「閉じた社会（société close）」と「開いた社会（société ouverte）」の区別である。ベルクソンによれば、小さくは夫婦・家族から、村落・市街を経て民族・国家に至るまでの共同体はすべて「閉じた社会」である。排他的な「特殊性」といったことは、これら「閉じた社会」にのみ言われる。他方「開いた社会」は、全人類的なものであり、そこには閉じた要素、つまり「特殊性」は存在しない。この「開いた社会」はいかにも理念的でユートピア的なものと見なされるかもしれないが、ベルクソンに従えば、芸術や、彼が言う「開いた道徳（la morale ouverte）」、「動的宗教（la religion dynamique）」の価値を担うものとして、それはすでに実在している。

こうして同じく社会と言われながら、この二つの社会には広がり方だけではない、本性の違いが存するとさらに主張される。すなわち、ここで功利的価値と功利性を超えた文化的価値を区別すれば、文化的価値は「開いた社会」についてのみ言われうるのであり、「閉じた社会」をベースにしたものについては、それがどれほど文化的装いをこらそうとも、当該集団の自己保存を目指す功利的で生物学的な価値しかそこにはない、と主張されるのである（「閉じた道徳（la morale close）」、「静的宗教

（la religion statique）」の評価）。『笑い』が力説するのもこの点である。それは「開いた社会」にのみ成立する「芸術（art）」（「悲劇（drame）」）と、「閉じた社会」に成立する「技巧（artifice）」（「喜劇（comédie）」）とを明確に区別して論を進めている（笑、六六頁）。「喜劇」は、社会（「閉じた社会」）が、自らの円滑な自己保存に支障をきたしかねない「こわばり」とみなす、成員のある振る舞いを、「笑う」（あざ笑う）ことで、自らに好都合な「しなやかさ」の状態に「矯正」するためのものなのである。つまり「こわばり（滑稽）／しなやか」という趣味判断は、社会の自己保存という功利的・生物学的目的に従属している。こうして、それが日本であれ、フランスであれ、「閉じた社会」を冠として置くとき、ベルクソンによれば、そこで文化や芸術は持ち出せないということになる。そこで言われうるのは高々、生物学的なもの、その社会の、ときに上首尾な、ときに不首尾な自己保存に関わることのみということになる。

真に文化的・芸術的なものは「閉じた社会」を超えるものであり、「開いた社会」にのみ見出される。ただし「閉じた社会」を超えていくという、事柄のこの移行の側面（ベルクソンでは「跳躍（élan）」）を担うのは、例外的な個人、「個性」なのである。このことをベルクソンは、「悲劇」（「芸術」）は『ハムレット』であれ、『マクベス』であれ固有名詞をタイトルとするのに対して、「喜劇」（「技巧」）は『守銭奴』、『人間嫌い』など一般名詞をタイトルとしているという事実と重ね合わせて説明している（笑、一四八頁）。それが人間のタイプとしてのものであれ、一般性は「こわばり」であり「滑稽」とみなされるのに対して、真の「個性」は前例も同類も持たず、現実を踏み砕いても（「悲劇」）、創造していく他はない。芸術を担うのはそのような個なのである。

それでは改めて、芸術を担う個が「開いた社会」とつながるということ、それはどう説明されるのか。ベルクソンの説明は以下である。「ハムレットという人物ほど特異なものはない。……。しかし彼は普遍的に受け入れられており、生きていると普遍的に見なされている。彼が普遍的真をもっているのは、ただこの意味においてのみである。他のどの芸術作品についても同様だ。そのいずれもが特異なものである。……。なぜ人はそれを受け容れるのか。それを真実なものであると我々が認めるのは何においてか。思うに、我々もまた真摯に物を見るようそれが我々に促す努力においてである。真摯（sincérité）は伝達性のものだ」（笑、一四九頁）。芸術は「特異」であるが、「特異」さが抱え持つ「真摯」さゆえに、個から個へと垣根なく伝わるのである。生物学的生存のための相互に排他的な垣根とは、芸術は本来無縁である。芸術的価値にとって「民族的特殊性」は無意味なのである。

6

こうして「滑稽」や「こわばり／しなやか」といった趣味判断について、徹底してフランス的文脈で論じながら、ベルクソンが「フランス的特殊性」の論をそこで展開しなかった理由も明らかである。フランス（「閉じた社会」）というエンティティは文化・芸術といった価値とは無縁だからである。「滑稽」や「こわばり／しなやか」について言えば、「それらの無作法（こわばり）に対して社会は笑いをもってやり返しているのであるが、その笑いたるやさらにはげしい無作法なのである。だから笑いは大いに好意的なものは何ら持っていないであろう。それはむしろ悪に報いるに悪をもってするであろう」（笑、一七六頁）と言われているように、社会はそこで自己保存のために、自分にとっての「無作法」の矯正に励んでいるだけであって、そこに誇るべき何ものもないからである。

九鬼が『「いき」の構造』ではなく『「やぼ」の構造』を書いたならば、ベルクソンの『笑い』がそうであったように、それは、「民族的特殊性」を掲げる代わりに、事柄により即した、日本という「閉じた社会」についての生物学的・社会学的研究となったであろう。「意気／野暮」は、確かに趣味判断であり、一定美学的領域との接点を有しようが、ベルクソンに従えば、それは根本においては社会の「矯正」ルールに過ぎないのであり、社会の円滑化を目指す生物学的・功利的な価値を有するだけなのである。そして逆に、「いき」をあえて文化的・芸術的価値と結ぼうとするならば、九鬼自身が最後にはそう導かれているように、我々は「民族」ではなく「個性」を持ち出さなければならなくなるであろう。こうしてベルクソンに従えば、極言すれば、〝日本の芸術〟、〝日本の文化〟といったことは無意味である。もしそれが芸術・文化に関わるならば、我々はそこから〝日本〟を取り除かなければならない。それは「日本学」の対象とはならない。「日本学」を言うならば問題は生物学的・功利的なものにとどまる。九鬼は（あるいは、ここではむしろ九鬼が従っている「ディルタイ、ハイデガーは」と言うべきかもしれないが）、「民族的特殊性」を言うとき、生物学的なものと、文化的なものとを混同する誤りを犯した、ということになるのである。

文献

・ベルクソン著・林達夫訳『笑い』岩波文庫、岩波書店、一九三八年［略号：笑］。
・ベルクソン著・中村文郎訳『時間と自由』岩波文庫、岩波書店、二〇〇一年［略号：時］。
・九鬼周造『「いき」の構造、他二編』岩波文庫、岩波書店、一九七九年［略号：「い」］。
・『九鬼周造全集』全11巻＋別巻、岩波書店、一九八一―八二年。
・坂部恵『不在の歌――九鬼周造の世界』ＴＢＳブリタニカ、一九九〇年。
・大東俊一『九鬼周造と日本文化論』梓出版社、一九九六年。
・田中久文『九鬼周造――偶然と自然』ぺりかん社、一九九二年。
・坂部恵・藤田正勝・鷲田清一編『九鬼周造の世界』ミネルヴァ書房、二〇〇二年。
・Pincus. L. *"Authenticating Culture in Imperial Japan - Kuki Shuzo and the Rise of National Aesthetics"* (California UP,1996).

「国際日本学」とは何か

——「翻訳」から見えてくるものを手がかりに——

星野　勉

はじめに

二〇〇五年一二月一日—三日、パリ日本文化会館を会場として、国際シンポジウム「日本学とは何か——ヨーロッパから見た日本研究、日本から見た日本研究——」が、内外の日本研究者一九名の参加を得て開催された。これは、外国の日本研究事情についてのたんなる情報交換を越えて、日本という内からの視点とヨーロッパという外からの視点の双方から日本研究を検証し、それを通じて「日本学とは何か」を問う、きわめて実りの多いシンポジウムであった。

このシンポジウムで、私たちは、日本研究を内外で分かつ溝は何であるか、そして、その溝を架橋することは可能であるか、という問いに直面しながら、内外に開かれた「日本学」、すなわち「国際日本学」の可能性を模索するという難題に取り組んだ。ところで、異なる文化的背景をもつ内外の研究者が日本文化について学問的な対話を交わすことができるためには、その前提として、異文化理解の可能性が担保されていなければならない。すなわち、「国際日本学」の構築をはかるためには、それに先立って、異文化理解の可能性の問題に決着を付けておかなくてはならない。そして、パリでのシンポジウムは、異文化間の対話の現場に身を置きながら、異文化理解の可能性を探究し、内外に開かれた「日本学」、すなわち「国際日本学」の構築をはかるという、チャレンジング（challenging）な学問的実践であった。

そこで提起された問題は、その後、研究会、ワークショップ等を通じてさらに深化され、二〇〇六年一一月一八、一九日の法政大学における国際シンポジウム「国際日本学――ことばとことばを越えるもの――」に引き継がれた。本稿は、こうした経緯を踏まえ、「翻訳」から見えてくるものを手がかりとして、「国際日本学」の構築に向けての一つの提言を試みようとするものである。その際、日本研究を内外で分かつ溝は何であるか、その溝を架橋することは可能であるか、そして、可能であるとすればどのようにしてか、という「国際日本学」の成否にかかわる問題に、異なる「枠組み」のあいだでの文化理解、「翻訳」の可能性・不可能性という、より根本的な問題にアプローチするなかで、答えていきたいと考えている。

1 「翻訳」における意味の「置換」と「創造」

❖――1．意味の「置換」

物の流通から始まって人的な交流に至るまで、異文化との出会いは様々でありうるし、異文化の受容も様々な仕方でなされうる。日本は古来より中国大陸から朝鮮半島経由で先進的な外来文化を受容することによって文化的伝統を培ってきたが、受容先が中国から西洋諸国へと変わったとはいえ、明治維新以降についても、文化形成のこのようなあり方は変わっていない。ここでは、日本が外来文化と出会い、それを受容するに当たって、「翻訳」がきわめて重要な役割を果たしてきたという事実に注目し、「翻訳」という作業において、何がなされているのか、あるいは、何が起こっているのか、これを解明したい。

私たちは、あらゆるものを一つの言語から別の言語へと直接移し換えることができると素朴に信じており、それを叶えるのが「翻訳」であると考えている。そのかぎりで、「翻訳」とは、一つの言語のことばを別の言語のことばに置き換えること、すなわち、意味の「置換」であると定義される。この場合、置き換えられたことばの意味の等価性を保証する、諸々の言語・

文化に共通の「枠組み」が存在することが自明視されている。たとえば、英和辞典には、ほとんどあらゆる英単語に意味が等価であるとされる日本語があてがわれているが、それはそのような等価性を保証する何ものかが当てにされているわけである。そして、「翻訳」がこのようなものと解されるかぎり、「翻訳」の良し悪しは、それがどれだけもとの意味を正確に置き換えることができているかどうか、換言すれば、どれだけもとの意味を忠実に模写（コピー）することができているかどうか、ということに懸かっている。

しかし、「置換」における意味の等価性は、あくまでも、諸言語に共通の「枠組み」が存在するという想定のもとで目指される理念以外の何ものでもない。逆に言えば、異言語間に共約（＝翻訳）不可能な断絶が存在しうるということを否定する根拠は何もない。実際、現実の「翻訳」において認められるのは、意味の等価性であるというよりは、むしろ、意味のズレ、すなわち、誤解、誤読、誤訳であり、そもそも翻訳されたことばがもとのことばの意味を忠実に複写（コピー）するということはない。イタリアの哲学者、ベネディット・クローチェ（一八六六―一九五二）がいみじくも言い得ているように、「どんな翻訳も裏切りのようなものである（Traduttore-traditore）」。

❖―――― 2．意味の「創造」

「翻訳」とは、定義上、意味の「置換」である。しかし、もとの意味を正確に置き換えるという意味での「翻訳」は現実にはありえない。とすれば、現実の「翻訳」において、いったい何がなされているのであろうか、そして、何が起こっているのであろうか。

柳父章は、翻訳とは、一方の言語のなかにも他方の言語のなかにもなかった、もう一つのことばの創造という「新しい出会いの出来事」[1]であると言う。つまり、翻訳において、原語と翻訳語がもともと持っていた意味がいったん失われるが、それを通じて翻訳対象となる言語内に原語と翻訳語のもとの意味とは違った新しい意味が生み出される、というのである。こうして、「翻訳」とは、翻訳対象となる言語内に、もとの言語表現と翻訳された言語表現の双方がもともと持っていた意味とは違った意味を創造することである、と定義される。

この点を、たとえば、「哲学」という翻訳語について確認したい。

「哲学」という言葉は、明治初年の段階で、西周によって、英語の「philosophy」の訳語として作られた。「philosophy」は、ギリシア語の「philosophia」に由来し、「知恵を愛する」という意味の言葉である。そこで西周は、周濂渓の「士希賢（士は賢を希う）」（『通書』志学）にならい、賢哲の明智を愛し希求するとの意で、はじめ「希哲学」（哲智すなわち明らかな智を希求する学）と訳し、後に「哲学」と定めた（『百一新論』一八七四年）。西周は、草創期の明治政府の知的指導者の有力な一人であったから、この「哲学」という訳語はやがて文部省の採用するところとなり、以来日本で一般に用いられることになった[2]。

「翻訳」とは、一般的にはもとの言語表現を翻訳対象となる言語の側のそれに対応する言語表現に置き換えることであると理解されている。では、当時の日本において英語の「philosophy」に対応するものは何であったであろうか。それに対応するものがまったくなかったわけではない。あえて言えば、朱子学がそれであったであろう。しかし、啓蒙思想家でもあった西周にとって、「philosophy」は旧来の学問体系である朱子学に取って代わるものでなくてはならなかった。だからこそ、『百一新論』において、彼は、「philosophy」が学問の中核をなすものとして希求されなければならない、そして、「philosophy」に対応するものが新規に創り出されなくてはならないと説いたのである。その意味で、「philosophy」に相当するものは、日本にそのままのかたちでは存在しないというわけである。

また、英語の「philosophy」は、「哲学」ということばに翻訳されることによって、もとの意味から微妙にずらされてもいる。西周自身は、コントの実証哲学の影響下においてではあれ、「philosophy」の意味を比較的正確に理解していて、「哲学」には「学の蘊奥《うんのう》を究める」ことが必要であるとも説いている。しかし、「哲学」という翻訳語は、既存の知の体系を批判し、より深い知を希求していくという意味での「希」という文字を削ぎ落とすことによって、出来合いの知の体系を学ぶこととという誤解に通じる道を開いた。実際、明治時代以降の日本の哲学研究者の多くは、西洋の哲学・思想の受容と紹介に明け暮れていた。したがって、翻訳語「哲学」は英語の「philosophy」のもとの意味を忠実に表現するものと言い切ることもできない。日本にも西洋にもそれにぴったりと対応するものがないという意味では、翻訳語「哲学」が表現しようとしたものは一つの「虚構（フィクション）」であると言ってよい。

しかし、あろうことか、この「哲学」という用語が人口に膾炙するのに応じてこの「虚構（フィクション）」に合わせて現実が創り出されていった。その意味で、創造もしくは捏造はことばの上だけのことには止まらない。実際、「哲学」という翻訳語の成立にともない、「哲学」なるものが、西洋の哲学・思想の旺盛な受容を通じて一つの学問領域として確立されていった。それが西洋の哲学・思想の受容と紹介に明け暮れるものであったとしても、そのかぎりでまた西洋の「philosophy」と似て非なるものであったとしても、「哲学」という翻訳語の成立とともに「哲学」という学問が日本に創出されたのである。

もっとも、カール・レーヴィットは、この西洋の哲学・思想の摂取、受容が、「まるで文化と文化が任意に組み合わせられ、善いところを引き取って悪いところを返す」[3]ところの摘み食いでしかなく、したがって、自分を自分自身から遠ざけ、自分から離れたところから、異文化（＝他者）と出会い、そして、自文化（＝自己）へと還っていくことがないかぎり、問題を孕んでいると指摘している。それゆえに、西洋文化の摂取、受容に認められる「異質なものの自己化」が、日本文化の本当の意味での「変容」であるのか、それとも、それは単なる「見せかけ」に過ぎないのか、という疑問が別の論者によって投げ掛けられることにもなる。

ここで問題となるのは「ある異質なものの自己化」の試みである。ある一定の思考様式と別の思考様式との統合の問題であるのか。それとも西洋で開始された思考を、日本で続行することが問題なのか。それともよく主張されるように総合が問題なのか。この場合、総合とは何を意味するのだろうか。それとも改良なのか。質的な「建て直し」が問題なのか。そしてここでも、西洋のいかなる観察者も、東洋のいかなる観察者もそのことを決めることができない、という認識論的な憶測は依然として効力を有している[4]。

「異質なものの自己化」によって、本当のところ何が意図されているのか、そのことを、西洋の観察者も、日本の観察者も答えることができない。しかし、そうであるとすれば、「異質なものの自己化」において、西洋文化との本当の意味での出会いは起こっていないのではないか。いや、それればかりか、それは、外来の思想を歪曲する歴史、つまり、本物から逸脱していく歴史だったのではないか。このような疑念を払拭することができないというわけである。

しかし、それが本家本元である西洋の文明・文化の歪曲とそれからの逸脱であったとしても、明治維新以降の日本の近代化のプロセスとは、「翻訳」を介して西洋の文明・文化を摂取し、受容すること以外の何ものでもなかった。しかも、このような事情は明治以降の時代に限られるわけではない。近代以前にも、日本は、歪曲と逸脱への可能性を孕む「翻訳」を通じて、中国大陸から先進的な外来文化を摂取し、受容することによって、文化的な伝統を形成してきた。その意味で、このいわく付きの「翻訳」の問題を差し措いて、日本の文化およびその生成過程を理解することはできないと言わざるをえない。

2 「翻訳文化」としての日本文化

❖――― 1．「翻訳」＝選択的受容

日本は、近代以前は中国大陸から、近代以降は西洋諸国から、進んだ外来文化を摂取、受容することによって文化的伝統を形成してきた。丸山眞男は、この近代以前の中国大陸からの文化受容のあり方を、大陸との「遠すぎず・近すぎず」という地理的な距離のゆえに、一方が他方を呑み込むいわゆる「洪水型」ではなく、「雨漏り型」であったと説明している[5]。そして、

「雨漏り型」であったがゆえに、日本は、文化の受容にあたり、併呑もされず、無縁にもならず、大陸文化に「改造措置」を講じる余裕をもつことができた。そして、この「改造措置」を介する「選択的受容」を担ったのが、意味の置換を目指しながらも、同時に意味を創造もしくは捏造するところの、いわく付きの「翻訳」にほかならない。

ところで、日本人は、もともと和語を持ってはいたが、それを表記する記号を持ち合わせてはいなかった。そこで、古代日本人は、中国から漢字を受容し、それを万葉語として使用するようになった。当初は、表音的な使い方と表意的な使い方とが混在していたようであるが、やがて、表音文字としての漢字は、平仮名や片仮名へと変容を遂げ、和語を表記する記号として日本語化されていった。また、日本語に取り入れられた「漢字（Sino-Japanese）」には、音読みと訓読みとがある。そのうち、訓読みは、漢字に和語を当てることによって、漢字を日本語のなかに取り込む機能を果たしている。これに対して、音読みは、受容した漢字が本来外来のものであるという素性を、すなわち「中国文字（Chinese characters）」であるという素性を表している。漢文を日本式に読む「漢文訓読（読み下し文）」もまた「選択的受容」の典型的な例であり、中国語のテクストを日本語に読み替えるという意味で、一種の「翻訳」であると言うことができる。

中国文化を受容するにあたって、丸山眞男の分類では「洪水型」ということになるが、中国の言語体系をそのまま取り入れていたら、どうなっていたであろうか。また、明治時代以降の近代化のなかで、手っ取り早く西洋文明を受け容れるために、いっそのこと日本語を廃止して英語を採用するべきであると、後に初代文部大臣に就任することになる森有礼によって主張されたが、そのとき実際に英語を全面的に取り入れていたら、どうなっていたであろうか。そのように思いをめぐらしてみると、「翻訳」という装置は、一見いわく付きのように見えて、外来の文化を受容しながらも、それに併呑されることなく、それを自己化するという意味で、日本文化の形成と伝承とにおいて、きわめて重要な役割を果たしてきたことが判明する。

「翻訳」によって外来文化が受容されるが、そのさいの受容は全面的受容ではなくて「選択的受容」である。「翻訳」においてまったく等価なものを自国語に置き換えることが理念的には目指されているが、現実には、置き換えられた意味がもとの意味とまったく等価であるということはありえない。もとの意味とまったく等価ではありえないという、「翻訳」の理念から言えば否定的な事態の根底において、自覚的であるにせよ、無自覚的であるにせよ、独自の「解釈」が行われているのである。

もっとも、日本文化において「翻訳」が重要な役割を果たしてきたということには、日本が世界の中心にではなく周縁に位置していて、文明・文化を発信する側にではなく、それを江戸以前は中国から、明治維新以降は西洋諸国からひたすら受信する側にあったという事情が絡んでいる。したがって、外国語から日本語への「翻訳」は、その外国が中国であっても、西洋諸国であっても、常に文化の「一方通行」の手段であった。日本文化の特性を考える上で、この点も忘れてはなるまい。

❖――――2.「翻訳文化」への違和感

漢字の訓読みは、漢字を日本語のなかに取り込み、それを日本語化する。それに対して、音読みは、漢字の外来語としての素性（＝中国語）を表現し続ける。その意味で、私たち日本人が普段使用している漢字それ自体が、日中という異言語間の重なり合いを体現している。また、「漢文訓読（読み下し文）」というやり方で、中国語のテクストを日本語に読み替えてきたが、現在私たち日本人が普通に用いている「漢字仮名混じり文」は、この「漢文訓読」に由来している。そのかぎりでは、日本語それ自体が、いわば純正のものではなく、混成的なものである。

日本文化は、近代以前は中国から、近代以降は西洋諸国からひたすら異文化を「翻訳」を通じて受容することによって形成されてきた混成文化である。いや、そればかりか、「漢字仮名混じり文」からなる日本語それ自体が混成的なものである。それゆえ、外来のものを徹底的に排除していって、そこに日本固有のものを求めるとすれば、丸山眞男の言うように、「ラッキョウの皮を剥くのと同じ操作にならざるをえない」[6]。しかし、日本の文化的伝統には、そのような「翻訳文化」への違和感、混成的な日本語そのものへの不信のようなものが底流にあることもまた事実である。

翻訳文化に対する違和感は、たとえば、遣唐使廃止後の平安時代に、また、鎖国下の江戸中期から末期にかけて「国学」が登場した時期に、顕著に現れている。なかでも、本居宣長（一七三〇―一八〇一）らの唱えた「国学」は、儒学を中心とする翻訳思想を異物として意図的に排斥し、儒教、仏教の影響が及ぶ以前の、日本古代に見出される「古道」に日本文化に固有のものを認めようとする点で、この違和感をもっとも顕著に示している。しかし、それにはっきりとしたかたちを与えようとすると、神道の世界像の再構成を試みた平田篤胤（一七七六―一八四三）がそうであったように、ひそかに外来思想を取り入れて、儒教、仏教はもとより、キリスト教までも抱擁した「汎日本主義」を唱えることにもなりかねない。しかし、もともと日本文化に固有なものとは、むしろ異質なものを介してはじめて分節化されてくるものである。

日本的思考は、他が放棄されれば自分に最も固有なものを放棄してしまうほど、それほど根本的な仕方で他に身を捧げて来たし、また今日でもそうである[7]。

「日本的思考」は、近代以前であれば、仏教、儒教、道教、そして、明治維新以降であれば、キリスト教を含む西洋の思想の受容を抜きにして語ることができない。日本に固有のものとされている神道でさえ、それが体系的な教義のかたちを取るにあたっては、外来の思想との習合を必要とした。良くも悪くも、この混成的なあり方が「日本的思考」に固有なものである。しかし、外来の文化や思想が受容されると、それに対する違和感が示され、強力な「変容」を被ることも事実である。そして、一方で外来文化を積極的に受容しながら、他方でそれに違和感を示しつつそれを強力に「変容する」という、相反する二つの側面、ここに日本文化の特異な性格が認められる。この相反する二つの側面はまた、意味の置換と創造（もしくは捏造）、さらに、独自の「解釈」の根底にある翻訳可能性・不可能性という「翻訳」一般の問題にも関わっている。

3　翻訳不可能な異文化間の対話

日本文化の根底には、外来文化を積極的に受容しながら、それに違和感を示しつつ、強力に「変容する（modify）」ベクトルが働いているが、これは、「翻訳」一般において、独自の「解釈」によって意味を創造（もしくは捏造）するさいに働いているベクトルでもある。すなわち、「翻訳」においてズレを生みだすベクトル、これが翻訳不可能性と密接に関わっている。したがって、「どんな翻訳も裏切りのようなものである」というクローチェのことばは、翻訳者の能力不足にのみ帰することのできない、より一層根本的な問題を提起しているわけである。

この翻訳不可能性は、多くの場合、文化の特殊性を強調する文脈で言及される。たとえば、日本文化について、次のような言い回しがしばしばなされる。日本文化の「粋《すい》」は、きわめて特殊なものであって、日本人だけがそれを理解することができる。だから、外国人には分かるはずがない。そして、このような言い回しは、往々にして、閉鎖的な「文化ナショナリズム」に絡め取られがちである。確かに、翻訳不可能性の問題は、これを簡単に一蹴することはできない。しかし、だからといって、「文化ナショナリズム」に閉じこもって、異文化間での対話を初めから諦めなくてはならないということにはならない。言い換えれば、翻訳不可能性の問題と閉鎖的な「文化ナショナリズム」とは切り離して考えることができるはずである。この辺りの事情を、九鬼周造の『「いき」の構造』での議論を手掛かりに考察したい。

『「いき」の構造』（一九三〇年）のなかで、九鬼は、民族的色彩を強く帯びた特殊な文化現象の翻訳不可能性について、フランス語の「esprit」、ドイツ語の「Sehnsucht」、そして、日本語の「いき」という語を引き合いに出して、次のように語っている。

例えば、esprit という意味はフランス国民の性情と歴史的全体とを反映している。この意味および言語は実にフランス国民の存在を予想するもので、他の民族の語彙のうちに索めても全然同様のものは見出し得ない。……なお一例を挙げれば Sehnsucht という語はドイツ民族が産んだ言葉であって、ドイツ民族とは有機的関係をもっている。陰鬱な気候風土や戦乱の下に悩んだ民族が明るい幸ある世界に憬れる意識である。レモンの花咲く国に憧れる単にミニョンの思郷の情のみではない。ドイツ国民全体の明るい南に対する悩ましい憧憬である。……

「いき」という日本語もこの種の民族的色彩の著しい語の一つである。いま仮に同意義の語を欧洲語のうちに索めてみよう。……第一に問題となるのは chic（趣味の繊巧または卓越）という言葉である。……次に coquet（媚態的）という語がある。……なおまたフランスには raffiné（洗練）という語がある。……要するに「いき」は欧洲語としては単に類似の語を有するのみで全然同価値の語は見出し得ない。したがって「いき」とは東洋文化の、否、大和民族の特殊の存在様態の顕著な自己表明の一つであると考えて差支えない[8]。

ここで、九鬼は、ある民族の特殊なあり方が核心的なものとしてある語で示されているのに、他の民族は同様のあり方を核心的なものとしていないがために、それに相当する語を明らかに欠いている場合があることを、民族的特性を色濃く帯びたフランス語の「esprit」、ドイツ語の「Sehnsucht」、そして、日本語の「いき」という語に即して示している。もとより、「イデアチオン（形式化的抽象）」という方法によって、たとえば、「いき」と類似の意味を西洋文化のなかに求めることができないわけではない。しかし、九鬼にとっては、民族の存在様態の顕著な自己表現である「いき」という文化存在の理解は、「事実としての具体性を害うことなくありのままの生ける形態において把握」[9]されなければならない。すなわち、「その民族の存在の表明として、民族の体験の特殊な色合を帯びる」[10]文化現象は、抽象的な類概念のもとに包摂するフッサールの「イデアチオン（形式化的抽象）」ではなく、ハイデガーの具体的で事実的な「存在会得」によって理解されなければならない。だから、九鬼の「いき」の研究は、「いき」の「essentia（本質）」を問うに先立って「existentia（表現された現実存在）」を問うものであり、「形相的」ではなく「解釈的」である[11]。つまり、「いき」は、それを本質や形相という抽象的な類概念のもとに包摂することによってではなく、その具体的体験の内面から解釈することによって究明される。

九鬼にとって、「いき」の翻訳不可能性は、それが民族の存在様態の顕著な自己表現として、民族の体験の特殊な色合を帯びる文化現象であるという点にある。しかも、それを理解するために、具体的で事実的な「存在会得」、言い換えれば、特殊な体験の内面から解釈するという方法論的態度が採用されるが、この現象学的解釈学は、「翻訳」ばかりか、異文化間理解、異文化間対話までも不可能なものにするかのように見える。こうして、それは、「いき」の理解が「形式化的抽象」という架橋的な方法によってではなく、特殊な諸言語に埋め込まれている諸体験、諸実践間の対比においていかにして可能であるかという難題を改めて提起することになる。

ところで、坂部恵は、一九三〇年一一月刊行の単行本『「いき」の構造』とそれに先立つパリ準備稿（一九二六年）、『思想』掲載稿（一九三〇年初頭）の三つのテクストの異同から、次のように分析している。すなわち、パリ準備稿と『思想』掲載稿は、民族的色彩の著しい「いき」という文化現象を、「あくまで異文化との開かれた二元的な緊張関係ないし独立の二元の邂逅の関係のうちにおいてとらえ、その移出ないし移植の可能性について、さらにはその逆輸入の可能性についてすら、積極的に語るのに対して、決定稿（単行本）は、もはやその二元的な緊張を大幅に失って、むしろ……閉鎖的な文化特殊主義ないしたんなる文化ナショナリズムへの傾斜をあきらかに見せる」[12]。坂部は、「文化特殊主義」ないし「文化ナショナリズム」への傾斜を見せるようになったのは、決定稿（単行本）においてであって、パリ準備稿と『思想』掲載稿では、九鬼の姿勢は「文化多元論」へと開かれていたと見なす。しかし、この点は慎重に検討してみる必要がある。問題は、「いき」の移出ないし転移の可能性と逆輸入の可能性を、九鬼が「異文化との開かれた二元的な緊張関係ないし独立の二元の邂逅の関係」を根拠として語り出しているかどうかに懸かっている。ちなみに、『思想』掲載稿において、九鬼は次のように述べている。

併しながら、「いき」が我国の民族的色彩を帯びたまま、西洋の文化圏内に移植されるといふことは考え得る。浮世絵を入れ、俳句を入れ、屏風を入れ、漆器を入れ、蒔絵を入れ、「キモノ」を入れ、「ハッピ」を入れた西洋文化はやがて「いき」をも我々の気附かない程度で何等かの形で既に移植して居るかも知れぬ。ラリックの硝子細工、ファン・ドンゲンの絵、ドゥビュッシー乃至ラヴェルの音楽の中に何等かの「いき」も輸入されていないとは何人も断言し得ないであろう。東洋が西洋に対して有する現代の文化的勢力は極めて顕著である。東洋趣味に就いて「流行なりや影響なりや」が西洋の学者間に真面目に論議され、「東洋の侵略」が文化的意義に於いて彼等の恐怖の理由をなして居る。「いき」の有する特殊の文化的価値は彼等の注目と驚嘆を強要しない筈はない。若し既に「いき」が西洋に移植されていないとしても、将来に於いて必ずや移植される機会が来るであろう。さうして「いき」はまた再び日本へ逆輸入される場合があるかも知れぬ。其時、我々は「いき」を我々のものとして想起し且つ再認識することが出来なくてはならぬ[13]。

ここでは確かに、坂部の言うように、「いき」の移出ないし移植の可能性と逆輸入の可能性が言及されてはいる。しかし、ここから、九鬼の姿勢が「文化ナショナリズム」もしくは「文化特殊主義」を免れているという結論を引き出すことができるかどうかは、微妙である。

九鬼がここで「いき」という特殊な文化的現象を持ち上げようとしていることは、「「いき」の有する特殊の文化的価値は彼等の注目と驚嘆を強要しない筈はない」という語り口からも明らかである。そのかぎり、九鬼は、「いき」という文化現象の民族的特殊性を強調することによって、一方で「文化的特殊主義」に肩入れをすると同時に、他方で自文化の優越性を顕示するという「文化ナショナリズム」に陥っていると思われる。だから、「いき」の移出ないし移植の可能性について語る段になると、その根拠を一方で自文化の優越性（＝「文化ナショナリズム」）に、他方で「エキゾティズム（異国趣味）」（＝「文化特殊主義」の裏返し）に求める。しかし、そうだとすれば、『思想』掲載稿においても、坂部が言うように、「異文化との開かれた二元的な緊張関係ないし独立の二元の邂逅の関係のうちにおいてとらえ」、「いき」の移出ないし移植の可能性について積極的に語っていると言い切ることはできない。というのも、「エキゾティズム（異国趣味）」は、特殊な異文化の幻影に魅了されながらも、それを自分たちの住まう空間とはまったく異質の空間として遠ざけかねないからであり、また、「文化ナショナリズム」は自分たちだけが優れたものと確信している自文化を他の国々の人々に押し付けかねないからである。したがって、坂部による『思想』掲載稿の積極的な評価にもかかわらず、九鬼が「いき」の移出ないし移植の可能性の根拠を「文化ナショナリズム」と「エキゾティズム（異国趣味）」に置くかぎり、そこにおいては異文化との開かれた緊張関係、真の邂逅、そして、真の対話は実のところ起こってはいないと言わざるをえない。

4　「翻訳」から「関係性解釈学」へ

翻訳不可能な異文化間の理解、対話そのものを導くような地平を切り拓くことができるであろうか。もしそれができるとすれば、どのようにしてなのであろうか。この難題に対応するにあたり、しかし、九鬼周造の方法的態度である「解釈学」を捨て去って、いわゆる「形式化的抽象」に安易に依拠するわけにはいかない。だが、九鬼の採用する「解釈学」が「文化ナショナリズム」や「文化特殊主義」へと閉塞しかねないものであるかぎり、それをそのまま採用するわけにもいかない。そこで必要となるのが「解釈学」の脱構築である。そして、そのさい有力な手掛かりとなりうるのが、島田信吾の提唱する、「翻訳」をモデルとする「関係性解釈学（Relationale Hermeneutik）」にほかならない[14]。

従来の「解釈学」は、九鬼の採用したディルタイ、ハイデガーの「存在会得」がそうであったように、たとえば「いき」という「existentia（表現された現実存在）」を、本質や形相という抽象的な類概念のもとに包摂することによってではなく、民族の存在の自己表現として、その具体的体験の内面から理解する。つまり、そこでは、「理解」という問題が、民族というような同質的な文化枠の内部においてのみ取り上げられる傾向が強い。いわゆる「解釈学的循環」が語り出されるのも、このような枠内においてのことである。これに対して、島田の唱える「関係性解釈学」は、文化の伝承がそこにおいて行われるところの閉じられた文化枠の内にではなく、異なる文化間の接触、転移、受容がそこでなされるところの「あいだ」に定位する。つまり、異なる文化の「あいだ」を突破口として、民族的な伝統というような同一の「枠組み」内での「理解」ではなく、異文化の「あいだ」での「理解」を問題としうる場面を切り拓く。それは、そのかぎりで、同一の「枠組み」内に留まる傾向が強かった、これまでの「解釈学」を脱構築するものである。

ヨーロッパにおける「解釈学」の系譜のなかでも、ガダマーは、自分の立場の普遍性を妄信し自分自身の歴史的な制約を認めようとしない啓蒙的理性に、異文化の「理解」にも開かれた「作用史的意識」を対置して、私たちの世界理解や自己理解が、自文化の伝承によってばかりではなく、異文化との接触や受容からも成り立っていることを示唆している[15]。そこには、確かに文化の複数性に対して開かれた姿勢を確保しようとの意図が示されてはいる。しかし、ガダマーの「解釈学」では、異文化の「理解」が共通の「地平」へと差し向けられるとき、異文化間の差異性よりも同一性が前面に押し出され、差異性がその同一性へと回収されかねないという問題が露呈する。この同一性への傾斜は、「解釈学」によって「真理」を獲得することができるというガダマーの確信にも通じている。しかし、この「真理」なるものがガダマーの「解釈学」を窮屈なものにしている。

島田の「関係性解釈学」は、異文化間を架橋する普遍的な「準拠枠」が存在しないという前提から出発する。確かに、グローバル化のなかで、欧米的なもの、言語でいえば英語が、あたかも普遍的な「枠組み」であるかのように振舞っている。政治的、経済的な力を背景に、それがグローバルな「準拠枠」として機能している。しかし、サイードの「オリエンタリズム」批判を援用するまでもなく、それは自分たち以外の地域を支配し威圧するための「西洋の様式」[16]、つまり、特殊欧米的な「枠組み」にほかならない。したがって、この特殊欧米的な「枠組み」を、グローバルの名のもとに、普遍的な「枠組み」であると見なすとすれば、それは一つのイデオロギーであると言わざるをえない。

「関係性解釈学」は、文化の接触、転移、受容がそこでなされる「翻訳」に注目する。その際、「翻訳」が、一つの文化における言語表現を別の文化の言語表現へと置き換えることである、しかも、異なる言語コードへと置き換えられたオリジナルの忠実なコピーであると解されるならば、そのような意味での「翻訳」は不可能である。というのも、異なる言語コード間を架橋しうるようなアプリオリな「枠組み」が、特殊な諸言語を超えたところに存在すると考えるわけにはいかないからである。そのかぎりで、置き換えられた意味の等価性を保証するものは何もないかもしれない。そこで、「関係性解釈学」は、「翻訳」において何がなされ、何が起こっているのか、という観点から、「翻訳」の実践に目を向けることになる。

私たちは、異文化の他者性を把握し理解することができる「枠組み」をあらかじめもっており、一つの文化から別の文化へとあらゆることがらを直接移し換えることができるはずだという、根拠のない期待を抱いている。そして、「翻訳」という実践は、置き換えられた意味の等価性を保証する「枠組み」が存在しないかもしれないにもかかわらず、あたかもそれが存在するかのような想定のもとで、いわば強行される。「翻訳」においてなされ、起こっていることがらは、もとより、オリジナルを忠実にコピーすることではありえない。言語コードやコンテクストの違いによる変容を通じて、翻訳対象となる言語のうちに、もとの意味とは異なる意味が創造される。しかし、いったん強行された「翻訳」は、オリジナルからの逸脱を孕みつつ、異文化についてのイメージを構成すると同時に、それとの対比において自文化についてのイメージをもまた構成するのである。

その際、異文化のオリジナルとされているものと翻訳されたイメージとがぴったりと重なり合うことはありえない。「翻訳」において意味のズレが生じ、オリジナルとされているものとイメージとの差異が生み出されるとすれば、そのズレや差異は翻訳不可能なものに起因する。しかし、「翻訳」の理念はイメージとオリジナルのズレや差異を埋め合わせることを強く要請する。ここで注目すべきことは、このズレや差異を埋め合わせようとする努力のなかで、イメージがオリジナルに接近するということばかりではなく、日本の近代化がそうであったように、自文化のオリジナルとされているものが異文化のイメージやそれとの相関において再構成された自文化のイメージに合わせて変容することが起こりうるということである。たとえそれがオリジナルの歪曲、もしくは、それからの逸脱であったとしても、「翻訳」において、内側から生きられている「枠組み」自体の変容が起こりうるのである。「翻訳」の実践に目を向けて、そこで起こっていることがらに注目するならば、このように「枠組み」を絶対的で固定的なものとしてではなく、フレキシブルなものとして捉え返すことができるようになる。

「枠組み」はそれぞれの文化に特殊のものでありながら、しかし、その文化を内側から生きている人々にとってはその外に出ることができないという意味で絶対的なものであると思われている。だが、絶対的なものであると思われているかぎり、「枠組み」は、異文化間の相互理解や対話を妨げる要因となりうるばかりか、さらに文化の摩擦や衝突を引き起こす要因ともなりうる。しかし、この「枠組み」をフレキシブルなものとして捉え返すことができるならば、文化の相互的な接触は、摩擦や衝突を引き起こすどころか、むしろ、異文化間の相互理解や対話へと繋がりうる。そして、このような可能性を切り拓きうる点に、異なる諸文化の「あいだ」、すなわち、異なる「枠組み」が交差する場に定位する「関係性解釈学」の積極的な意義があると言いうる。そして、そのモデルが「翻訳」という実践にほかならないのである。

もう一度「翻訳」の実践に戻って、その積極的な意義を再確認しておこう。まず強調されるべきことは、「翻訳」において、もとの言語表現における意味と翻訳された言語表現における意味の等価性を保証するものは何もないかもしれないということである。その意味で、「翻訳」という実践は、翻訳不可能性と背中合わせにありながら、翻訳可能であるという根拠のない確信のもとに、いわば強行される。そして、「翻訳」という実践こそが、不可能を可能にする。それは、定まりなく揺れ動く水面《みなも》に「浮き橋（floating bridge）」を架ける作業になぞらえられる。しかも、たとえば、能の謡曲のような特殊なテクストの「翻訳」が、それが優れたものであればあるほど、翻訳対象となる言語（たとえば、英語）の言語表現に新しい可能性を切り拓きうるように、「翻訳」においてこそ、私たちは、新しい意味の発生と地平の拡大とに立ち会うのである。というのも、ある言語表現を翻訳するにあたってそれを理解しようとすれば、自分たちの言語や文化のうちでそれに対応するものとの異同を比較・対照することが必要になるが、この比較・対照において、他なるものとの対決はもとよりのこと、自分を自分から疎隔し、自己との批判的な対決が不可欠となるからである。すなわち、優れた「翻訳」においては、翻訳者自身も、読者も、自分を自分自身から遠ざけ、自分から離れたところから、異文化＝他者と出会い、そして、自文化＝自己へと還っていくということが起こりうるのである[17]。

5　「国際日本学」方法論としての「比較」

「比較」といっても、共通の普遍的な「枠組み」が諸文化を超えたところにあるわけでもなければ、中立的な概念もしくは諸文化を架橋するような概念を提供しうるような言語が諸言語を超えたところにあるわけでもない。それゆえに、異文化の他者性を把握し理解することができる「枠組み」をあたかもアプリオリに持っているかのように比較を進めることができると思うならば、それは誤りである。

また、「比較」は、すでに出来上がって凝り固まったものとしてある、二つの異質の文化間をただ行き来するだけのことには止まらない。その場合には、たとえ魅力的な憧れの対象であろうとも、異文化を自分たちの住まう空間とはまったく異質の空間として遠ざける「エキゾティズム」か、それとも、自分たちの見方を未知の異文化のなかに投げ入れ、それを自文化に還元可能なものとする「エスノセントリズム」か、このいずれかの陥穽に嵌まり込むのが落ちである。

これに対して、『菊と刀』におけるルース・ベネディクトは、「文化相対主義」に裏打ちされた「比較」によって、異文化（＝日本文化）と自文化（＝アメリカ文化）の差異に「自分自身を慣らし」つつ、異様なもの、矛盾するものと思われていた異文化（＝日本文化）を首尾一貫したものとして捉え返すことに成功する。そして、『菊と刀』の読者は、このような展開を追っていくうちに、異文化のうちに自分たちとは別の整合的な信念体系があることを認めさせられる。いや、そればかりではない。アメリカの文化人類学者ギアーツによれば、読者は、さらに、異文化を異文化視する視点を自文化に向け返すことを余儀なくされるという[18]。これによって、自分たちの視点が相対化され、自分たち自身の「枠組み」そのものが揺り動かされる。「比較」の徹底によって、このように自分自身に対して距離をとる姿勢が呼び起こされるが、ここにおいて、彼我の文化的な差異を認識や理解の上でポジティブなものとしていく可能性、さらには、異文化＝他者との真の出会いの可能性も拓かれてくる。

「比較」のもつこのような可能性は注目に値すると思われる。「比較」は、文化の「比較」という意味でも、また、視点の「比較」という意味でも、次にのべるような批判的かつ創造的な意味をもつと思われる。

❖――1．文化の比較

日本を「異文化」として研究対象とする外国の「日本学（＝日本研究）」には、「自文化」（たとえば、ベネディクトの『菊と刀』の場合であれば、アメリカ文化）との「比較」という視点が必ず含まれている。この「比較」において、「異文化」との対決はもとよりのこと、「自文化」を自分から疎隔し、それとの批判的な対決が同時に不可避となる。すなわち、「比較」という視点から光が当てられることによって、日本文化が、それを「自文化」とする日本人にとってこれまでとは違った相貌を呈するようになるばかりではない。「異文化」としての日本文化が一つの像を結ぶようになれば、それとの相関において研究者自身の背景となっている「自文化」もまた、浮き彫りにされる。ちなみに、ベネディクトの『菊と刀』はこのような研究のもっとも優れた事例の一つである。

ジョセフ・キブルツは、鏡の比喩を用いて、「自文化」との対比において「異文化」を照らし出し、「異文化」との対比において「自文化」を照らし返すことによって、差異を際立たせつつ、自他の文化を浮き彫りにするという「反照的原理（reflective principle）」[19]を文化比較の方法論として提唱している。キブルツによれば、その際自他の文化の差異の認識がきわめて重要であり、この差異の認識によってこそ、「異文化」の理解ばかりか、「自文化」の理解もまた深めることができる。しかも、ヨーロッパ文化にとって日本文化は対極をなすだけに、鏡の比喩による「比較」がより有効に機能することを期待しうる。

さらに、日本文化という同一の対象を内と外という異なる光源から浮かび上がらせる「相補的な鏡のシステム」を基礎とするキブルツの「反照的原理」は、彼自身の具体的で実証的な研究と相まって、「国際日本学」の方法論に有力な手がかりを与えうるものである。また、日本研究にかぎらず、地域研究の一つの新しいモデルを提示するものでもある。というのも、それは、桑山敬己が指摘している[20]、従来の欧米中心の「文化人類学」では顧みられることのなかった、記述される研究対象の視点を、欧米の研究者と対等の研究主体として立ち上げ、地域研究の共同研究者として取り込むという意味で、きわめて建設的な提案であるからである。

2. 視点の比較

内と外という異なる視点がぶつかり合うことによって、内の視点が相対化されうる。確かに、内の視点は特殊なものでありながら、それを「枠組み」として生きる人々にとっては、アイデンティティを構成し、その外に出ることができないという意味において不可欠なものでもある。したがって、あたかも眼鏡を取り外すかのように、その視点を取り外し「準拠枠」から抜け出すことができるわけではない。しかし、外からの視点の存在を認め自分の視点が一つの視点であることを自覚することによって、自分の「枠組み」を見直しその幅を拡張することはできるはずである。

「比較」において、他なるものとの対決はもとよりのこと、自分を自分から疎隔し自己との批判的な対決が不可避となるが、この自他との批判的な対決を通じてこそ、「異文化＝他者」と出会い、そして、「自文化＝自己」へと還っていくということが起こりうる。

フランスの中国研究者、フランソワ・ジュリアンは、ベネディクト同様に、「比較」のもつ批判的かつ創造的な可能性に着目し、フランス語の「デキャレ（décaler）」の二義、すなわち、「ずらす」と「楔を外す」を巧みに生かして、それを次のように説明している。

> 前者のデキャレ（ずらす）は、常態に対して、つまり私たちの思考の習慣的な常態に対して位置ずらしを行い、一つの枠組みから他の枠組みに移ることである。西洋から中国へ、中国から西洋へ。私たちの表象を動かし、私たちの思考を動かすことです。それに対して、第二のデキャレ（楔を外す）は、いうならば、私たちの思考を留めていた楔を取り除き、それによって、私たちが思考できなかったものを感知しはじめることです[21]。

ジュリアンの「比較」は、西洋と中国という異なった文化的な伝統、風土に根ざす異なった思想が、互いに互いを照らし出すことによって、それぞれの思想の「枠組み」から自分の位置を外へずらし、それを固定している楔を外すための、言い換えれば、それぞれの思想の枠組みを外側から脱構築するための戦略的な方法にほかならない。この「デキャレ」によって、「西洋の理性の中に隠された先入観、暗黙になされた選択」[22]が問い直されるばかりではない。それに囚われているかぎり思考することができなかったものを「感知しはじめる」のである。要するに、「比較」＝「デキャレ」による「問いの力」の回復によって、自他の文化の「枠組み」が脱構築されるが、それにともない、それぞれの文化の地平が拡張されうるというわけである。「比較」とは、それによって異文化間の理解ばかりか、それぞれの文化の新たな創造をも期待しうる、何ものかなのである。

しかし、ジュリアンに言わせれば、問題は「中国思想と西洋思想が非常に違っていることにあるのではなく、出発点において両者が出会っていないことにある」[23]という。その意味で、「比較」は産み出されなくてはならない。

異文化間の対話についてもまったく同じことが言える。異文化間の対話を導く共通の基盤や異文化間を架橋しうるような一般的な「枠組み」があらかじめ存在するわけではない。それゆえに、異文化間の対話は産み出されなくてはならない。その際、対話の場は、互いに他の文化をみずからの文化を限界づけるものとして働かせることによって、言い換えれば、文化的伝統、風土を異にする者が互いに他者を照らし出しつつ、みずからの内を照らし返すという実践のなかで、はじめて拓かれる。

こうして拓かれる異文化間の対話の場こそ、内外の研究者と共同で日本文化研究を展開する「国際日本学」の足場にほかならない。その意味で、「国際日本学」は、ジュリアンの「比較」に認められる、特殊な諸文化を相互に異質なものとして出会わせながら、しかも、そこに何らかの触れ合いをつくり出していく学問的実践になぞらえることができる。

参考文献

[1] 柳父章「翻訳の思想」茅野良男・藤田正勝編『転換期としての日本近代』ミネルヴァ書房、一九九九年、一〇四頁。
[2] 山崎正一『世界大百科事典第二版』平凡社、二〇〇四年、「哲学」の項目。
[3] カール・レーヴィット、柴田治三郎訳『ヨーロッパのニヒリズム』筑摩選書、一九四八年、一二六頁。
[4] ペーター・ペルトナー「見せかけか、変容か──西洋思想が日本哲学に与えた影響──」藤田正勝他編『東アジアと哲学』ナカニシヤ出版、二〇〇三年、五二頁。

[5] 丸山眞男「原型・古層・執拗低音——日本思想史方法論についての私の歩み——」加藤周一、木下順二、丸山眞男、武田清子『日本文化のかくれた形』岩波現代文庫、二〇〇四年、一三三頁。

[6] 同右、一三七頁。

[7] P.Poertner / J.Heise, *Die Philosophie Japans, Von den Anfaengen bis zur Gegenwart*, Stuttgart, 1995, S.122.

[8] 九鬼周造『いきの構造』岩波文庫、一九七九年（一九三〇年）、一三—一七頁。

[9] 同右、一七頁。

[10] 九鬼周造『「いき」の構造』、一二頁。

[11] 同右、一八—一九頁

[12] 坂部恵『不在の歌　九鬼周造の世界』TBSブリタニカ、一九九〇年、一〇二頁。

[13] 『九鬼周造全集』別巻、岩波書店、一九八二年、一〇二—一〇三頁。

[14] 島田信吾「文化比較と翻訳——文化社会学的考察」、21世紀COE国際日本学研究叢書6『日本学とは何か——ヨーロッパから見た日本研究、日本から見た日本研究——』二〇〇七年、本書I。

[15] Hans-Georg Gadamer, *Wahrheit und Methode. Grundzuege einer philosophischen Hermeneutik*, 1975, Tuebingen（ハンス＝ゲオルク・ガダマー（轡田収ほか訳）『真理と方法I』法政大学出版局、一九八六年）参照。

[16] エドワード・W・サイード（板垣雄三、杉田英明監修、今沢紀子訳）『オリエンタリズム』平凡社、一九九三年、上、二一頁。

[17] レーヴィットに言わせれば、日本的「自愛」のゆえに、日本の哲学者による西洋思想の受容は、他なるものとの対決も自己自身との対決も欠けているから、異文化理解＝他者理解という点でも、自文化理解＝自己理解という点でも、問題を孕んでいる。この点については、カール・レーヴィット、柴田治三郎訳『ヨーロッパのニヒリズム』筑摩選書、一九四八年、一二九—一三〇頁を参照。

[18] Clifford Geertz, *Works and Lives, The Anthropologist as Author*, Cambridge, 1988, pp.121-2.

[19] ジョセフ・A・キブルツ「ヨーロッパと日本に於ける空間と時間の知覚——文化相対主義の弁護」21世紀COE国際日本学研究叢書6『日本学とは何か——ヨーロッパから見た日本研究、日本から見た日本研究——』二〇〇七年、本書Ⅱ。

[20] Kuwayama Takami（桑山敬己）, *Native Anthropology*, Melbourne, Trans Pacific Press, 2004.

[21] フランソワ・ジュリアン「外（中国）から考える」『思想』第八九六号、一九九九年二月、一一八頁。

[22] 同右、一一八頁。

[23] 同右、一二八頁。

責任編集者略歴

星野　勉（ほしの・つとむ）
法政大学国際日本学研究所所長・同文学部教授
主要著書　『現代哲学への招待』（共著）有斐閣、一九九五年。『倫理思想辞典』（編著）山川出版社、一九九七年。『外から見た〈日本文化〉』（編著）法政大学出版局、二〇〇八年ほか

筆者略歴（掲載順）

ジョセフ・キブルツ（Josef Kyburz）
フランス国立科学研究センター教授
主要著書　*Cultes et croyances au Japon : Kaida, une commune dans les montagnes du Japon central.* (Maisonneuve et Larose,Paris, 1987）ほか

桑山　敬己（くわやま・たかみ）
北海道大学大学院文学研究科教授
主要著書　*Native Anthropology.* (Trans Pacific Press, 2004)。『よくわかる文化人類学』（共編著）ミネルヴァ書房、二〇〇六年。『グローバル化時代をいかに生きるか』（共編著）平凡社、二〇〇八年ほか

ハルミ・ベフ（Harumi Befu）
スタンフォード大学名誉教授
主要著書　『日本　文化人類学的入門』（共著）社会思想社、一九七七年。『イデオロギーとしての日本文化論　増補新版』思想の科学社、一九九七年。『日系アメリカ人の歩みと現在』人文書院、二〇〇二年ほか

ジョイ・ヘンドリー（Joy Hendry）
オックスフォード・ブルックス大学人類学部教授
主要著書　『社会人類学入門　異民族の世界』法政大学出版局、二〇〇二年ほか

シュテフィー・リヒター（Steffi Richter）
ライプツィヒ大学東アジア研究所所長・同教授
主要著書　*Contested Views of a Common Past : Revisions of History in Contemporary East Asia.*（Campus Verlag,2008）ほか

島田　信吾（しまだ・しんご）
デュッセルドルフ大学東アジア研究所教授
主要著書　*Alternde Gesellschoften im Vergleich:Solidarität und Pflege in Deutschland und Japan.*（TRANSCRIPT,2006）. *The Making and Unmaking of Differences : Anthropological, Sociological and Philosophical Perspectives.*（Kultur und soziale Praxis）（TRANSCRIPT,2007）. *Die Erfindung Japans : Kulturelle Wechselwirkung und nationale Identitätskonstrukition.*（CAMPUS VERLAG,2007）ほか

崔　吉城（ちぇ・きるそん）
東亜大学教授・広島大学名誉教授
主要著書　『日本植民地と文化変容』御茶の水書房、一九九四年。『恨の人類学』平河出版社、一九九四年。『親日と反日の文化人類学』明石書店、二〇〇二年。『樺太朝鮮人の悲劇』第一書房、二〇〇七年ほか

ウィリー・ヴァンドゥワラ（Willy F. Vande Walle）
ルーヴァン・カトリック大学文学部教授
主要著書　*Dodonaeus In Japan : Translation And The Scientific Mind In The Tokugawa Period*.（共著、2001）. *History of the Ralations Between the Low Countries & China in the Qing Era 1644-1911*（Leuven Chinese Studies,14）（共著、2003）ほか

アニック・ホリウチ（Annick Horiuchi）
パリ第七大学教授
主要著書　*Japanese Mathematics in the Edo Period*（1600-1868）（Science Networks. Historical Studies）:（Birkhauser.2008）ほか

ヨーゼフ・クライナー（Josef Kreiner）
法政大学特任教授・ボン大学名誉教授
主要著書　『日本民族学の現在』（編著）新曜社、一九九六年。『ケンペルの見た日本』（編著）ＮＨＫブックス７６２、一九九六年。『黄昏のトクガワ・ジャパン――シーボルト父子の見た日本』（編著）ＮＨＫブックス８９２、一九九八年。『阿蘇に見た日本・ヨーロッパの日本研究とヴィーン大学阿蘇調査』「自然と文化　阿蘇選書12」一の宮、二〇〇二年。『江戸・東京の中のドイツ』講談社芸術文庫、二〇〇三年ほか

相良　匡俊（さがら・まさとし）
法政大学社会学部教授
主要著書　『世界の歴史と文化・フランス』（共著）新潮社、一九九三年、「多民族国家へのあゆみ――フランスは移民をどのように受け入れてきたか」羽場・増田編『21世紀　国際社会への招待』有斐閣、二〇〇三年ほか

ジャン＝マリ・ブイス（Jean-Marie Bouissou）
フランス国立国際関係研究所主任研究員
主要著書　*Japan: The Burden of Success.*（Lynne Rienner Pub,2003）、*Japan.*（C Hurst & Co Publishers Ltd,2002）ほか

樺山　紘一（かばやま・こういち）
印刷博物館館長・東京大学名誉教授
主要著書　『西洋学事始』日本評論社、一九八二年。『ルネサンスと地中海』中央公論社、一九九六年。『旅の博物誌』千倉書房、

二〇〇七年ほか

田中　優子（たなか・ゆうこ）

法政大学社会学部教授

主要著書　『江戸の想像力』筑摩書房、一九九六年。『江戸百夢』朝日新聞出版局、二〇〇〇年。『江戸はネットワーク』平凡社、二〇〇八年ほか

澤登　寛聡（さわと・ひろさと）

法政大学文学部教授

主要著書　『（高井蘭山著）農家重宝記』（編著）岩田書院、二〇〇一年。『富士山と日本人の心性』（共編著）岩田書院、二〇〇七年ほか

山中　玲子（やまなか・れいこ）

法政大学能楽研究所教授

主要著書　『能の演出　その形成と変容』若草書房、一九九八年。『能楽囃子方五十年――亀井忠雄聞き書き』（共著）岩波書店、二〇〇三年ほか

安孫子　信（あびこ・しん）

法政大学文学部教授

主要著書　『ベルクソン読本』（共編）法政大学出版局、二〇〇六年、『哲学の歴史8――社会の哲学』（共著）中央公論新社、二〇〇七年ほか

国際日本学とは何か？

内《うち》と外《そと》からからのまなざし

2008年 3 月 31 日　第1版第1刷発行

編　者　星　野　勉

発行者　高　橋　考
発行所　三　和　書　籍
〒112-0013　東京都文京区音羽2-2-2
TEL 03-5395-4630　FAX 03-5395-4632
sanwa@sanwa-co.com
http://www.sanwa-co.com/
印刷所／製本　モリモト印刷株式会社

ISBN978-4-86251-034-1 C3036